教育発達学の構築

― 心理学・教育学・障害科学の融合 ―

藤﨑眞知代
松村茂治
水戸博道
編著

風間書房

まえがき

　心理学部開設 10 周年記念行事が 2014 年 12 月 13 日に行われました。文学部心理学科から一学部一学科、すなわち心理学部心理学科として 2004 年度に独立し、さらに 2010 年度には教育発達学科が設置され、2 学科体制となって今日に至っています。

　その教育発達学科は心理学部のなかにあって小学校教諭一種免許状、幼稚園教諭一種免許状、特別支援学校一種免許状が取得できる学科として、専任教員 15 名、学生定員 100 名でスタートしました。したがって、心理学部の教育理念「こころを探り、人を支える」に基づき、子どもの発達とそのメカニズムを理解した上で、子どものこころを育み支える力を身につけることができる教育課程を特徴としています。しかし、そのことはまた、学校教育に該当する教科のない学部であるため、学科設置に関して苦労した点でもありました。心理学を基盤として、教育学（初等教育）、障害科学を融合した「教育発達学」をいう新たな学問を、専任教員それぞれの専門領域から構築するために、学科の FD 研修では繰り返し吟味してきました。そして、2015 年度より教員 17 名、学生定員 130 名となり、新たにコース制も導入するなど、教育発達学科は第 2 期の展開をしていくことになります。

　そこで、教育発達学科の創設期にかかわった専任教員一人ひとりの、これまでの探索的取り組みを教育発達学の視点からまとめた『教育発達学の構築─心理学・教育学・障害科学の融合』を、ここに発刊する運びとなりました。教育発達学科の教育課程において、基幹科目として、1 年次では教育発達学概論、2 年次では教育発達学方法論、そして 3・4 年次では教育発達学演習を積み重ねていくことになります。本書は、これら基幹科目のテキストとすることを意図して 4 部構成となっています。第Ⅰ部「子どもの生活と発達の姿」

は4章から構成され、生活を通した子どもの認知発達や自己の発達、学校教育や学校生活を通した子どもの発達について、教育発達学の視点から概説しています。

　第Ⅱ部「子どもの生活と学習」は6章から構成され、学校での学習を通した子どもの発達について概説しています。すなわち、学校生活のなかで、子どもはどのように国語、社会、算数と出会い、また音楽や造形活動や運動に出会い、どのように学びが展開していくのかを、教育発達学の視点から概説しています。

　第Ⅲ部「障害児の生活と発達」は3章から構成され、障害児の教育制度から、学校で行われる支援、及び障害児の病理と支援との関連などについて教育発達学の視点から取り上げ概説しています。

　そして第Ⅳ部「教員養成の新たなスタンダードをめざして」は6章から構成されています。教育発達学科の教育実践の特徴である循環型教育システムを取り入れた経緯、具体的な取り組みとして「教育発達学方法論（体験活動）」や教育実習を取り上げ、それらの授業に対する学生の声や進路選択への影響についての分析結果を取り上げています。また教員相互のFD研修としての取り組みや、新たに導入した電子ポートフォリオの活用などについても論じています。

　これら4部からなる本書は、教育発達学科の総力をあげて、心理学部のなかにあって子どもの教育との接点を最大限に追求してきた歩みでもあります。その想いを「教育発達学の構築―心理学・教育学・障害科学の融合」という本書のサブタイトルに表しました。

　教育発達学科の設置から今日まで、学科の教育課程を充実すべくご理解・ご協力を頂いてきた大学関係部局の皆様に感謝する次第です。また、本書を出版するにあたり、風間書房の風間敬子様には、企画の段階から大変お世話になりました。記して感謝致します。

最後に、アメリカの幼児教育学者アダムス（Adams, L. D.）のことばをおくり、2015年度より第2期となる教育発達学科の今後の発展をこころから祈念するものです。

　　　教育は、教えることではない。
　　　　急かせることでもない。
　　　　バランスのとれた今日を与えることである。

2014年12月25日　クリスマスの夜に

　　　　　　　　　　　　　　　　　藤﨑　眞知代（編集を代表して）

◀目 次▶

まえがき　i

第Ⅰ部　子どもの生活と発達の姿

第1章　子どもの生活と認知発達
―幼児期・児童期の世界を捉える心の働き―　…………溝川　藍　3

　はじめに　3
　1　ピアジェの認知発達理論　4
　2　ピアジェ以後の認知発達研究　9
　3　幼児期・児童期の「心の理論」の発達　10
　4　認知発達の現代的課題　15
　5　まとめにかえて―認知発達の今後の学び―　17

第2章　子どもの生活と自己の発達　………………藤﨑眞知代　21

　はじめに　21
　1　人の存在をどのように捉えるか　21
　2　自分に気づくプロセス　23
　3　生活習慣の自立と遊びを通した自己への気づき　27
　4　自己肯定感としてのコンピテンスからレジリエンスへ　30
　5　社会・文化のなかでの自己の発達と大人のかかわり　33
　6　今後の課題　36

第3章　子どもの学校生活と発達　…………………松村茂治　39

　はじめに　39
　1　時間的な流れの中での発達　39

2　子どもの学校生活と発達　　48
　おわりに　61

第4章　子どもの発達を支える教育方法……………佐藤　公　63
　はじめに　63
　1　教育の本質と教育方法のあり方　64
　2　教育の方法をめぐる考え方の広がりと多様性　69
　3　社会の変化に伴う教育方法の発想とその転換　73
　4　現代社会の要請を具体化する教育方法　78
　おわりに　81

第Ⅱ部　子どもの生活と学習

第5章　国語科授業の歴史にみる子どもの発達
　　　　　―教材「せんこう花火」の実践から―……………中村敦雄　87
　はじめに　87
　1　小学校高学年教材「せんこう花火」　88
　2　「せんこう花火」を扱った授業の変化　88
　3　今後の課題　103

第6章　数や図形との出会いと発達………………辻　宏子　107
　はじめに　107
　1　算数・数学に関わる子どもの現状　108
　2　「何を教えるか」から「どのような経験を実現するか」への転換　116
　3　これからの数と図形の学びとは　126

第7章　社会との出会いと発達………………長谷川康男　131
　はじめに　131

1　子どもの社会との出会いと社会認識の発達　　*132*
　　2　子どもの社会との出会いと発達の具体的な姿
　　　　―4年「ごみの処理と利用」を通して―　　*139*
　　おわりに　　*151*

第8章　音楽との出会いと発達 ………………………水戸博道　*153*
　　はじめに　　*153*
　　1　音楽的発達研究の変遷　　*154*
　　2　音楽的発達の出発点、過程、到達点　　*156*
　　3　音楽的発達の到達点　　*158*
　　4　何が発達するのか　　*162*
　　5　どのように発達するのか　　*166*
　　まとめ　　*173*

第9章　造形活動との出会いと発達 ………………………新井哲夫　*175*
　　はじめに　　*175*
　　1　子どもの描画への関心　　*176*
　　2　子どもの描画の発達研究―発達的アプローチ―　　*177*
　　3　子どもの描画の発達とその道筋　　*183*
　　おわりに　　*196*

第10章　運動との出会いと発達 ………………………出井雄二　*199*
　　はじめに　　*199*
　　1　身体の発育と運動能力の発達　　*200*
　　2　日本の子どもの現状　　*208*
　　3　運動との出会いと教育　　*212*
　　4　今後の課題―運動との望ましい出会いのために―　　*215*

第Ⅲ部　障害児の生活と発達

第11章　障害児の発達と学校における支援 ……………緒方明子 223
　はじめに　223
　1　乳幼児期の気づきと支援　224
　2　児童期における気づきと支援　229
　3　今後の課題　237

第12章　障害児の病理と特別支援教育 ………………小林潤一郎 241
　はじめに　241
　1　特別支援教育と小児医療　241
　2　障害のある子どもの医療　244
　3　子どもに生じる障害　247
　4　障害のある子どもの教育と健康支援　249
　5　今後の課題　257

第13章　障害児の発達と教育制度 …………………………金子　健 261
　はじめに　261
　1　教育発達学における特別支援教育学　262
　2　特別支援教育制度の構築　264
　3　特別支援教育からユニバーサルデザインへ　267
　4　共生社会をめざした教育改革　270

第Ⅳ部　教員養成の新たなスタンダードをめざして

《循環型教育システムによる学び》　………藤﨑眞知代・小林潤一郎　277

《学生の学び》

第 14 章　体験活動を通した学び……川渕竜也・緒方明子・溝川　藍　285
　はじめに　285
　1　体験活動とは　285
　2　体験活動を通した学び　289

第 15 章　幼稚園・小学校での教育実習を通して
　………………………井　陽介・新井哲夫・長谷川康男・藤﨑眞知代　299
　はじめに　299
　1　幼稚園教育実習を通した学び　299
　2　小学校教育実習を通した学び　305

第 16 章　特別支援学校での教育実習を通して
　……………………………………渡邉流理也・小林潤一郎・金子　健　313
　はじめに　313
　1　特別支援学校教員免許状とは　313
　2　本学科における特別支援学校教員免許状取得者及び取得希望者　316
　3　特別支援学校教諭一種免許状取得に必要な授業科目　318
　4　特別支援学校教育実習の前提条件　320
　5　特別支援学校教育実習オリエンテーション　321
　6　特別支援学校教育実習　321
　まとめ　324

第17章 「教育発達学」の4年間の学びと進路選択
　　……………………………………溝川　藍・井　陽介・渡邉流理也　327
　はじめに　327
　1　教員免許状取得希望の動向（2010年度入学生、2011年度入学生：資料調査）　328
　2　2年次の体験活動が進路選択に及ぼす影響（2011年度入学生、4年次春学期、質問紙調査）　329
　3　進路決定の契機、教職の魅力・気がかりの認知（2010年度入学生、4年次秋学期、質問紙調査）　334
　4　まとめと今後の展望　339

《教員の学び》
第18章　Faculty Development（FD）を通した学び
　　……………………………………………………松村茂治・新井哲夫　343
　はじめに　343
　1　教育発達学科の教育目標　343
　2　教員の構成とFD研修　344
　3　FD研修の実際　345

第19章　PSY-PORTFOLIOシステムの構築と活用
　　……………………………………………………辻　宏子・新井哲夫　353
　1　大学教育に求められる質的転換　353
　2　大学教育におけるデジタル・ポートフォリオの可能性　354
　3　PSY-PORTFOLIO　356
　4　今後の課題　363

あとがき　365

第Ⅰ部

子どもの生活と発達の姿

第1章　子どもの生活と認知発達
―幼児期・児童期の世界を捉える心の働き―

はじめに

　子どもの捉える世界は、大人の捉える世界とどのように違っているのだろうか。また、子どもの世界の捉え方は、成長するにつれてどのように変化していくのだろうか。本章のテーマは、認知発達―世界を捉える心の働きの発達―である。認知発達の研究は、心理学の研究手法を用いて、子どもの知覚、思考、言語、知能などがどのように発達していくかを明らかにすることを目指している。

　本章の前半では、ピアジェ（Piaget, J.）の認知発達理論を紹介する。後半では、認知発達の中でも、特に「心の理論（theory of mind）」の発達に着目し、幼児期から児童期の子どもたちが、自己や他者の心をいつ、どのように理解していくかを概観する。最後に、現代の子どもを取り巻く社会的環境を踏まえて、認知発達の現代的課題について考える。

　なお、「幼児期」とは生後2年目から就学までの時期を、「児童期」とは小学生の時期を指す。幼児期には、身辺が自立し（食事・着替え・トイレなど）、話し言葉の基礎が形成されるとともに、目に見えないものについて想像したり考えたりする心が発達する。3、4歳から5、6歳にかけて、他者の心を理解する能力としての「心の理論」を獲得する（子安, 2000; 2011）。児童期になると、子どもの認知は大きく発達する。児童期前期（7、8歳）には論理的思考が始まる。児童期中期（9、10歳）に論理的思考が様々な具体的事象に対して広く適用されるようになり、メタ認知（自分自身の認知過程についての認知）も可能になる。また、児童期後期（11、12歳）には抽象的な思考も始まる（藤村, 2011）。

1 ピアジェの認知発達理論

1-1 新しい世界への適応

　スイスのピアジェは、認知発達研究に最も大きな影響を与えた発達心理学者の一人である。ピアジェ以前の発達心理学においては、子どもは大人に育てられることによって受動的に発達していく存在であると考えられていた。ピアジェ以降、子どもの発達の捉え方は大きく変化し、子どもは、幼い頃から積極的に外界とかかわり、環境と能動的に相互作用しながら自らの発達を形作っている存在であると捉えられるようになった。

>　≪エピソード1「重い？重くない？」≫
> 　避難訓練の日に、幼稚園に消防車がやってきて、子どもたちは、本物の消防服を着たり帽子をかぶる体験をしました。消防士の帽子をかぶり終えたばかりのDくん（年中・男児）とAちゃん（年中・女児）が、嬉しそうに感想を話しています。
> 　D「ぼうし、おもかったー！」
> 　A「Aは、おもくなかった。」
> 　D「……Aちゃんは、もう5さいやし、ちがう？（もう5歳だからじゃない？）ぼく、4さい。おたんじょうび10がつやし。ずっとずっとさき。」
> 　A「ずっと、ずっと、ずっと、さき？」
> 　D「そんなにさき、ちがうけどね（そんなには先じゃないけどね）」
> 　　　　　　　　　　　　　　　　　　　　　　　　溝川（未発表）

　エピソード1は、筆者が幼稚園で耳にした年中クラスのDくん（4歳）とAちゃん（5歳）の会話である。DくんとAちゃんは、避難訓練の日に、消防士の帽子をかぶるという同じ体験をした。しかし、二人の感想は異なっており、Dくんは「おもかった」と感じ、Aちゃんは「おもくなかった」と感じた。この感想のズレの原因について、Dくんは、「同じ学年でも年齢が違う

からではないだろうか」と推論している。2人の会話はこのまま別の話題に移っていったが、もしこの場面に「おもくない」という感想を持つ別の4歳の子どもが現れていたとしたら、Dくんは、再び「ふしぎだな」、「なんでかな」と感じ、ズレの原因について推論し直すことになっただろう。

　子どもたちは日々新たなモノ・ヒト・出来事と出会い、適応していく。ピアジェは、子どもは新しい環境に適応するために、同化と調節を繰り返しシェマを変化させることによって、世界についての理解を深め、より高い段階の理解へと進んでいくと考えた（Piaget, 1970）。同化とは、外界のモノ・ヒト・出来事を、自分がすでに持っている認知・理解の枠組み（シェマ）に取り入れることである。調節とは、新しい状況に適応するために、シェマの一部を変化させることである。この同化と調節は、発達初期から起こる。たとえば、赤ん坊が新しいおもちゃを与えられたときには、普段遊び慣れているおもちゃと同じように、新しいおもちゃをつかもうとする（同化）。しかしそのおもちゃが今まで遊んだことのないほど大きなものであったとき、赤ん坊は、指の使い方やつかみ方を修正する（調節）。このような同化と調節を繰り返しながら、シェマは変化し、徐々に安定したシェマが形成されていく。このプロセスを均衡という。

1-2　認知発達の4段階

　ピアジェは、子どもの認知発達を、①感覚運動期（誕生〜2歳）、②前操作期（2歳〜7歳）、③具体的操作期（7歳〜11歳）、④形式的操作期（11、12歳〜）の4つの段階に分けた。各段階は、質的に異なる思考の仕方に特徴づけられる（Inhelder & Piaget, 1955/1958）。以下に、各段階の思考の特徴の概要を説明する。

1-2-1　感覚運動期（誕生〜2歳）

　感覚運動期は、能動的に外界と関わりながら、世界を認識し始め、「心」を

持つ認知的個人へと変化する時期である。ピアジェは、自身の子どもの行動観察に基づいて、感覚運動期をさらに6つの段階に区分し、子どもとモノの関係がどのように変化していくかを説明しようとした。

　感覚運動期の子どもは、徐々に、行為とその結果の関係を認識するようになる。たとえば、おもちゃから手を放すと落ちる、タオルの端をひっぱるとタオルが自分の方に動く、ガラガラを振ると音が鳴ることなどを発見していく。さらに、おもちゃを布で隠しても布の下におもちゃが存在し続けるというような「対象の永続性」の概念を獲得し、目に見えなくてもモノは存在し続けることを理解するようになる。ピアジェは、「対象の永続性」に関する理解は、生後10～12か月頃に可能になると考えた。

1-2-2　前操作期（2歳～7歳）

　前操作期には、表象機能の発達によって、考えや出来事についての心的表象（イメージ）を持ち、それらを言葉やジェスチャーによって表現するようになる。目の前にいない人の模倣（延滞模倣）、積み木を自動車に見立てるといった見立て遊び、お母さん役・赤ちゃん役等の役割を演じるごっこ遊びなども増えてくる。ただし、前操作期の思考には限界があり、直観的・非論理的かつ自己中心的である（他者の視点から考えることが難しい）という特徴を持っている。前操作期の子どもの思考は、モノの見かけによって影響を受けやすい。数量理解の基本である保存の概念（見かけが変わっても、数・物質量・面積等は一定であるという信念）が確立しておらず、「保存課題」にも失敗する（図1、図2参照）。また、他者の視点取得が難しく、他者からどのように見えているかや、他者がどのように感じ、考えているのかについて想像することが困難である（図3参照）。

　アニミズム（無生物に生命を帰属させること）が見られるのもこの時期の子どもの特徴である。「太陽は昼を作るから生きている」「風は人を寒くするから生きている」といったように、特に動くものに対して生命を帰属させる傾向

第1章　子どもの生活と認知発達

にある。

　ピアジェは、幼児期・児童期における道徳性の発達についても検討している（Piaget, 1932/1965）。5歳から13歳までの子どもを対象に、「主人公が、扉の向こうにコップがあることを知らずに扉を開けて、うっかり15個のコップを割ってしまう物語」と、「主人公が、母親の留守中に勝手にジャムを取ろうとして、近くにあったコップを1つ割ってしまう物語」を読み聞かせ、2

【解説】数の保存課題

　同じ数のおはじきを2列に等間隔に並べているところ（①）を子どもに見せた後に、子どもの目の前で片方の列だけおはじきの間の感覚を空けて伸ばす（②）。
　「2列のうち、どちらの数が多いか、それとも同じか」について尋ねると、前操作期の子どもは、「伸ばした列の方がおはじきの数が多い」というように、見かけに左右された回答をする傾向にある。

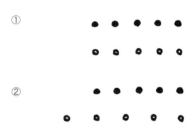

図1　数の保存課題

【解説】液量の保存課題

　同じ形、大きさの2つのグラスに同じ量の液体を入れ（①）、その後、子どもの目の前で、一方のグラスに入った液体を、別の細長いグラスに移す（②）。細長いグラスに入った液体の高さは、もとのグラスに入っていたときよりも高くなる（③）。
　ここで、子どもに「どちらのグラスの液体の方が多いか」を尋ねる。前操作期の子どもは、はじめのグラスと移し替えたグラスに入っている液体が同じ量であることを理解することが難しく、「高さの高い方が多い」「幅の広い方が多い」というように、1つの側面（高さや幅）に注目して回答する傾向にある。

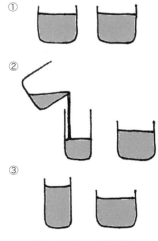

図2　液量の保存課題

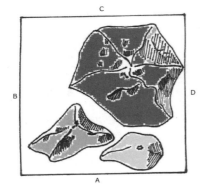

【解説】三つ山課題

ピアジェは、前操作期の子どもの自己中心性について、「三つ山課題」を用いて検討した。

机の上に、大きさ・色などの異なる三つの山を配置する。そして机の横（場所A）に人形を座らせ、人形とは別の位置に座っている子どもに、「人形から山がどのように見えるか」を尋ねる。

その結果、4歳〜7歳児は、自己視点と他者視点を区別せず、人形からではなく自分の側から見た三つの山について報告した。

（図3 上）場所Aから見た三つの山
（図3 下）上から見た三つの山

図3　三つ山課題（Piaget & Inhelder, 1948/1956 をもとに作成）

人の主人公のうち、どちらがより悪いかについてその理由とともに尋ねる。すると、前操作期の子どもは、「たくさん割った方が悪い」と、コップを割った人の動機よりも結果を重視した道徳判断をした。次の発達段階である具体的操作期には、コップを割った人の動機を重視した道徳判断が見られるようになるという。

1-2-3　具体的操作期（7歳〜11歳）

具体的操作期の思考は、前操作期と比べて、見かけの特徴に左右されないものとなり、他者の視点から物事を見たり考えたりすることができるようになる。具体的操作期の初期には、数、長さの保存概念が獲得され、その後、液量、物質量、面積の保存概念が獲得される。三つ山課題でも他者の視点から見た風景を答えられるようになる。また可逆的な操作も可能になり、数を足したり引いたりすることもできる（例えば、7に3を足して10にする、10から

3をひいて7にするなど)。具体的操作期には、具体的な事柄についての論理的な思考が始まるが、抽象的な記号や概念を用いた思考はまだ難しい。

　なお、具体的操作期は、日本では小学校の時期にあたる。小学校での学習は、具体的な事柄についての論理的な思考から始まる。高学年になると、算数では比例・割合や小数・分数の四則計算、理科では溶解や状態変化、社会では思想や生産・流通の仕組み等、次の形式的操作期の段階で見られる抽象的な事柄に関する思考を必要とする内容を学ぶようになる。「9歳の壁」と言われるように、この頃から、抽象的な事柄についての論理的思考の困難から学習につまずく子どもも増え、学力の差が大きくなる傾向がみられる。

1-2-4　形式的操作期（11、12歳〜）

　ピアジェの認知発達の最後の段階である。形式的操作期には、自分の経験や現実社会のことだけでなく、たとえば、「記号xを未知数とする」のような抽象的な思考や、「もし猫が光るとしたら、ネズミの生態にどのような影響があるか」のような仮説的な思考など、抽象的な事柄や実際に経験することのできない事柄についても論理的に考えられるようになる。ピアジェは、11、12歳頃に形式的操作が始まり、その後14、15歳頃に様々な領域での形式的操作が可能になると考えた。

2　ピアジェ以後の認知発達研究

　ピアジェは、子どもは大人に育てられることによって受動的に発達するのではなく、積極的に環境と相互作用しながら自らの発達を形作る存在である、という能動的な子ども観を示した。ピアジェの認知発達理論は、発達心理学の発展に大きな影響を与えた。しかし、その後の研究によって、いくつかの限界も指摘されている。

　まず、ピアジェは、発達的変化が起こる年齢よりも、発達における一連の

変化に関心があったために（Lourenco & Machado, 1996）、子どもが特定の概念を理解するようになる年齢を誤って判断していた可能性がある。ピアジェ以後の発達研究者たちは、ピアジェが示した時期よりもずっと早期から、子どもが対象の永続性、保存の概念、他者視点等を取得する可能性を示している（Baillageon, Spelke, & Wasserman, 1985; Borke, 1975; McGarrigle & Donaldson, 1974; Meltzoff & Moore, 1994）。

また、子どもは環境に働きかけることによって自分の知識を構築するが、その際に、親や教師などの周囲の大人は、子どもが重要な問題や側面に焦点化できるよう手助けし、学習の足場かけをしている場合が多い。しかし、ピアジェは、認知発達を形作る文化や社会的関係の役割にはあまり注目していなかった。

さらに、近年の発達理論は、ピアジェの発達段階の普遍性に疑問を呈している。ピアジェの理論においては、子どもが一度ある発達段階の理解を獲得すると、特定の問題や知識の領域にかかわらず、別の領域においてもその思考を使えると考えられていた。しかし、子どもはある課題では操作期の思考を使い、別の問題では前操作期の思考を使うとの報告もある（Siegler, 1981）。

3　幼児期・児童期の「心の理論」の発達

私たちは、泣いている人をみたとき「どうしたのだろう」とその理由を気にしたり、怒っている人がいたら少し距離を置いたり、相手が誤解しそうな場面で真実を説明したり、相手が真実を知らないことを利用してだましたりするなど、常に心の動きについて考えたり予測したりしながら他者と関わっている（子安, 2000）。子どもは自己や他者の心をどのように捉えているのだろうか。また、心の動きについての理解は、どのように発達していくのだろうか。

自己や他者の行動の背後に知識・願望・意図・信念等の心を帰属する能力

を「心の理論」と呼ぶ（Premack & Woodruff, 1978）。人の知識や願望や信念などを推測することによって、私たちは他者の行動を予測することができる。「心の理論」研究は、1978年にプレマックとウッドラフが発表したチンパンジーを対象とした研究から始まった（Premack & Woodruff, 1978）。その後、ウィマーとパーナー（Wimmer & Perner, 1983）によってヒトの子どもを対象とした「誤った信念課題」が考案され、現在に至るまでの35年以上にわたって子どもを対象とした発達研究が発展してきた。

> ≪エピソード2≫
> あるお天気の日に、年少クラスの子どもたちはかけっこをしました。かけっこが終わり、子どもたちが教室に向かう中、Eちゃん（年少・女児）が1人、涙を流し、園庭に立ち尽くしています。何人かの友だちが「だいじょうぶ？」「どうしたん？」と声をかけていますが、Eちゃんは黙って動こうとしません。観察者（筆者）が「涙出ちゃったね。お部屋に戻って、涙とお鼻ふこう」と声をかけると、Eちゃんは観察者と一緒に無言で歩き出しました。しかし、教室に到着する前に、Eちゃんはまた立ち止まりました。そして、泣きじゃくりながら、声にならない声で「もっと、はやくはしりたかったのに、はしれなかったの」と何度も繰り返しました。
>
> 溝川（2013）

エピソード2では、年少児（3歳）のEちゃんが、自分自身の気持ちを見つめ、泣いている理由を自分の言葉で説明している。3、4歳頃になると、子どもは、自己や他者の願望が満たされなかったときの感情（例．速く走れなくて悲しい）だけでなく、自己や他者の願望が満たされたときの感情（例．思い通りに走れてうれしい）についてもよく理解するようになる。願望に関する理解は3歳頃に見られるようになるが、信念に関する理解はその後の2～3年間に急速に発達する。

従来の発達研究の中では、「心の理論」の能力を検討するために、「誤った信念課題」の通過・非通過が1つの指標として用いられてきた。図4に示し

【解説】サリーとアン課題

① お部屋にサリーとアンがいます。この子がサリーです。この子はアンです。
② サリーはボールをかごに入れました。
③ サリーは部屋の外に出ます。
④ サリーがいない間に、ボールを箱に入れ替えます。
⑤ サリーが部屋に戻ってきました。サリーはボールで遊ぼうと思っています。

この物語を提示した後、「サリーがどこを探すか」について子どもに尋ねる。
幼い子どもには、ボールの場所に関するサリーの誤った信念を理解することが難しい。3歳児の大半が、「サリーは、箱（現在ボールがある場所）を探す」と答える。5歳頃になると、「サリーは、かご（最初にボールをしまった場所）を探す」と推測する子どもが多く見られるようになる。

図4　サリーとアン課題（Frith, 1989をもとに作成）

た「サリーとアン課題」（誤った信念課題の一つ）を見てみよう。

「サリーとアン課題」では、人形劇や紙芝居などを用いて、サリーが知らないうちにボールの場所がかごから箱へと移動するという物語を提示する。ここで「サリーはもう一度ボールで遊ぶためにどこを探すか」について質問する。正解は「かご」である。ボールが移動したことを知らないサリーの誤った信念（サリーは「ボールはかごにある」と思い込んでいる）について考えることができると、この課題に正しく答えられる。図5に示したように、3、4歳児の多くは、「サリーはボールが今ある場所（箱）を探す」と誤答してしまう。文化差は見られるものの、誤った信念の理解は3、4歳から5、6歳の間に進み、おおむね5、6歳頃には、このような「誤った信念課題」に正答することが知られている（Wellman, Cross, & Watson, 2001）。

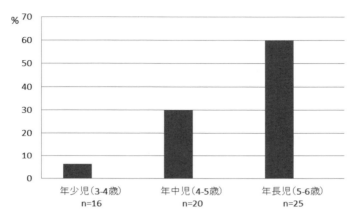

図5　幼児期における誤った信念課題の正答率（Mizokawa & Koyasu, 2007）

　児童期には、二次的な心的状態の理解が発達する。二次的（second-order）とは、「心的状態についての心的状態を持つこと」であり、「Aさんは『BさんはXと思っている』と思っている」といった入れ子構造の形式をとるものである。先行研究からは、9歳頃に、子どもの大半が二次的信念を理解できるようになることが示されている（Perner & Wimmer, 1985）。二次的な心的状態の理解は、「二次の誤った信念課題」への通過によって測定される。実際に、図6に示した「二次の誤った信念課題」を体験してみよう。

　この課題の3つの質問の正解は、(1)「かご（ヒロシくんの二次の誤った信念）」、(2)「箱（本当の場所）」、(3)「かご（もとの場所）」である。三問全てに正解すると、この課題に通過しているとみなす。筆者が小学生525名を対象に質問紙調査を行ったところ、「二次の誤った信念課題」の正答率は、1年生から4年生にかけて上昇し、4年生以降はほぼ横ばいであった。（図7参照）

　「心の理論」の発達の節目は、誤った信念の理解が可能になる5、6歳頃と二次の誤った信念を理解できるようになる9、10歳頃に存在する。「心の理論」が発達することによって、子どもの生活は豊かになると同時に複雑になっていく。嘘の発達を例に考えてみよう。一次の信念がわかる5、6歳頃には、

第 I 部　子どもの生活と発達の姿

【体験してみよう】二次の誤った信念課題

次の物語を読んで、質問（1）〜（3）に答えましょう。

① ヨウコさんとヒロシくんがいます。ヨウコさんはお人形で遊んだあと、それを　かごの中にしまって部屋を出ました。
② ヨウコさんがいない間に、ヒロシくんが　かごからお人形を出して遊びました。
③ ヒロシくんはお人形で遊んだあと、箱にしまいました。それをヨウコさんが窓から見ていましたが、ヒロシくんは気づいていません。
④ ヨウコさんが、もう一度お人形で遊ぼうと思って部屋にやってきました。

質問（1）ヒロシくんは、ヨウコさんがどこを探すと思っていますか。
質問（2）本当はヨウコさんはどこを探しますか。
質問（3）最初、ヨウコさんはお人形をどこにしまいましたか。

図6　二次の誤った信念課題（林 2002，イラストは溝川・子安，2008）

相手を欺くための嘘が見られるようになる（Sodian, 1991）。嘘の発達において、「心の理論」の発達は鍵を握る。「心の理論」を働かせることによって、事実と違う誤った信念を相手の心に生み出すことができるからである（林，2013）。「心の理論」が十分に発達していない年齢では、相手の知識状態（相手が何を知っていて、何を知らないか）に意識が向きにくい。そのため、明らかにばれる嘘をついてしまうことがある。また、二次の信念がわかる9歳頃には、「『自分が知っていること』を相手が知っている」かどうかも理解できるようにな

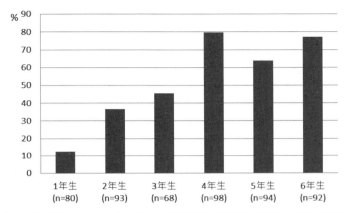

図7　児童期における二次の誤った信念課題の正答率（溝川・子安, 2008）

り、裏の裏をかくことができる（林, 2013）。そして、相手を傷つけないための「やさしい嘘」を理解することや、嘘と皮肉を区別することも可能になる。

4　認知発達の現代的課題

次に、現代の子どもを取り巻く社会的環境を踏まえて、幼児期・児童期の認知発達―世界を捉える心の働きの発達―の現代的課題について考えてみたい。ここまで、ピアジェの認知発達理論や「心の理論」研究の紹介を通じて見てきたように、子どもは、モノ・ヒト・出来事とかかわる中で、自己や他者、そして世界に関する理解を深めていく。また、子どもは生活の中で、社会・文化の規範についても学び、社会的存在として成長する。1970年代後半以降の研究から、子どもの育つ環境（親、きょうだい、園・学校、地域社会、文化的規範、慣習、時代等）は、子ども自身の持つ特性（気質等）と相互作用しながら、直接的にも間接的にも子どもの発達に影響を与えることが示されてきた（Bronfenbrenner, 1979; 1994）。現代の社会構造の変化も、子どもの認知発達に様々な形で影響を及ぼしているものと考えられる。

たとえば、少子化による子ども同士の触れ合いの減少、都市化による地域とのつながりの減少、スマートフォンやiPad等の多様なメディアとの接触の増加等、現代の子どもを取り巻く環境は大きく変化している。

　少子化や都市化によって、きょうだいとのかかわりや家庭の外での多様な他者とのかかわりを経験する機会が減ると、自分とは異なる「心」を持つ他者と出会ったり、他者とのかかわりの中で生じる葛藤を経験したり解決しようとする経験が少なくなる。「心の理論」の研究においては、幼少期に他者（親や友人等）との間で心に関する会話（「〜したい」、「〜だと思う」、「〜だと感じる」等）を経験することが、「心の理論」の発達にとって大切であるとの知見が多く示されている（例えば、Hughes & Dunn, 1998）。ここから、多様な他者とのかかわりの減少は、子どもの自己や他者の心の理解にも影響するものと推察される。

　また、科学技術の発展によって、現代の子どもは幼い頃から、テレビ、スマートフォン、iPad、パソコン等の電子メディアと頻繁にまた長時間接するようになった。タブレット型端末の普及によって、紙媒体が主流であった子どもの絵本についてもデジタル化が進んでいる。絵本の読み聞かせは、親子の大切なコミュニケーションの場であり（菅井・秋田・横山・野澤, 2010）、幼少期の読み聞かせの経験は社会性の発達にも寄与すると考えられている（今井・坊井, 1994）。現在、紙の絵本とデジタル絵本の違いに関する研究が行なわれており、音声の出るデジタル絵本の読み聞かせ場面では、親子の注意がそれぞれデジタル絵本に向けられることにより、親子間の相互作用が起こりにくい可能性が示唆されている（佐藤・堀川, 2014）。メディア利用による親子間の相互作用の減少や、メディア利用時の大人の態度は、子どもの認知発達に少なからず影響しているものと考えられる。しかし、メディアが子どもの発達に及ぼす影響について縦断的に検討した研究は未だ少なく（NHK放送文化研究所, 2010）、研究の発展が待たれる。

　認知発達の現代的課題として、多様な他者とのつながりの減少、多様なメ

ディアとの接触の増加の二点を取り上げた。子どもの発達段階や子どもを取り巻く環境（親、きょうだい、園・学校、地域社会、文化的規範、慣習、時代等）を踏まえて、発達を総合的に捉えることは、一人ひとりの子どもの認知発達の理解や支援の方向性を見出すことにつながるだろう。

5　まとめにかえて―認知発達の今後の学び―

　本章では、子どもの生活と認知発達をテーマに、ピアジェの認知発達理論、幼児期・児童期の「心の理論」の発達、認知発達の現代的課題について論じてきた。

　本書の読者としては、子どもの「心」の発達やその支援に関心を持つ大学生を想定している。子どもには子どもの世界の捉え方があり、それは大人の世界の捉え方とは異なっている。また、子どもの世界の捉え方は、日々の生活におけるモノやヒトとの関わりによって、刻々と変化していく。自分自身の幼い頃を振り返ったとき、かつては不思議に感じていたけれど今は当たり前のように受け入れていることはないだろうか。また、幼い頃には見えたり信じたりしていた存在（空想の友だちやサンタクロース等）が、大人になるにつれて身近に感じられなくなっていった経験を持つ人も少なくないことと思う。読者の皆さんは、日々の生活や実習等の活動の中で、現在あるいは近い将来に、子どもたちとかかわる機会を持つことだろう。その際には、認知発達の学修を踏まえて、子どもたちが物理的世界や周囲の人々の言動をどのように受け止め、また自身の内面世界をどのように表現しようとしているのかについて考えてみてほしい。

L'essentiel est invisible pour les yeux.
たいせつなことはね、目に見えないんだよ……

（サン＝テグジュペリ, 1943/1962）

私たちは一人ひとり違う「心」を持っている。また、同じ個人の中でも、その場の状況や、その日の気分によって、「心」は変化する。目に見えない「心」の発達を理解し、支援することは容易なことではない。これからの認知発達の学修並びに他の教育・発達の関連領域の学修を通じて、その難しさや面白さを体感しながら、学びを深めてほしい。

引用文献

Baillargeon, R., Spelke, E., & Wasserman, S. (1985). Object permanence in 5- month-old infants. *Cognition*, **20**, 191-208.

Borke, H. (1975). Piaget's mountains revisited: Changes in the egocentric landscape. *Developmental Psychology*, **11**, 240-243.

Bronfenbrenner, U. (1979). *The ecology of human development: Experiments by nature and design*. Cambridge, MA: Harvard University Press.

Bronfenbrenner, U. (1994). Ecological models of human development. In International Encyclopedia of Education (Vol. 3, 2nd ed). Oxford, United Kingdom: Elsevier. Reprinted in Gauvain, M. & Cole, M. (Eds), *Readings on the development of children* (pp. 37-43). New York: Freeman.

de Saint-Exupéry, A. (1943/1962). *Le Petit Prince*. Paris: Gallimard.（内藤 濯（訳）『星の王子さま』岩波書店）

Duncan, G. J., Brooks-Gunn, J., & Klebanov, P. K. (1994). Economic deprivation and early childhood development. *Child Development*, **65**, 296-318.

Frith, U. (1989). *Autism: Explaining the enigma*. Oxford: Blackwell.

藤村宣之（2011）．児童期　無藤 隆・子安増生（編）　発達心理学Ⅰ　東京大学出版会　pp.299-338.

林 創（2002）．児童期における再帰的な心的状態の理解　教育心理学研究, **50**, 43-53.

林 創（2013）．嘘の発達　村井潤一郎（編）　嘘の心理学　ナカニシヤ出版　pp.83-93.

Hughes, C., & Dunn, J. (1998). Understanding mind and emotion: Longitudinal associations with mental-state talk between young friends. *Developmental Psychology*, **34**, 1026-1037.

今井靖親・坊井純子（1994）．幼児の心情理解に及ぼす絵本の読み聞かせの効果　奈良教育大学紀要, **43**, 235-245.

Inhelder, B., & Piaget, J. (1958). *The growth of logical thinking from childhood to adolescence*. New York: Basic Books. (Original work published in 1955)

子安増生（2000）．心の理論―心を読む心の科学　岩波書店

子安増生（2011）．発達心理学とは　無藤 隆・子安増生（編）発達心理学Ⅰ　東京大学出版会　pp.1-37.

Lourenço, O., & Machado, A. (1996). In defense of Piaget's theory: A reply to 10 common criticisms. *Psychological Review*, **103**, 143-164.

McGarrigle, J., & Donaldson, M. (1974). Conservation accidents. *Cognition*, **3**, 341-350.

Meltzoff, A. N., & Moore, M. K. (1994). Imitation, memory, and the representation of persons. *Infant Behavior and Development*, **17**, 83-99.

溝川 藍（未発表）．縦割り保育の幼稚園における3年間の観察記録

溝川 藍（2013）．「心の理論」と感情理解―子どものコミュニケーションを支える心の発達　発達135（特集）いま、あらためて「心の理論」を学ぶ　ミネルヴァ書房　pp.48-53.

Mizokawa, A., & Koyasu, M. (2007). Young children's understanding of another's apparent crying and its relationship to theory of mind. *Psychologia*, **50**, 291-307.

溝川 藍・子安増生（2008）．児童期における見かけの泣きの理解の発達：二次的誤信念の理解との関連の検討　発達心理学研究, **19**, 209-220.

NHK放送文化研究所（2010）．0-5歳の子どもとテレビ―"子どもに良い放送"プロジェクト調査中間報告

Perner, J., & Wimmer, H. (1985). "John thinks that Mary thinks that ..." attribution of second-order beliefs by 5-to 10-year-old children. *Journal of Experimental Child Psychology*, **39**, 437-471.

Piaget, J. (1970). Piaget's theory. In P. H. Mussen (Ed.), *Carmichael's manual of child psychology*. New York: Wiley.

Piaget, J., & Inhelder, B. (1956). *The child's conception of space*. London: Routledge & Kegan Paul. (Original work published in 1948)

Piaget, J. (1965). *The moral judgment of the child*. London: Free Press. (Original work published in 1932)

Premack, D. G., & Woodruff, G. (1978). Does the chimpanzee have a theory of mind? *Behavioral and Brain Sciences*, **1**, 515-526.

佐藤鮎美・堀川悦夫（2014）．デジタル絵本が母子の共同注意および音声に及ぼす影響　日本心理学会第78回大会論文集

Siegler, R. S. (1981). Developmental sequences within and between concepts. *Monographs of the Society for Research in Child Development*, **46**, 1-74. (With commentary and reply from Sidney Strauss and Iris Levin.)

Sodian, B. (1991). The development of deception in young children. *British Journal of Developmental Psychology*, **9**, 173-188.

菅井洋子・秋田喜代美・横山真貴子・野澤祥子 (2010). 乳児期の絵本場面における母子の共同注意の指さしをめぐる発達的変化：積木場面との比較による縦断研究 発達心理学研究, **21**, 46-57.

Wellman, H. M., Cross, D., & Watson, J. (2001). Meta-analysis of theory of mind development: The truth about false belief. *Child Development*, **72**, 655-684.

Wimmer, H., & Perner, J. (1983). Beliefs about beliefs: Representation and constraining function of wrong beliefs in young children's understanding of deception. *Cognition*, **13**, 103-128.

（溝川　藍）

第2章　子どもの生活と自己の発達

はじめに

　子どもは日々の生活におけるさまざまな経験や体験を通して、どのように自己や他者の存在に気づき、また、自分のこだわりや好きなこと、苦手なことなど自分自身の特徴に気づいていくのであろうか。生涯発達心理学の視点から乳幼児期から児童期の子どもが、どのような経験や体験を通して自己を形成していくのか、特に人のかかわりを中心に、①人間の存在のあり方、②人との関係のなかでの自己への気づき、③自己の育ちと社会・文化の影響、などについて本章では見ていこう。

1　人の存在をどのように捉えるか

1-1　3つの世界をもつ存在として

　メイ（May, 1983）は『存在と発見』のなかで、人間としての実存のありようとして、人は3つの世界をもっていると述べている。すなわち、「まわりの世界」、「ともにある世界」、そして「独自の世界」である。「まわりの世界」とは、周囲のモノや自然とのかかわりをさしているが、ここでの自然とは単に戸外での活動を意味しているのではない。自然豊かな環境であっても、それが背景になっていては自然とかかわっているとはいえない。逆に都心の高層マンションの生活では自然との触れあいはないかというと必ずしもそうではない。ここで問題となるのは、身近に自然があるか・ないかではなく、自然に対して、日々、どのような目や気持ちを向けて生活しているかが問われ

ているのである。

　「ともにある世界」とは、人とのかかわりをさしている。他者とのかかわりには、お互いにどのような側面をどのように表現しあっているかによって、相手との間に独特の関係が生み出されることになる。そして真の意味での「ともにある世界」においては、かかわりあう人々相互に出会いがあり、それによりともに変化していくことである、と述べている。

　3つ目の「独自の世界」とは、自分自身とのかかわりをさし、それは「ともにある世界」と「まわりの世界」のありようの基盤となる世界でもある。自分自身に目を向け、自分のこだわり、好きなこと・苦手なこと、好きな人・苦手な人など、自分自身のありのままの長所や短所、さらに自分自身の課題についても気づき捉えているかが問われる。

　メイは、さらに加えて、これら3つの世界とのかかわりを同時にもっていることが大切であるとも述べている。つまり、「ともにある世界」を避けて「まわりの世界」にのみかかわっていたり、人とのかかわりを避けて「独自の世界」に閉じこもっていたりするのは、人としての本来の存在のありようではない、というのである。これら3つの世界をもつことは、生涯発達のいずれの段階においても基本であり、その様相は一人ひとりの子ども、大人によって異なる。それゆえに、一人ひとりが唯一の個性ある独自の存在なのである。

　では、乳幼児から児童期の子どもに、これら3つの世界を育むには、どのような体験や大人の配慮が必要なのであろうか。

1-2　経験とは、体験とは

　ヒトとして生まれて人へと発達するとは、モノと人からなる世界を探索しつつ、主体的な自己のあり方を生涯にわたり模索し続けることともいえる。そのようなプロセスにおいて、試行錯誤しながらも自らが主体的に多様なことを経験したり、体験したりすることが重要であると思われる。

では「経験」と「体験」とは、どのような相違があるのであろうか。広辞苑（第6版）によると、「経験」とは「人間が外界との相互作用の過程を意識化し自分のものとすること。人間のあらゆる個人的・社会的実践を含むが、人間が外界を変革するとともに自己自身を変化させる活動が基本的なもの」とある。つまり、実際に外的あるいは内的な現実と直接的に接触し、そこから知識・技能を積んで、それが本当に自分のものとなって自分自身が豊かに変化することをさす。これに対して「体験」とは、「自分が身をもって経験すること。また、その経験」とある。

「経験」は外界を知的に認識するという客観的な意味をもつのに対して、「体験」はより主観的、個人的な色彩が濃い。そのため知性によって秩序立てられていないことや普遍化されていないという点で客観性を欠いている一方、具体的かつ1回的なできごととして情意的な内容までも含んでいるだけに、個人のなかには深く根ざしていくといえよう。

こうした見解をみると、「経験」は感覚器官を通して即時的に起こす興奮であるのに対して、「体験」は経験をもとに永続的に起こる個人内の主観的変革を意味するともいえる（古澤, 1986）。「経験」と「体験」の意味の相違を踏まえて、子どもの3つの世界を育むためには、子ども時代にどのような体験をすることが大切なのであろうか。まず、子どもが自分に気づいていくプロセスを見てみよう。

2　自分に気づくプロセス

乳幼児はどのようにして自己の存在から自分自身の特徴について気づいていくのであろうか。

2-1　自分と他者の存在への気づき

出生により母体から切り離された後、自分自身が閉じた一個の存在である

ことは、身体的自己を発見することによって気づいていく。生後1か月頃から機嫌よく目覚めているときに自分の手をかざして見つめるハンドリガードがみられる。手の発見である。また、生後4か月頃から乳児は、しばしば自分のかかとをなめたりする。こうして自分の身体を探ることにより、自分自身は閉じた系として存在することに気づいていく。

　また、感覚運動的な活動に対するフィードバック、例えば自分の髪の毛を引っ張ったときの痛み、メリーゴーランドの紐を引っ張ったときの心地よい音といったフィードバックなどから、漠然としていた世界に、自分に属するものとそうでないのもがあることを知るようになる。

　さらに、自分で自分の髪の毛を引っ張ったとき、その指先の能動的な感覚と頭部の痛みとを感じる一方、誰かに髪の毛を引っ張られたり、頭をなでられたりしたときには、その刺激された部分の受動的感覚のみが生じることになる。こうした自己刺激と外部刺激による感覚経験の違いは、自分は刺激を引き起こす能動的・主体的存在であることに気づかせる。加えて、生後3か月頃には、モノは隠れていても存在し続けるというモノの永続性を理解することにより、母親の存在、ひいては自分自身の存在の永続性にも気づいていく。

　そして、生後6か月頃に乳歯が生えはじめ、かむ力もついてくると母乳を飲んでいるときに、母親の乳首を強くかんでしまうこともある。すると母親は痛みのあまり乳首を引っ込めるといったことを繰り返し経験する。それはいつも自分の欲求を満たしてくれる存在であった母親が、母乳を飲みたいという自分の欲求とは異なる欲求をもつ対立する存在、つまり「他者としての母親」に気づくことになる。

2-2　自分の要求への気づき—泣きの機能的変化

　産声をあげた瞬間から、空腹、痛み、寒さといった生理的要因に基づく泣きは実に多様であり、他者への重要なシグナルとして機能する。図1に示さ

第 2 章　子どもの生活と自己の発達

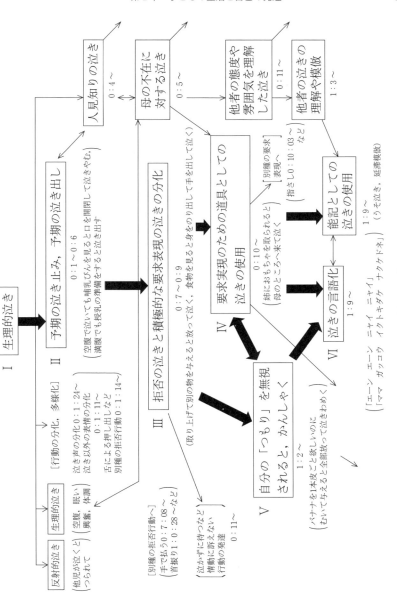

図 1　泣きの機能的変化の図式 (山田, 1982)

れているように生後1か月から6か月頃では、空腹のため泣いていても哺乳瓶を見ると口を開閉させて泣き止み、逆に満腹にも拘わらず授乳の準備をする様子に泣き出すといった、予期の泣き止み・予期の泣き出しがみられる。生後7か月から9か月頃では、持っているモノを取りあげて別のモノを与えると放って泣くといった拒否の泣きと、食べ物を見ると身を乗り出して泣くといった積極的に要求を表現する泣きが分化する。さらに、10か月頃になると、玩具を取られてしまうと訴えに来て泣くなど、要求を実現させるための道具として泣きを使用するようにもなる。そして、ことばを獲得した後も、泣きは自分の意思を表す手段であり、その機能はさらに多様になっていく。1歳2か月頃には、自分のつもりを無視されるとかんしゃくを起こしたり、1歳9か月頃では、「えーん、えーん」と泣き声を表現したり、嘘泣きを示したりするようにもなる（山田, 1982）。

このような泣きによって要求や拒否を表現する背景には、身近な他者との関係の変化がみられ、自分とモノと他者の3項関係の成立から、他者の役割に応じた、あるいは他者の意図や状況に応じた使い分けがなされていくことがある。

2-3　自己内容の広がりから対象化した自己への気づき

自分の名前はいつ頃から分かるようになるのであろうか。1歳頃までは自分以外の名前でも呼ばれると笑う一方、呼ばれて「ハイ」と返事をし始めるのは1歳頃である。そして1歳3か月頃までは誰の名前が呼ばれても「ハイ」と返事をしているのに対して、1歳7か月頃では自分の名前を呼ばれると自分を指し、じきに自分の名前を言うようになる。並行して自分のモノは1歳5か月頃から、友だちのモノは1歳7か月頃からわかるようになる。こうした理解は日常経験や状況によって異なるが、主体としての自己内容は広がっていく（植村, 1979）。

さらに自分の性については3歳6か月頃に言葉で報告し（深谷, 1965）、一人

称の表現では男児は「ぼく」、女児は「わたし」といった使い分けも、この頃からみられるようになる（森田, 1982）。このような自分の性別理解に伴い、4歳頃になると自分の性に即した玩具を好んで遊ぶようにもなり、遊びが男女児で分かれていく様子もみられる。

一方、自分を対象化する、すなわち客体としての自己への気づきは、鏡映像の自己認知を指標として検討されている。24か月頃までの乳幼児の鏡に対する反応をみると、6～8か月頃までは自身の鏡像に対して挨拶するなど他者としての反応を示すが、12か月～14か月頃をピークに鏡の後ろを覗くといった鏡像の探索を経て、15か月以降から24か月にかけて、鏡映像の自己認知がなされていく（Amsterdam, 1972）。このような鏡映像の理解には、鏡の空間は虚構空間であるという象徴化機能、鏡のなかに見える可視的身体（me）と鏡の前に立っている内受容的身体（Ｉ）とは同一であるという同一化機能、の2つの機能が獲得されることによる（熊倉, 1983）。

これまでみてきたように、乳幼児は生活のなかでさまざまな感覚運動的活動を通して、身体的に閉じた1個の独立した主体的な存在であり、自分のモノとそうでないモノ、自分の客観的姿、自分の性別を捉え、幼児なりに自分の特徴に気づいていくのである。

3 生活習慣の自立と遊びを通した自己への気づき

3-1 生活習慣の自立を通して

子どもを社会の構成員として育むために、乳児期からさまざまなしつけが社会化として営まれる。特に基本的行為である摂食、排泄、睡眠に関連した生活習慣を獲得させる「しつけ」は、生後6か月頃から離乳食や固形食への移行、2歳頃から排泄訓練などを中心に行われる。排泄訓練では、それまで好きなときにオムツに排泄してよかったものが、我慢して知らせたり、おまるに座ったりすることが求められるようになる。最終的にはトイレでの排泄

の後始末が一人でできるようになることが求められ、大人はそうした行為の獲得のみに注目しがちである。

　しかし、しつけ場面においては、大人と子どものそれぞれが何を体験しているのかを捉えることが大切である。大人にとっては、何を大事だと考えしつけを行おうとしているのか、子どものどのような姿にイライラしてしまうのかなど、自分自身の価値観や子ども観、自分の気持ちの動きから性格などに気づくことが大切なのである。一方、子どもにとっては、今までできなかったことができるようになったり、愛着を抱いている大人に褒められたりすることは嬉しいことである。だが、大人が求めることにただ受け身的に従うのではなく、今度は自分の要求を受け入れてもらうにはどのようにしたらよいかを探る、つまり自分と相手との関係から自己のあり方を模索するプロセスともいえよう。そして、結果的にはまだできなくても、自分から取り組もうとする気持ちや意欲を示すようになっているかなど、主体的な自己感覚をもって行動するようになってきているかが大切なのである。子どものそうした取り組む姿勢の変化をしつけを行う大人が捉え認めてこそ、子どもの「独自の世界」はもとより、「まわりの世界」や「ともにある世界」においても、主体的に行動していくことにつながっていくと思われる。

3-2　きょうだい・仲間との触れあいを通して

　家庭生活ではきょうだいと触れあい、地域生活では大人の配慮のもとに年齢の近い子ども同士との触れあいを経験していく。こうした触れあいは、大人を相手とした場合と異なり、相手の意図を推測したり、自分の思いをどうにかして伝えたりしなくてはならない。言葉だけでなく身振りなども含めてコミュニケーション・スキルを総動員したやりとりから、相互の思いの調整なども課題となる。それゆえに、試行錯誤のそうしたプロセスは、双方の子どもにとって、新たな自分の力を発見する機会ともなる。

　自分に名前があるように他児にも名前があり、自分のモノと他児のモノ、

自分が持っているモノと持っていないモノなど、自分に属するモノとそうでないモノがたくさんあることに気づく。また、自分のこだわりがなかなか受け入れてもらえないなど、いざこざや喧嘩などのネガティブな経験をすることも少なくない。仲間との楽しい経験だけでなく、こうし

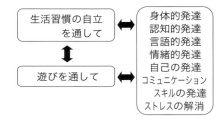

図2　生活習慣の自立と遊びを通した学びの循環（藤﨑、2009）

た葛藤経験は、自分が今大切にしたいこと、今やってみたいことなどがより明確になる機会でもある。仲間同士での葛藤経験を避けるのではなく、そうした経験を通して、自分のこだわりや特徴に気づくだけでなく、相手の特徴にも気づき、お互いの関係が深まっていく体験とするために、子どもの周囲にいる大人には配慮が求められる。

　そして、しつけによる生活習慣の自立と、きょうだい・仲間との遊びは、相互に関連しながら子どもの発達に影響を及ぼしていく。生活習慣として獲得した行為やスキルは、日常生活におけるきょうだいや仲間との遊びの展開を豊かに広げていく。遊びには図2に示される7つの機能があり、身体的・認知的・言語的・情動的発達からコミュニケーション・スキルや自己の発達を促す。遊びを通して育まれたこれらの力は、子どもの生活習慣の自立をさらに促す。そこに生活習慣の自立と遊びによる学びが循環するのである（藤﨑, 2009）。

　また、遊びの機能には発達を促すだけでなく、ストレスの解消という重要な機能もある。遊びのなかで表現される行為やつぶやきは、子どもの心の奥にある内的世界の表現でもある。ままごと遊びのなかで、きょうだいに見立てた人形をどのように扱い、どのような言葉を投げかけるかは、きょうだいに対して日頃抱いている気持ちを反映しているとみることができよう。

　子どもが直接に属しているマイクロ・システムにおいて、子どもとともに

生活する保育士や幼稚園の教員、あるいは子育て支援のスタッフは、教育・保育の専門家として子どもの行動から内的世界を読み取り寄り添い、子どもの自己の発達を支えている。こうした人たちの役割は、今日、特に重要であると思われる。

4 自己肯定感としてのコンピテンスからレジリエンスへ

4-1 自己肯定感としてのコンピテンス

　子どもは人との関係のなかでさまざまな経験や体験を通して、好きなこと・得意なこと をもつようになり、仲のよい友だち関係を形成していく一方、誰しも嫌いなこと・苦手なこと・苦手な人 などの苦手意識をもつようにもなる。自分には、こうしたさまざまな長所・短所をもっていながらも、トータルとして自分自身に対する自信や自己肯定感をもてることが、自己の発達の鍵といえよう。

　この自己肯定感を捉える指標として、ホワイト（White, 1959）はコンピテンス（competence）という概念を提唱している。それは、「環境に効果的ないしは有能に相互交渉する能力」と定義され、獲得された能力だけでなく環境に働きかけていこうとする動機づけをも含む動的な概念であるとされる。では、子どもは自分自身のコンピテンスをどのように捉えているのであろうか。ハーター（Harter, 1982; 1985; 1987）、ハーターとパイケ（Harter & Pike, 1984）は、各発達段階において重要な生活領域別に、あくまで本人の自己評価としてコンピテンスを測定する尺度を作成している。これらの尺度を用いた研究によると、幼児期から児童期にかけて、特に学習面のコンピテンスの自己評価は学年とともに低下するだけでなく、女児は男児よりも低いという性差も示されている（藤﨑・髙田, 1992；藤﨑, 1999）。このような児童期におけるコンピテンスの低下傾向や性差は日本の子どもに特有な現象であり、児童期の子どもが長時間過ごす学校生活において、さまざまな場面で評価が行われているこ

とがその背景にあると考えられる。

　子どもの自己肯定感を維持し高めるためには、自分の苦手な領域の重要さを割り引いたり、逆に得意な領域の重要さを割り増ししたりすることは現実的な対応の一つである。その一方で、得意な領域をさらに伸ばし自分の強みとしていったり、苦手な領域を努力して苦手意識を克服しようとしたりなど、積極的な対応もある。幼児期では仲間関係や親子関係、児童期では学習、運動、仲間関係、行動制御といった重要な生活領域におけるコンピテンスをどのように受け止め、高めるためにどのように対応をするかについては、一人ひとりの子どもがそれまでに培ってきた「まわりの世界」「ともにある世界」「独自の世界」が基盤となる。自分の課題をしっかり見つめ、それを乗り越えるために必要ならば周囲の人の援助を受け入れることのできる、開かれた自分であることも大切である。

4-2　たくましく生きる力としてのレジリエンス

　前節でみたように、日々の生活において程度の差はあるにしても、子どももさまざまな困難やストレスに遭遇することは避けられない。その極端な例は被虐待経験であろう。発達の初期にこうした強いストレスを経験しているにも拘わらず、それらの困難をものともせずに社会的適応を遂げている子どももいる。このような逆境から立ち上がる力はレジリエンスと呼ばれ、ストレスフルな状況でも精神的健康を維持し回復へと導く心理特性、と定義される。レジリエンスの基盤となる要因については、ハイリスク児の縦断研究や被虐待児の面接などから示されており、図3はその一つである。ここではレジリエンスの機能の7つの側面、すなわち、①困難な問題でも現実をしっかりみつめる洞察、②困難な状況に巻き込まれない独立性、③家族以外の人とのよい関係性、④自分の責任で積極的に問題状況に取り組むイニシアティブ、⑤傷ついたときでも発揮する創造性、⑥悲しみのなかでも見出すユーモア、⑦人類の幸福を願うモラル、があげられている。そして、最も内側の円は子

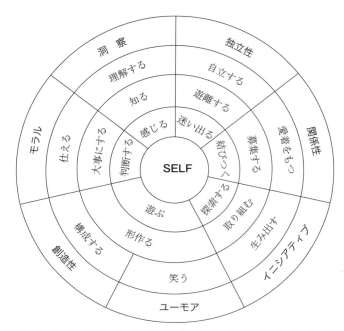

図3　レジリエンスのマンダラ（Wolin & Wolin, 1993／中釜洋子（2008より））

どもの頃、2番目の円は青年期、そして3番目の円は成人期の状態を示している。例えば、洞察は子どもの頃には何かを感じる心として存在し、青年期には知る力となり、大人になると理解する力として人々の内面に備えられていく、という（Wolin & Wolin, 1993；中釜, 2008）。

　多様なストレスにさらされる今日では、各発達段階におけるレジリエンスの様態が注目され多くの研究が展開されてはいる（例えば、小花和・Wright・尚子, 2002；長尾・芝崎・山崎, 2008；齋藤・岡安, 2009など）。しかし、レジリエンスの根源はエリクソン（Erikson, 1959）による乳児期の発達課題である「基本的信頼」の形成にあると考える。それは乳児の欲求を全て満たすことではなく、満たされないことを経験させながらも他者に対する基本的信頼を育むという意味である。したがって、子どもにかかわる大人には、そうした姿勢が求め

られるといえよう。いずれの発達段階においても発達課題を達成することだけでなく、努力してもうまくいかないこと・うまくいかないときもあり、そうした状況に耐える力からレジリエンスを育むために、子どもにとってのキーパーソンが存在することが重要となる。

5 社会・文化のなかでの自己の発達と大人のかかわり

5-1 自己抑制と自己主張の育ちの様相

人は運命的にある社会・文化のなかに生まれ、生活していくなかで、その社会・文化で重要とされる価値観に基づく行動様式を身につけ、人との関係を形成していく。例えば、人に対して自分を抑え我慢する自己抑制と、自分の考えややりたいことを主張し実現する自己主張の両面は、一人ひとりのなかで、どのようなバランスになっているかが個性の一つといえる。そして家庭生活だけでなく、園生活や学校生活において、その両者のバランスは社会的適応に影響を及ぼしていく。

日本において、家庭・園・学校での生活を通して子どもに求められる行動は、自己主張よりも自己抑制が中心であり、自己抑制できたときに保護者や教師は褒めている。しかも自己抑制はたまにできる程度では十分でなく、バスのなか、病院の待合室など、その時々の状況に応じてできないと困ると考えている。これに対して、自己主張はたまにできる程度でよく、自己主張できたからといって必ずしも大人は褒めたりしていない。そこに人との調和を重視する日本の文化的背景がある。

こうした子どもの自己抑制や自己主張に対する大人のフィードバックに基づいて、幼児期に自己抑制は順調に伸び、女児は男児よりも我慢強いという性差も見られる一方、自己主張は4歳頃に頭打ちになり、性差も見られないという（柏木, 1988；柏木, 2008）。さらに、幼児の自己抑制と自己主張に関する国際比較をみると、アメリカの子どもでは自己主張が、イギリスの子どもで

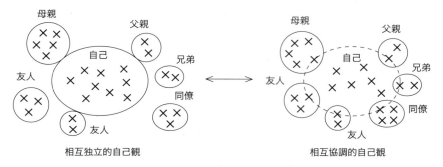

図4　文化的自己観の2つのタイプ (Markus & Kitayana, 1991)

は自己抑制と自己主張の両者が育っているという。アメリカでは日本と逆の大人のフィードバックがあり、イギリスでは主張すべき場面であるか、我慢すべき場面であるかにより、前者では自己主張を、後者では自己抑制に対して大人のプラスのフィードバックがなされていたのである（佐藤, 2001；佐藤, 2009）。今日のグローバル化社会における子どもの育ちとして、必要なときには自己主張できる力を育むことは大切であり、場面による違いを考慮した対応が大人に求められる。また、教育・保育における学びにおいて、批判的思考に基づく自分の考えをしっかり持ち、自分の考えを主張した上で、相手の意見も聴く、というアサーションの力を育むことも課題といえる。

5-2　文化的自己観からみた自己の育ち

自己抑制と自己主張の育ちでみたように、人との関係を形成していく基盤には自己のありよう、すなわち「独自の世界」がある。日本文化における「独自の世界」としての自己のありようは、西欧文化におけるありようとは基本的に異なっているといわれる。例えば、マーカスとキタヤマ（Markus & Kitayama, 1991）による文化的自己観とは、歴史的に形成され暗黙のうちに共有される自己観、人間観とされる。図4に示されるように、日本文化においては相互協調的自己観（interdependent construal of self）が優勢であり、それは自

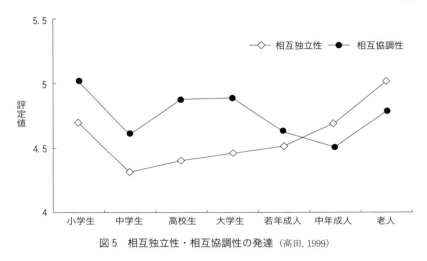

図5 相互独立性・相互協調性の発達 (高田, 1999)

己を他者と互いに結びついた人間関係の一部として捉える考え方である。そして、そのような自己観が個人に内面化されると相互協調性が特徴づけられるという。すなわち、自己と他者の境界が不明確で、自分自身の中心的な特性でも自己と他者の境界周辺に位置し、家族以外の同僚であっても自己領域との重なりがみられる。これに対して西欧文化においては相互独立的自己観（independent construal of self）が優勢であり、自己を他者から分離した独自な存在として捉える考え方である。そして、そのような自己観が内面化されると相互独立性が特徴づけられるという。すなわち、自己と他者の境界は明確で、自分自身の独自な特性は自己領域の内部に位置し、たとえ家族であっても自己領域との重なりはみられない。

　こうした文化的自己観は、大人の子どもに対する発達期待や、日々のしつけをはじめとする大人からのフィードバックに反映される。そして、大人の発達期待はいつの間にか内面化され、子ども自身の価値観となり、さらに主体的にそうした価値観に即した行動を取り入れていくことになる。図5は、児童期、青年期にかけて文化的自己観としての相互協調性が、相互独立性よ

りも優勢に特徴づけられていくことを示している（髙田, 1999；髙田, 2011）。

　このような社会・文化的背景のもとに、一人ひとりの子どもが独自の個性をもつ存在であり互いに尊重しあう人間観を育むことが、同世代の人々や異世代の多様な人々とつながる共生社会を実現していく上で、特に大切であると考える。そのためには、子ども時代に自己選択や自己決定の時間と場を十分に保障することが重要であるといえる。このことは、40年にわたる生涯的縦断研究において、成人した研究協力者が自身の子ども時代の体験を振り返えるなかで語られている（藤﨑・古澤, 2009；藤﨑・杉本・石井, 2013）。そこでは、「大人の心的展開なくして、子どもの成長はない」ということ、つまり、子どもの自己選択や自己決定を大切にするには、子どもの傍らに寄り添う大人自身が常に柔軟に変化する存在であり続けることである、と述べられている。子どもが育ち、大人も育つという相互の影響性は、自分自身のあり方を振り返える姿勢が、特に大人に求められているといえよう。

6　今後の課題

　本章では、乳幼児期から児童期の子どもが、日本文化の影響を受けながら、人間存在として①まわりの世界、②ともにある世界、そして③独自の世界、の3つの世界を同時に持ち、あくまでも主体的に行動することを通して、自己肯定感やレジリエンスを培うためには、日常生活における人とのかかわり、特に大人のかかわりが大切であることをみてきた。

　今日、生涯発達における幼児期の重要性が強調されるだけに、乳幼児期から児童期にかけての大人や仲間との関係がどのように内面化され、一人ひとりの独自の人生を織りなしていくのか、という長期的視点から発達をみていく必要がある。そのような意味からも、心理学を基盤とし、教育学（初等教育）と障害科学を融合した教育発達学は、共生社会の実現をめざす学問体系であるといえる。教育発達学を学び子どもの発達と教育にかかわる人々は、教

育・保育の営みのなかで各自の体験を振り返り、子どもと向き合う姿勢を吟味し続けていくことが、生涯の課題であると考える。

引用文献

Amsterdam, B. (1972). Mirror self-image reactions before age two. *Developmental Psychology*, **5**, 297-305.

Erikson, E. H. (1959). *Identity and the life cycle*. International University Press, INC. エリクソン, E.H. 小此木啓吾（訳）（1977）. 自我同一性とライフ・サイクル みすず書房

藤﨑眞知代（1999）. 子どものコンピテンスの低下傾向の要因分析―児童期から思春期にかけての横断的・縦断的検討を通じて― 平成9・10年度科学研究費補助金（課題番号09610103）成果報告書

藤﨑眞知代（2009）. 発達心理学と心理支援 井上孝代・山崎晃・藤﨑眞知代（編著） 心理支援論―心理学教育の新スタンダード構築をめざして 風間書房 pp.47-58.

藤﨑眞知代・高田利武（1992）. 児童期から成人期にかけてのコンピテンスの発達的変化―横断資料を通して 群馬大学教育学部紀要人文・社会科学編, **41**, 313-327.

藤﨑眞知代・古澤賴雄（2009）. 発達初期からの母子関係に関する縦断研究とその後の方法論的展開 高橋惠子・三宅和夫（編著） 縦断研究の挑戦―発達を理解するために 金子書房 pp.179-195.

藤﨑眞知代・杉本真理子・石井富美子（2013）. 生涯的縦断研究における研究者・協力者関係―両者にとっての体験の質的検討 明治学院大学心理学紀要, **23**, 97-110.

深谷和子（1965）. 性意識の形成―3歳児のMasculine-feminene identificationについて 東京教育大学教育学部紀要, **11**, 129-132.

Harter, S. (1982). The perceived competence scale for children. *Child Development*, **53**, 87-97.

Harter, S. (1985). *Mannual for the self-perception profile for children*. University Denver.

Harter, S. (1987). Causes, correlates, and the functional role of global self-worth: A life-span perspective. In R.J. Sternberg & J. Kolligian, Jr. (Eds.) *Competence considered*. Yale University Press. 67-97.

Harter, S., & Pike, R. (1984). The pictorial scale of perceived competence and social acceptance for young children. *Child Development*, **55**, 1969-1982.

柏木惠子（1988）．幼児期における「自己」の発達―行動の自己制御機能を中心に　東京大学出版会
柏木惠子（2008）．子どもが育つ条件―家族心理学から考える　岩波新書
小花和・Wright・尚子（2002）．幼児期の心理的ストレスとレジリエンス　日本生理人類学会誌, **17**, 25-32.
古澤頼雄（1986）．見えないアルバム　彩古書房
熊倉徹雄（1983）．鏡の中の自己　海鳴社
Markus, H.R., & Kitayana, S. (1991). Culture and self: Implication for cognition, emotion, and motivation. *Psychological Review*, **98**, 224-253.
May, R. (1983). *The discovery of the being: Writings in exsistential psychology.* W.W. Norton and Company Inc.（メイ, R.　伊東博・伊東順子（訳）（1986）．存在の発見　誠信書房）
森田悦津子（1982）．幼児の男ことば・女ことばの習得―性役割との関わり　1981年度お茶の水女子大学文教育学部卒業論文（未公刊）
長尾史英・芝崎美和・山崎晃（2008）．幼児用レジリエンス尺度の作成　幼年教育研究年報, **30**, 33-39.
中釜洋子（2008）．家族が経験するストレスと援助　中釜洋子・野末武義・布柴靖枝・無藤清子（編著）　家族心理学―家族システムの発達と臨床的援助　有斐閣ブックス　pp.215-227.
齋藤和貴・岡安孝弘（2009）．最近のレジリエンス研究の動向と課題　明治大学心理社会研究, **4**, 72-84.
佐藤淑子（2001）．イギリスのいい子日本のいい子―自己主張とがまんの教育学　中公新書
佐藤淑子（2009）．日本の子どもと自尊心―自己主張をどう育むか　中公新書
高田利武（1999）．日本文化における相互独立性・相互協調性の発達過程―比較文化的・横断的資料による実証的検討　教育心理学研究, **47**, 480-489.
高田利武（2011）．改訂他者と比べる自分―社会的比較の心理学　サイエンス社
植村美民（1979）．幼児におけるエゴ（ego）の発達　心理学評論, **22**, 28-44.
山田洋子（1982）．0〜2歳における要求―拒否と自己の発達　教育心理学研究, **30**(3), 128-138.
White, R.W. (1959). Motivation reconsidered: The concept of competence. *Psychological Review*, **66**, 297-333.

（藤﨑眞知代）

第3章　子どもの学校生活と発達

はじめに

　本題に入るに先だって、本章の構成について述べておこう。

　本章の前半では、子どもの発達を、乳・幼児期から児童期、青年期を経て成人期へと続く時間的な流れに沿って展開していくプロセスとして捉え、各発達段階の特徴を中心に述べて行く。本章のテーマは、学校生活の中での子どもの発達について考えることであり、発達段階としては児童期が該当するが、前後の時期とのつながりおよび違いを明確にする意味から、幼児期から青年期までを概観する。

　後半は、本章のテーマに直接関わる部分で、子どもの発達を、家庭から保育所・幼稚園を経て学校生活へという空間的な広がりの中で展開するプロセスとして捉え、学校生活で経験する代表的な活動への取り組みを中心に、発達を考えていくことになる。

1　時間的な流れの中での発達

　発達を、心身の日々の変化の積み重ねと捉えれば、それはなめらかな連続的な過程と見なすことができる。しかし、例えば数年という期間を取って見ると、前後の期間で大きな違い、つまり発達の非連続性を認めることができる。発達を、その非連続性に着目して区分したものを発達段階というが、区分する観点や理論によって、さまざまな発達段階が提唱されている（図1）。

　幼児期から青年期までの発達の特徴を、子どもの心理的な側面に着目した

区分の観点＼年齢	0	1	2	3	4	5	6	7	8	9	10	11
発達心理学	乳児期	幼児期						児童期				
Piaget, J.	感覚運動的段階	前操作的段階						具体的操作段階				
Erikson, E.H.	信頼対不信	自律性対恥・疑惑		積極性対罪悪感				勤勉性対劣等感				
文部科学省					幼児			児童				
厚生労働省	乳児	幼児						児童				
法務省							少年（満20歳に満たない者）					

図1　代表的な発達段階の区分

　ピアジェ（Piaget, J.）及びエリクソン（Erikson, E.H.）の発達段階に即して見た後、ハビガースト（Havighurst, R.J.）によって提唱された発達課題と関連付けて考えてみよう。なお、ピアジェについては、第1章で詳細に取り上げているので、参照願いたい。

1-1　幼児期

　拠って立つ理論や観点によって区切り方や命名の仕方に多少の違いはあるが、誕生してから1歳までは乳児期、その後、就学までの時期は幼児期と呼ばれている。人間の子どもは、乳児期には、食事から排泄までの一切を養育者に委ねた生活を送っており、そうした生活を通じて、特定の養育者との間に強い情緒的なつながり（愛着・アタッチメント）を形成することが、この時期の大事な発達課題とされている。乳児期と幼児期の区分の目印となる心身の変化は、二本足での歩行と離乳、言葉によるコミュニケーションの開始等である。幼児期は、期間としては、数年という短いものではあるが、前半と後半に分けてみると、この時期の特徴がよく理解できる。

12	13	14	15	16	17	18	19	20	30	40	50	60	………
青　年　期									成　人　期				
形 式 的 操 作 段 階														
同一性獲得 対拡散								親密性 対孤独						
生　徒								学　生						
									成　人					

1-1-1　幼児期の発達の特徴

　ピアジェは、一般的に「幼児期」と呼ばれている時期を、「前操作的段階」と特徴づけている（図1）。ピアジェの発達段階は、認知（思考あるいは論理的操作）の発達に関するものであり、この時期には、我々が通常「思考（論理操作）」と呼ぶ活動は認められるものの、まだ成熟した状態にないということから、「前（手前にある）操作」という表現がとられている。つまり、言葉やイメージを用いて遊んだりコミュニケーションを図ることは可能になるが、概念（例えば、部分と全体の関係）が安定した構造を持っていなかったり、保存の概念（後述）が未成立だったりするところに特徴がある。

　ピアジェが、認知発達に関する発達段階を提唱したのに対し、エリクソンは、個人の発達をライフ・サイクルという観点から捉え、社会との相互作用の中での自我の発達に関する発達段階を提唱している（図1）。エリクソンの発達段階は、各段階で解決されなければならない発達上の課題によって特徴づけられ、課題が達成できた場合と達成できなかった場合の対照的な言葉の対で表現されている。課題達成の成否は、当該の段階及びそれに続く段階で

の自我の発達に重要な影響を与えることから、危機とその克服という捉え方をされており、「幼児期」の前半に当たる時期は「自律性対恥・疑惑」の危機、後半は、「積極性対罪悪感」の危機とされている。

　エリクソンの発達段階は、精神分析学の考え方を基礎にしているが、必ずしも心理力動論にのみ拠っているわけではなく、子どもと社会との相互作用の観点から発達段階を考えている所に特徴がある。幼児期に関して言えば、この時期の危機とその克服は、養育者による基本的生活習慣に関するしつけ、及び、保育所・幼稚園等での他者との相互作用と関連づけて理解することができる。

1-1-2　幼児期の発達課題

　ハビガーストは、幼児期の発達課題として、固形物の摂取、排泄のコントロール、生理的安定の獲得、性の相違についての理解、身の回りのことがらについての理解、やっていいことといけないことの区別を理解し良心を発達させること等を指摘している。

　一般に、幼児期の前半では、基本的な生活習慣（食事、排泄、睡眠、清潔、衣服の着脱の5つの習慣）に関するしつけが開始されるが、上記の発達課題のうち、特に前半の3つは、それと重なるものである（睡眠リズムの形成は生理的安定の獲得の一部と理解できる）。

　こうしたしつけが可能になるためには、子どもの側に身体的な成熟や言語・認知能力が発達してくることと同時に、それまでの生活の中で、養育者との間に強い情緒的なきずな（エリクソンの発達段階の用語で言えば、基本的信頼感）を発達させてきているからと考えられている。

　エリクソンの言う「自律性対恥・疑惑」の危機は、心身の発達に伴い、自分の意志でいろいろなことが出来るようになることと、しつけの中で、さまざまな制限を受けることから生じてくるものと理解することができる。子どもの自発性の発現とそれに対する養育者からの制限との間の葛藤は、古くか

ら、「第一反抗期」として扱われてきたことでもある。

上記の発達課題の後半の3つは、幼児期後半における社会との関わり、すなわち、近隣の仲間との遊びや保育所・幼稚園での生活に関係していると考えられる。この頃、男女の隔たりなく遊んではいるが、男女それぞれの性の違いについてはかなり明確に意識している。この時期には、近隣や保育所・幼稚園での生活を通して、身の周りのことがらに関心を向け、理解することが期待されている。親や教師は、そうした理解を促すような働きかけを行うとともに社会にはルールがあること、やっていいこといけないことのあることを教えることになる。

エリクソンの言う「積極性対罪悪感」の危機は、そうした生活の過程で生じてくるものと考えられる。心身の発達に伴い、活動性が高まり、活動の範囲も広がるが、社会との接点が多くなれば制限を受けることも増え、自分の都合ばかりでは物事が進まないことを経験し始めるのである。

幼児期は、要約すれば、前半は主として家庭生活の中で、後半は保育所・幼稚園での集団生活を通じて社会化が開始される時期と特徴づけることができる。

1-2 児童期

幼児期に続く時期は、児童期である。この時期は、小学校に在籍している時期であり、学童期（学齢期）とも呼ばれる。児童期の開始については、6歳頃（小学校入学）とすることに、概ね意見の一致が見られるが、その終了時期については、やや複雑である。社会制度としての学童期は小学校終了までと考えられているが、これに続く青年期前期（思春期）の開始時期の指標の一つとして第二次性徴を挙げれば、とりわけ女子において、その前傾化が著しいからである。また、児童期の開始時期については意見の一致があると記したが、後述する「小1プロブレム」の問題に代表されるように、この時期が、必ずしもスムースに開始されるわけではないことを考えると、「移行期」とし

て、もう少し幅を持たせた段階の設定が必要と考えられる。

1-2-1　児童期の発達の特徴

　児童期は、ピアジェの発達段階で、「具体的操作段階」と呼ばれている時期にほぼ対応している。幼児期においては、論理的な思考は、まだ安定した状態にはなく「前操作的段階」と呼ばれたが、児童期になると、安定した論理的な思考が可能になってくる。例えば、液量の保存を例にすれば、「水位が上がった分、容器が細くなったので同じ」とする操作の相補性、「液体を加えたり、取り去ったりしていないのだから変わらない」といった同一性、「もとの器に移せば同じ」といった操作の可逆性等の認識の発達を指摘することができる。また、前操作的段階に特徴的であった思考の自己中心性（例えば、「三つ山問題」で、自分の視点を離れて他者の視点に立って見ることができない）も、児童期には目立たなくなり、自分とは違った視点のあることに気づくようになる。こうした認知発達に裏付けられて学校生活が始まることになるが、そこでの学習への取り組みについては節を改めて考える。

　エリクソンはこの時期を、「勤勉性対劣等感」の危機として特徴づけている。子どもと社会との関連についてみれば、子どもたちはこの時期、長く続く学校生活を開始することになる。この時期に身につけることが期待されている、読み書きに関する技術、計算したり推論したりする技術、身の周りの自然や社会的な事象に関する関心・理解などは、基礎的な知的技能として、その後の学校生活のみならず、人生全般の基礎となるものと考えることができる。もちろん、これらの知的技能（アカデミック・スキル）は学校で習うだけではなく、日々の生活の中で身につけることでもある。また、この時期の特筆すべき事象として、仲間集団での活動の重要性を指摘することができる。遊びを中心とした仲間とのやり取りを通して、子どもたちには、単に遊びの技術だけでなく、その後の人生にも必要な、人とのやりとりにかかわる技術（ソーシャル・スキル）を身につけることが期待されている。

アカデミック・スキルもソーシャル・スキルも、そのほとんどは知らず知らずのうちに身についてきているものであるが、どちらも、日々の生活の中で、地道に、真面目に（勤勉に）取り組んだ結果として身についてきたものということができる。

1-2-2　児童期の発達課題

　児童期の発達課題として、ハヴィガーストは、読み、書き、計算等の基礎的な認知的技能の学習、日常生活に必要な概念の発達、普通のゲーム（ボール遊び、水泳など）に必要な身体的技能の学習、同年齢の仲間とうまくつきあっていくことの学習、男性あるいは女性としての社会的役割の学習、良心、道徳性、価値基準の発達、社会的集団と社会制度に対する態度の発達等を挙げている。はじめの２つは、先に、アカデミック・スキルとして指摘したものに、また「普通のゲーム」以下、後半のものは、主としてソーシャル・スキルとして指摘したものに対応していると考えられる。

　これらのスキルの発達については、「子どもの学校生活と発達」として節を改めて考えていくことになるので、ここでは概略的なことを述べておこう。

　アカデミック・スキルは、主に学校での教科学習への取り組みを通して身につけていくことになるが、それには、言語、知識、思考等のいわゆる認知能力の発達が前提になっていることは前述したとおりである。また、教科学習に関しては、中学入試、高校入試等との関係もあり、習得する知識の量に関心が向けられがちになるが、学び方（調べ方）に関するスキル、意見や知識を伝える（発表する）スキル等にも関心が向けられるべきであろう。さらに、学習は、知らないことを知るためのプロセス、未熟な技術を上達させるためのプロセス、不得意なことを克服するプロセスと位置づけられることが多いが、自分の得意なことを見つけ、それを伸ばすといった観点も忘れてはならない。

　ソーシャル・スキルは、主として仲間集団での活動を通じて身につけてい

くことになる。幼児期の後半で、近隣や保育所・幼稚園での仲間との生活の中での社会化が始まると指摘したが、仲間との関係が、真に意味を持つのは、児童期以降である。幼児期の仲間関係は、近隣にあっても、保育所・幼稚園にあっても、養育者や教師など"大人たち"の監視の下での仲間関係である。換言すれば、遊びの進行も、その中でしばしば発生するトラブルの解決も、大人なしでできる度合いは、児童期とはかなり異なっているということである。ところが、小学校へ入学すると、登下校も、授業と授業の間の休み時間も、下校後の仲間とのつき合いも、原則的に"子どもだけ"での活動となる。遊びへの参加、トラブルへの対応、仲間意識の共有等は、どれも自分で（自分たちで）判断し評価することが求められる。この時期の、仲間との関係の持ち方が重要なのは、発達課題の大半が対人関係や社会性に関わるものであることにも表れている。

1-3 青年期前期（思春期）

　青年期は、子どもから大人へ移行する過渡的な段階につけられた名称である。見方によっては、子どもとしての特性と大人としての特性の両方を併せ持っているということもできるし、子どもでもなく大人でもないという、どっちつかずの中途半端な段階ということもできる。

　青年期の開始に関しては、第二次性徴の発現を指標の一つとするのが一般的な考え方である。しかし、それが年齢的に一定という訳ではなく、第二次大戦後の先進国においては、食糧・衛生状態の改善や生活状況の変化から、その発現年齢が早まってきたと言われている。先に、女子における第二次性徴発現の前傾化を指摘したが、この傾向は、ほぼ限界に達したとの見方もある。

　青年期に関しては、その開始時期をいつにするかという判断よりも終結時期をいつにするかという判断の方が困難なようである。卒業、就職、結婚等のライフイベントをもって区切りをつけようとしても個人差が大きく、普遍

的なものにはなりにくい。ここでは、社会及び一人一人のライフスタイルの変化から、青年期の終結が遅くなる傾向にあり、開始時期の前傾化と相俟って、青年期が長くなる傾向にあるということを指摘しておこう。

1-3-1　青年期の発達の特徴

　この時期は、ピアジェの発達段階では、「形式的操作段階」と特徴づけられている。子どもの思考は、具体的な内容を離れ、論理の正しさに導かれる形で展開する。換言すれば、抽象的な思考が可能になるということであり、あらゆる可能性（組み合わせ）を想定しながら論理を進めることが出来るようになるということである。

　また、エリクソンは、この時期に特有の発達課題として、アイデンティティの獲得を指摘している。これは、自分自身に関する一貫性をめぐる感覚、過去・現在・未来という時間的な展望の中での自分自身の連続性に関する感覚ということができる。これは元来、精神分析学の用語なので、現実社会での出来事と直接結びつけて理解しようとするのにはやや無理があるが、この青年期という時期に、時間的展望の中での自分自身の連続性を敢えて問題にするということは、過去において一度は連続性を壊した経験があるということを意味している。これは、親や教師の言われるままに生きて来た自分を一度壊し（一般的には、これは第二反抗期と呼ばれている）、自分の納得できる生き方、自分らしい生き方を求める中で生じたものと考えることができる。このように、青年期には、自分自身を時間的な展望の中に位置づけるという課題が課せられる訳だが、その課題達成の難しさゆえに、この時期は、「同一性獲得対同一性拡散」の危機と特徴づけられている。エリクソンの発達理論の中で、アイデンティティの獲得と相補的な関係にある概念に、モラトリアムがある。これは、現代社会では、知識、技術の高度化・膨大化が著しく、また人間関係も複雑化の様相を呈してきており、そうした状況の中で、エゴ・アイデンティティを獲得することは難しく、それを達成するには、ある程度の

準備期間、社会的責任を免れている時間が必要ということで、提唱された概念である。

1-3-2 青年期の発達課題

ハヴィガーストは、この時期の発達課題として、親からの精神的な独立、同年輩の仲間とより成熟した関係を作ること、それぞれの性に適合した社会的役割を獲得すること、経済的な独立の準備、結婚・新しい家庭生活の準備等を指摘している。いずれも、成熟した大人（社会人）となるための準備という意味あいが強いが、文明が進むと、成人になるまでの準備に時間のかかることが指摘されている。

先に指摘したように、これには、高度文明社会では、一人前と認められるまでに身につけなければならない知識・技術が膨大で、それらを習得するための時間が必要という側面もあるが、何をもって一人前の大人とみなすかの判断基準が決して一様ではないという側面のあることも指摘されている（藤田英典, 1991）。

2　子どもの学校生活と発達

ここまでのところは、発達を、発達段階や発達課題等を手掛かりに、時間経過に伴う心身の変化という観点から見て来たが、ここからは、学校生活の中で経験することがらを通して考えていくことになる。「学校生活」という以上、発達段階としては児童期を中心に見ていくことになるが、保育所・幼稚園から小学校への移行ということから考えていこう。

2-1　保育所・幼稚園から小学校への移行について

保育所・幼稚園へ通うことがほぼ「義務化」の様相を呈してきている昨今、小学校に入学してはじめて集団生活を経験したという時代に比べれば、幼児

期から児童期への移行は、なめらかに進行していると考えたいところだが、必ずしもそのようにはなっていないようだ。

例えば、学級経営研究会（2000）は、「学級がうまく機能しない状況」（いわゆる、学級崩壊）について調査研究を行い、対象とした150学級のうち17学級は、1年生でこの問題が起きていた（しかも、そのうち1学級は、児童数5名だった）ことを報告している。

この報告とほぼ時期を同じくして、小学校に入学してきたばかりの子どもたちに、授業中席に座っていられない、先生の話が聞けない、教室から出て行ってしまう、集団行動がとれない等の行動が目立ち、学級での授業が成立しにくくなっている状況、いわゆる「小1プロブレム」が、世の中の関心を集めるようになってきた。全国の市区町村教育委員会にアンケート調査を実施した東京学芸大学（2007）は、調査した自治体の約2割において、所管する小学校での「小1プロブレム」を確認している。

「小1プロブレム」について早くから注目して来た新保真紀子（2010）は、この問題の背景として、①子どもを取り巻く社会環境の変化が、子どもの育ちを変化させていること、②親の子育ての孤立化と未熟さ、③子どもも親も自尊感情が低く、人間関係作りが苦手、④就学前教育と学校教育の段差の拡大、⑤自己完結し、連携のない学校園、⑥今の子どもにミスマッチの頑固な学校文化や学校教育システム、の6点を指摘している。

このうちの④と⑤は、就学前教育と学校教育との間に制度上の相違あるいは意思疎通上の齟齬があるとする指摘であり、そうした行き違いの解消を目指して、幼小連携の構築が試みられてきている（佐々木宏子・鳴門教育大学附属幼稚園, 2004、お茶の水女子大学附属幼稚園・小学校, 2006）。また、文部科学省も、平成19年（2007年）の学校教育法の改正において、幼稚園教育の目的を、「義務教育及びその後の教育の基礎を培う」とし、幼小接続（ここでの「幼」には、幼稚園だけでなく、保育所、認定こども等の幼児期の教育機関を含んでいる）に関して幼稚園と小学校が相互に留意することを求め、幼小間の乖離を修復する必

要性を指摘している。

　はじめにも指摘したように、ほとんどの子どもが、幼児期に、何らかの教育機関での生活を経験してきていることを考えると、「小1プロブレム」の出現は、一見矛盾したことのように思えるが、それぞれの機関が異なる理念に基づいて子どもへの働きかけを行っていたり、互いに異なった方向に向けて子どもを導いて行ったりしていれば、それは当然の帰結とも言える。子どもたちにとって学校生活が豊かなものとなるには、その開始からきめの細かい対応が必要となってくる。

2-2　仲間の中での発達

　仲間とのつき合いは、児童期に入ると、より一層活発な様相を呈してくる。先に発達課題のところでも述べたように、仲間とのつき合いは幼児期にもあるが、それは、大人たちに保護されたなかでのつきあいであり、いわば真の仲間づきあいに向けての準備段階と見なすことができる。児童期になると、仲間づきあいは、子どもたちだけで営まれるのが普通の形となる。友だちを選ぶのも、遊びを決めるのも、そこで生じるトラブルを処理するのも、まずは自分と仲間たちとで考えていかなければならない。

2-2-1　「子どもの世界」の形成

　児童期には、仲間と一緒にいる時間が増え、ともに行動する範囲も広がることになるが、そうした物理的な変化と同時に、仲間とのつき合いの変化は、心理的にも大きな変化をもたらす。

　この時期に、子どもたちは「子どもの世界」を形成し、大人たちと少し距離を置くようになる。換言すれば、これは、乳・幼児期に特徴的である養育者に多くを依存しなければならない生活と、成熟した大人に求められる自立・自律した生活との間にあって、その橋渡しをするものと考えられる。俗に「親の言うことは聞かなくても、友だちの言うことは聞く」と言われる時

期で、養育者にとっては有難くないこともあるが、子どもたちは、「個として」大人たちから自立するに先だって、「集団として」自立するのである。同年輩の仲間と同じようなことに関心を持ったり、友だちと同じものを持ちたがったり、友だちの考えに過度に同調したりするのは、一見、付和雷同のようにも見えるが、そうしたことは、仲間に対する関心の表れであり、同年輩の仲間の中に自分を位置づけるという点で、大事なことである。また、仲間の中では、どのように振る舞うことが期待されているのか、自分にはそれが出来ているのかどうかを、仲間の評価を通して知ることは、自分を客観視するための基礎となるものである。

　遊びを中心とした仲間とのやり取りの中で、遊びの技術やルールを身につけることは大事なことだが、それにも増して重要なのは、人とのやり取りに必要な社会的な技能（ソーシャル・スキル）を身に付けることである。

　かつて、児童期を特徴づける集団に、「ギャング集団」と呼ばれる集団があった。主として、居住地域の中に、自然発生的に生まれる集団で、同性、異年齢の子どもたちから成っていた。結束力の強い集団で、そこでの活動については外部の者に「口外しない」ことが暗黙のルールだったので、メンバーには誰がいて、どこで何をして遊んでいるのか、大人たちにはよく分からないのが特徴だった。「ギャング」という物騒な形容がされているが、これは悪さをするということを言っているのではなく、自分たちでルールを作り、それを守り、その活動については、親も教師も知らないという特徴を言っているのである。しかしながら、子どもたちの生活環境（遊び場、自由な時間、子どもの数等）の変化から、そうした自然発生的に生れる集団を通して仲間関係を経験する機会はほとんどなくなってしまった。

　今も、子どもたちは「子どもの世界」を形成してはいるが、それは、居住地域に自然発生的にできる異年齢集団というよりは、学校での同級生を中心とした同年齢集団がほとんどで、人数も限定的である。もちろん「ギャング」の時代にも、同年齢集団でのつき合いもあったが、それはもっぱら学校での

つき合いに限られ、それと帰宅してから地域で営まれる異年齢集団でのつき合いとが、補い合っていたように思われる。

同年齢の中で身につけるソーシャル・スキルも大事だが、異年齢でないと経験しにくいものもある。同年齢集団は、平等あるいは対等といったことを経験するには適した集団と言えるが、それは、換言すれば、互いをライバル視したり競ったりする集団ということでもある。立場の違う者との関係性（例えば、年少者を労わったり、年長者をモデルとして憧れの気持ちを抱いたりすることなど）を経験するには、異年齢集団が適しているのである。自然発生的にそうした集団が生れることを期待できなくなった昨今、学校の中で、学年を縦割りにして、意図的に異年齢集団を経験させようとする試みがなされている。「みんな違って、みんないい」を実感させるには、異年齢集団が有効と考えてのことと思われる。

2-2-2 学級集団の中での成長

子どもたちに対する学校での教育活動は、学級集団を中心に展開される。教師にとって、子どもたちの集団を学習集団へと組織していく学級経営は、その任務の中心に位置づけられるべきものとなるし、子どもたちにとっても、学級を準拠集団として位置づけられるかどうかは、その後の学校生活を左右する重大なことがらと考えられる。

ところで、学級は、「学級集団」と表現されるように、通常の集団としての特徴（すなわち、成員間に相互作用があり、各自に自分が成員であるという意識があり、そこに属している者といない者との間に明確な区別があり、共通の関心事に基づく規範や役割の分化ができる等）と同時に、以下のような、学級集団独自の特徴のあることが知られている。

①学級集団の編成は、成員である子どもたちの意志とは関わりなしに行われ、しかも子どもたちにはそこでの活動への参加が、なかば強制的に義務付けられて

いる（古畑, 1983）。

②学級集団は、公的、人為的に作られるが（フォーマル・グループ）、その中に非公式な下位集団（インフォーマル・グループ《仲良し集団》）が現われてくるという二重構造をもつ。

③学級集団の公的な運営は、その成員とは性質を著しく異にする教師に委ねられている。年齢や能力、体力、公的に付与された役割などにより、教師は学級の中で絶大な影響力をもつ。学級集団において、教師はほぼ唯一の権威である（古畑, 1983）。

④学級集団は、一定の継続期間を前提にした集団である。

　子どもたちにとり、学級集団の持つこうした特徴と折り合いをつけていくことは容易いことではないが、それだけに有意義な経験ともなる。フォーマル・グループの一員として求められることと、インフォーマル・グループの一員として求められることの間に齟齬がある場合、どのようにして、自らも周囲からも納得できる行動をとるのか。必ずしも気に入った仲間ばかりではない集団の中で、互いを理解し、その中に自分を位置づけていくにはどうしたらいいのか。学級集団は同年齢の仲間から成る集団であり、そこでは原則的に全員に同一の課題が課せられることになるが、そうした状況での課題への取り組みは、知らず知らずのうちに競争的な色彩を帯びることになる。そうした中での、自己の能力についての理解、仲間との人間関係の持ち方はどうするのか。そして、学級でのつき合いは、学級担任の教師ともクラスメイトとも、一定の期間を前提にしたつき合いである。時期が来れば、さまざまな思いを残しながらも、それまでの関係を解消し、新たな関係を作ることが求められる。

　学級集団の中での成長は、子どもたち一人一人の積極的な取り組みに拠るところが多いが、そのバックグラウンドとなるのは、「唯一の権威である」教師による学級経営ということになる。子どもたち一人一人の特徴を把握する

とともに、学級集団の中に出来ているインフォーマル・グループ（下位集団）の様子を知ることは、教師にとって学級理解の第一歩となる。そうした理解の上に立って、教師は、子どもたちの集団を通して、さまざまな教育的な働きかけを行うことになる。その実践は、ときに、学級を教師の好みの色に染め上げる試みと言われ、そこに醸し出される学級の雰囲気、あるいは学級の風土は、担任と子どもたちの共同作業の結果であり、独特のものとなる。

一人一人の教師による学級の特徴づけは、子どもにとって当該の学級を準拠集団と感じる際の重要な手掛かりとなるものであるが、学級集団は一定の期間を前提にした集団であり、教師の個人的な「色合い」があまりに強く打ち出されると、子どもにとっては新しい関係作りの支障となる場合も生じてくる。

2-3　学習への取り組み

子どもたちは、学校での生活の大半を、教科学習への取り組みに費やしている。「小学校学習指導要領」では、教育課程に属する活動を、国語・算数・理科・社会・音楽・体育・図工などの各教科、道徳、5年生以上での外国語活動、3年生以上での総合的な学習の時間、学級活動・児童会活動・学校行事などの特別活動の5種類に整理している。そのうちの各教科については、年間の授業時数も明確に決められ、また扱うべき内容に関しても細かく規定されていて、これが学校での教育活動の主要部分であることは容易に理解できる。まさに、子どもたちは、勉強をするために学校に通って来るのである。ときに、「勉強だけが学校ではない」といった言い方を耳にすることがあるが、日々それに費やす時間とエネルギーを考えれば、勉強に苦戦している子どもにとって、そうした言い方は決して救いにはならない。

本書では、各教科に関する取り組みについては、第Ⅱ部で詳細に扱われるので、ここでは、まず、学校における学習が学級集団で行われるということについて、次いで、最近、話題にされることの多い我が国の学力評価の在り

方について考える。

2-3-1　学級集団の中での学習

　学級集団にどのような教育的機能を期待するかについては、いくつかの考え方があるが、ここでは、永田（1979）を参考に、集団としての意味づけが積極的であるかどうかによって、3つに分けて考えてみる。

　第一は、多数の児童・生徒に対して、少数の（一般的には、一人の）教師によって、同時に同じ内容の指導が行えるというもので、いわば、指導の経済性・効率性を強調した考え方である。便宜的に集団の形をとっているにすぎないという意味で、これは消極的な考え方と言える。

　第二は、子どもたちを集団にすることによって、互いに競争心がかきたてられて学習への動機づけが高まったり、他人の意見に触発されて、物事を見る視点が広がったり、考え方が深まったりすることが期待されるというものである。これは、集団による促進効果を想定しているという意味で、やや積極的な考え方ということができる。

　第三は、社会性や集団性を、人間の重要な特性と位置づけ、教科学習に関して、知識や技能及びその生成プロセスを仲間と共有することに意味があるとする考え、また、学級における諸活動に関しては、他者とのやり取りを通して広く社会性を養うものであると位置づけ、子どもたちの集団がなくてはならないとする考え方である。これは、集団が不可欠であるとしているという意味で、かなり積極的な考え方と言える。

　教科指導において、集団性を強調する考え方の最も顕著なものは、「社会構成主義」と呼ばれ、それは、「教室という学習の場は複数の学習者と教師とがそれぞれの独自の認識活動を展開しながらも、相互作用を通して影響を与え合いながら事が進行している場である。知識の獲得や理解の成立もこの社会的相互作用や共同的な活動の結果と無縁でないのである」（佐藤, 1999）と特徴づけられる。

ところで、消極的な立場に立とうと積極的な立場に立とうと、わが国の学級での学習指導の形態は、一斉教授方式が基本である。習熟度別の学級編成やティーム・ティーチング、少人数での指導あるいは個別指導等、それぞれの現場に即した形態が工夫されてきているが、基本的には一斉教授形式であり、通常の学級の教師の力量は、どれほど巧みに一斉指導が出来るかという観点から評価されるといっても過言でない。伝統的に、学校において、知識は、多くを持つ教師から、まだそれを持たない子どもたちに授けられるという方向で考えられてきた。一斉教授方式は、知識のそうした流れを代表するやり方ということができる。

しかしながら、近年、伝統的な一斉教授方式の形をとりながらも、そこに新しいやり方を導入した指導法が試みられるようになってきた。例えば、子ども同士の話し合いや調べ活動を重視した授業、視聴覚教材や情報通信技術（ICT）を活用した授業などはその一例で、これらは、子どもたちの主体的な活動を重視する指導である。

また、学習は、かつては「勉強」と言われたが、昨今は「学び」と表現されることが多い。これは、「勉めて強いる」活動から、自らの意志で行う活動に、学習の意味づけが変わったことを表していると考えられる。教師から同じ情報を提供されても、受け取る側の状況によって、学ぶ内容には違いが生じると考えられるようになってきた。学習は、受身的な行為ではなく、積極的・創造的な行為なのである。

この項の最後に、最近のもう一つの動きについて触れておこう。2007年に特別支援教育が本格導入されて以降、「授業のユニバーサルデザイン」という言い方を見聞きする機会が多くなった（例えば、小貫・桂, 2014）。この用語は、通常学級にいる特別な支援を必要とする子どもたちに対する配慮や教え方の工夫は、そのクラスの他の子どもたちの理解の助けにもなるという考え方を示している。通常学級での工夫ということは、一斉教授方式を想定しているといえる。一斉教授方式でも、一人一人の個性は尊重されてきてはいるが、

伝統的に、そこでの指導のポイントは、当該の年齢段階の平均的な子どもを想定した働きかけにより、学級全体の学力を上げていくというものであった。特別支援教育の導入は、教師に、改めて一人一人の子どもたちの学び方には違いがあるということを意識させることとなった。一人一人の違いに配慮したユニバーサルデザインの導入は、均一的な全体への一斉教授方式に新たな展開を生みつつあるように思われる。

2-3-2 学力とその評価

　学力（academic achievement）は、学校での学習に関係した概念であり、一般的には、「学校における学習活動を通して生徒が獲得する能力のこと」（柴田, 1994）と定義されている。これを、各教科学習のなかで扱われてきた知識・技術がどれほど身についているか（例えば、算数のある公式が使える、特定の漢字の読み書きができる、指定された楽器を使って所定の曲が演奏できる等）と考えれば、比較的分かりやすいが、学力が意味するものは、単なる知識や技術だけではない。従来、ペーパーテスト等で測定される能力が学力と見なされる傾向にあったが、最近になり、「新しい学力観」（文部科学省, 1989）に代表されるような、ペーパーテストでは測定されにくい能力、すなわち、「自ら学ぶ意欲や、思考力、判断力、表現力などを学力の基本とする学力観」が採用されるようになり、「知識・理解」よりも「関心・意欲・態度」を重視する観点別評価の考え方が導入され、「学力」が捉え難い概念であることが認識されつつある。

　ところで、1998年度実施の「小学校学習指導要領」に、2002年度から実施予定の「学校完全週5日制」及び「総合的な学習の時間」の開設を想定し、各教科の授業時間数の1割削減、教授内容の3割削除が盛り込まれたことから、基礎学力低下を危ぶむ声が聞かれるようになった。

　こうした風潮に対し、2002年、文部科学大臣は「現行の学習指導要領は最低基準を定めたものであり、発展的な学習等、学力向上」を示唆するコメン

トを発し、併せて、単なる知識の習得に留まらず、学習意欲や学習習慣なども含め、知識を活用する力、いわゆる「確かな学力」が強調されることとなった。

さらに、2003年にOECDにより実施された「生徒の学習到達度調査」において、わが国の子どもたちの学力順位が低下したことが報告され（例えば、国立教育政策研究所, 2004）、いわゆる「低学力論争」が活発になり、2008年度から実施の新しい学習指導要領では、「基礎・基本的な知識・技術の習得とそれらを活用する思考力・判断力・表現力等の育成のバランス」が強調されることとなった。

先に、ペーパーテストで測りやすい能力と測りにくい能力のあることを指摘したが、OECDによって実施された学力は、一般に「PISA型学力」と言われ、従来、わが国で広く受け入れられてきた学力（例えば、たくさんのことを記憶したり、正解を出来るだけ早く導き出したりする能力）とは異なったものであるという受け止め方が一般的である。

学力については、単に学力テストの点数が上がった・下がったということではなく、今の時代・社会の中でどのような能力が求められているのか、それに応えるにはどのような指導が求められているのかという観点から、考えて行くことが肝心と思われる。

2-4 再び移行期へ

小学校から中学校へかけての移行期の特徴として、一人一人の子どもの発達的変化と子どもが生活する物理的環境の変化が同時並行的に進行していくことが指摘されている（都筑, 2001; 小泉, 1992; 1995）。以下に、移行期の特徴について、発達的な変化と環境的な変化に分けて考えいく。

2-4-1 発達的な変化

小学校から中学校への移行は、発達段階的には、児童期から青年期（思春

期）への移行ということになる。先にも述べたように、青年期開始の一つの指標として考えられているのは、第二次性徴と呼ばれる性的成熟で、女子では、乳房が膨らんできたり初潮を迎えたりすること、男児では、声変わりを迎えたり精通現象を経験したりすること等がそれである。それまでになかった身体的な変化を迎えて不安を感じる子がいる一方、他の子どもが経験しているのに、自分にはまだそうした兆候がないことを不安に感じる子もいる。第二次性徴の開始については、男児に比べて女児の方が早いことが知られていて、小学校の高学年になると、同じ教室の中に、児童期の子どもと青年期の子どもが共存することになる。また、青年期は、発達のスパートの時期とも言われ、身長や体重など身体的な変化の著しい時期でもある。こうした性的・身体的変化は、ホルモンの変化等を伴っており、そうした中で情緒的な変化も生じてくる。異性への関心は、そうした変化と無縁ではない。

　また、青年期開始のもう一つの指標として、第二反抗期の存在が指摘されている。これは、社会性の変化（対大人関係の変化）として位置づけられるが、その背景として認知能力の変化が指摘される。子どもたちは、広範囲に及ぶ知識を習得し、「形式的操作（ピアジェ）」に代表されるように抽象的な思考ができるようになり、親や教師など身近な大人のみならず、世間の大人たち全体、さらには、自分たちの行動を規定している、制度や習慣等に対して、疑問視したり異を唱えたりするようになる。

　第二反抗期は、権威の相対的な低下という表れ方をするために、大人たちにとってはまさに「反抗」であるが、子どもたちにとっては、それは児童期までの安定した自己像の破壊であり、それはまた、新しい自己を生みだすための、言わば「創造的破壊」と考えることができるのである。

　大人たちとの関係の持ち方が変わる一方、仲間との関係も変わってくる。小学生の頃は、「ギャング」に代表されるように、大勢の仲間との付和雷同的なつき合いが中心的だったが、中学生になると、同じ価値観や趣味を持つ者同士で集まるようになる。保坂（1996）は、この時期の仲間関係を「チャ

ム・グループ」と呼んでいる。ここでは、「同じ」であることを強く求める一方、異質なものを強く排斥することが特徴であり、そうした関係性のなかに、攻撃性が加わると、「いじめ」に発展する危険性のあることが指摘できるのである。

　こう見てくると、改めて、この時期が、身体的にも心理的にも、激動の時期と言われるに相応しいことが理解できるのである。

2-4-2　環境的な変化

　次に、小学校から中学校への移行にともなって生じる物理的な変化について見てみよう。

　この時期に子どもたちが経験する最も大きな物理的な変化の一つは、学級担任制から教科担任制への変化ではないだろうか。教科ごとに教員が変わるのは、教科内容の専門性が高まるからに他ならないが、子どもたちにとって、つきあう大人が増えることには、肯定的側面と否定的側面の両面がある。たとえ自分と合わない教員がいたとしても、その時間だけのつきあいと割り切ることが出来れば、固定的な人間関係の中で「煮詰まって」いくようなことは避けることが出来るかもしれないし、多くの教員が見てくれるということは、いろいろな立場・観点から見てもらえる可能性があるということである。しかしながら、つきあう大人が多くなるということは、子どもの方としては、それだけ気を使うことが多くなるということにもなるし互いの理解が表面的なものに留まりがちになるという可能性も否定できない。

　教科の専門性が高まるということは、学ぶ内容が高度化、膨大化してくるということであり、日々の授業の中で、あるいは定期テストや成績評価によって、自分の学力が客観的にわかってくるということにもなってくる。とりわけ、高等学校は義務教育ではないものの、ほぼ全員の子どもたちが高校に進学する現在、中学校で、勉強にどう向かうか（向かわせるか）は、極めて重要なこととなる。教科の専門性が高まるということは、単に難しくなるとい

うことではなく、高い専門性を持った者にしかできない興味を喚起する授業展開が可能になるということであり、中学校にはそうした指導を期待したいところである。

通常、公立の中学校は、学区の数校の小学校からの子どもたちが進学してくる。集団が新しくなる、そして大きくなるということは、そこで新たな対人的な関係づくりをすることが求められるということである。そこでは、いわゆる「ポジション争い」も起こってくるだろう。特に、中学校の生活では、部活動が大きな比重を占め、そこでの先輩・後輩との関係づくりは、中学校生活の重要な課題となる。

このように見てくると、小学校から中学校への移行期は、子どもにとっても大人たちにとっても、「難しい時期」と言える。最近では、この時期の移行の特徴を「中1ギャップ」と称して、この時期の難しさを理解し、問題解決を支援しようとする動きもある。

おわりに

本章を閉じるに当たり、注意を喚起しておきたいことが一つある。それは、発達には常に個人差が存在するということである。発達段階あるいは発達課題として描かれた標準的な発達の姿を追い求めるあまり、目の前にいる現実の子どもの姿を見失うようなことがあってはならない。

そして、個人差の一方の極には、子ども本人にとっても保護者をはじめ周囲の人たちにとっても、心を悩ませるような事柄、すなわち、発達障害、学業の遅れ、不登校、いじめ、非行等の問題の出現を指摘できる。発達障害については、他の章で詳細に扱われているが、それ以外の問題については、残念ながら、十分なページを割いて扱うことができなかった。本章が、そうした問題について発展的に学んでいくためのきっかけとなれば幸いである。

文献

藤田英典（1991）．子ども・学校・社会 ―「豊かさ」のアイロニーのなかで―　東京大学出版会

古畑和孝（1983）．よりよい学級をめざして　学芸図書

保坂亨（1996）．子どもの仲間関係が育む親密さ―仲間関係における親密さといじめ―　現代のエスプリ, **353**, 43-51.

学級経営研究会（2000）．学級経営の充実に関する調査研究（最終報告書）

小泉令三（1992）．中学校進学時における生徒の適応過程　教育心理学研究, **40**, 348-358.

小泉令三（1995）．中学校入学時の子どもの期待・不安と適応　教育心理学研究, **43**, 58-67.

国立教育政策研究所（監訳）（2004）．PISA2003年調査・評価の枠組み―OECD生徒の学修到達度調査―　ぎょうせい

小貫悟・桂聖（2014）．授業のユニバーサルデザイン入門　東洋館出版社

文部科学省（1989）．小学校学習指導要領

文部科学省（2007）．学校教育法の一部を改正する法律について（通知）

永田良昭（1979）．"学級集団"　依田新（監）　新教育心理学事典　金子書房

お茶の水女子大学附属幼稚園・小学校（2006）．子どもの学びをつなぐ―幼稚園・小学校の教師で作った接続プログラム―　東洋館出版社

佐々木宏子・鳴門教育大学附属幼稚園（2004）．なめらかな幼小の連携教育―その実践とモデルカリキュラム―　チャイルド社

佐藤公治（1999）．クラスルームの中の学習　日本児童研究所（編）　児童心理学の進歩, **38**, 133-158　金子書房

柴田義松（1994）．"学力"　岸本弘他（編）　教育心理学用語辞典　学文社

新保真紀子（2010）．小1プロブレムの予防とスタートカリキュラム　明治図書

東京学芸大学「小1プロブレム研究推進プロジェクト」（2007）．小1プロブレム研究推進プロジェクト報告書

都筑学（2001）．小学校から中学校への進学にともなう子どもの意識変化に関する短期縦断的研究　心理科学, **22**, 41-54.

（松村茂治）

第4章　子どもの発達を支える教育方法

はじめに

　子どもの成長と発達を支えるための学問である「教育発達学」は、心理学・教育学・障害科学がそれぞれ有する課題探究の成果に基づき、社会環境・生活環境の変化の中にある子どもが直面する現代的課題への対応とその必要性に根ざして成立したものである。そのため、「教育発達学」を構成する3分野それぞれが有する分野固有の方法論に先立ち、発達の過程で現れてくる子どものさまざまな特性や特徴の理解に基づいた上で実践されている。

　「教育発達学」の構想に基づく教育方法学の役割とは、人間社会において広く認められてきた、文化的・社会的な価値観や知識体系を世代間で引き継ぐ普遍的営為の技法として認識・実践するだけでは十分とはいえない。これからの教育方法学とは、変化する社会と生活環境に合わせ、子どもという働きかける対象一人ひとりがそれぞれ有している資質や能力、そして学習機会と学習内容の多様さに基づいて機能しなければならない。同時に、子どものよりよい発達の実現に向け、一人ひとりの課題解決に資する働きかけとして絶えず見直し、再構築していかなくてはならないものであるといえよう。

　本章では、子どもの成長と発達を支えるための一領域として、教育方法学が有してきた本質的な役割を整理し、今後の「教育発達学」構築への貢献に向けて取り組むべき課題について論じる。具体的には、子どもの「主体性」に根ざした教育論と教育実践の創造に向け、教育学および教育方法学の担う役割を踏まえ、多様な子ども像とその成長、発達に資するこれからの教育方法学のあり方について考察するものである。

1 教育の本質と教育方法のあり方

1-1 「教育」の歴史に見える本質

　教育とは「人が人を変える、もしくは人を変えようとする営み」(山田・貝塚, 2008) として捉えた時、教育はその本質に、対象や目的、内容を有するものであることがわかる。すなわち、「人」とは「誰なのか」と考えてみると、教育は「変える」主体と「変わる」主体の2つの主体を前提に行われていることがわかる。また、「変える」「変わる」のは「何のために」必要とされ、何をもって「変わった」とされるのか。「変わる」ことにより実現すべき目的とともに、獲得された内容とその程度に関する評価を伴うものでもある。

　たとえば、「教育」という言葉の語源には、教育を受ける者と授ける者の多様な姿、そして目的と内容の多様な現れを、その歴史の中に有していることが示されている。「教育」という言葉の初出は、孟子の言葉「得天下英才而教育之、三樂也」(『孟子』尽心編、B.C.4C) にあるとされている。ここでの「教育」とは、君子が自らの思想的後継者を養成することであり、君子にとっての三つの楽しみの一つに数えられていた。しかし同時に、この言葉は「教育」が庶民を対象とした営みではなかったこともまた示している。

　日本では、江戸時代中期の農村における家庭教育論の教訓書の中に、生育環境やしつけによる後天的な性格形成をより重視した、幼児期からの働きかけの必要性が以下のように説かれている。

　「子を育るには先其身を正しうし、妻や乳母を戒て、あしき言をいはせず、あしき戯れもさせず、仮にも嘘をいはせず、万事正しかるべし。…若その身正しからずんば、子の教育は何ともいふべからず。これ子を育る道によりて、其身を修め人を修る道を得るなり。」(常盤潭北『民家童蒙解』、1737年)

　村や家といった、共同体を構成する人間の望ましいあり方とは、家父長が自らを律するとともに、構成員に対しても厳しく規律を求める等、幼児から

のしつけや「教育」によって形成されるものであった。

1-2 教育の実現をめざす方法

　教育とは、単なる哲学や理念の体系ではなく、その目的・内容・対象に応じて実現する営みである以上、その実現方法を含有するものでなくてはならない。その方法とは、それぞれ異なる目的・内容・対象に合わせて構想されるものである以上、多様であり、かつ適切に選択され、用いられなければならない。この点に、教育的営為における教育方法の構想や開発、そして教育実践の難しさが存在している。

　たとえば、ルソー（Jean-Jacques Rousseau, 1712-1778）の著した『エミール』では、紀元前1世紀の古い言葉「産婆は引き出し、乳母は養い、師傅はしつけ、教師は教える」を引きつつ、子どもの成長と発達に合わせた働きかけという教育的営為の目的及び内容の異なりを、端的に示している。同時に、この働きかけのあり方は、単に「教育＝education」とのみ示されるものではなく、「養育すること＝education」を基盤としつつも、「しつけること＝institution」「教えること＝instruction」として、発達の段階に応じた異なる働きかけの姿もまた示している。

　すなわち、教育方法学の指す「方法」とは、特定の教育実践の原理や理論として限定的に使用されるものとしても、働きかけた対象から何らかの反応や効果を引き出す技能としても、単独で存在していない。教育的営為の歴史的変遷を振り返ると、教育の対象と意義の広がりと合わせ、「方法」に関する社会的要請とそれに基づく考え方も拡大・多様化し、現代に至っている。

　14世紀、活版印刷技術の発明が、聖職者等一部の知識人のみ扱うことを可能にしていた聖書及びそこに描かれたキリスト教的知識を一般民衆へ開放し、後に宗教改革を導いた。この技術により、非識字者が多かった一般民衆もまた、キリストの教えに直接触れられるようになった。同時に、彼らが文字の読み書きをできるようにするための教育機会及び教育方法もまた、広く必要

とされるようになった。

　また、18世紀、プロイセンにはじまる初等教育の義務化は、富国強兵政策を支える人材を国家の手で育成することを目的としていたが、単に公教育制度の整備拡充をもたらしたのではない。それ以前、家庭等私事的領域にとどまっていた教育とその方法のあり方に加え、公的教育制度の下、就学時7歳という年齢段階にある学習者に対して、適切かつ効果的な教育方法の開発、及び学習内容の選択と排列が必要とされた。同時に、学校という場における実践を支える、教育方法に関する学問的な研究の発展もまた促された。そして、20世紀には、経験則に基づき、行動や姿勢といった外面的変化から測定されていた教育効果を、心理学の成果を教育学へ導入することにより、科学的な実験結果に基づいて説明、評価できるようになってきた。

　このような人間社会の歴史的な歩みの中にも、教育方法とは、教育の目的や、教育の結果として必要とされる人材像、さらには直接的な働きかけの対象の資質や発達に基づき構築されてきた領域であることが読み取れる。

1-3　教育方法と教育実践、教育課程

　それでは、教育方法とはどのように捉えられ、説明しうるのか。佐藤（1996）は、教育方法学を「教育実践の様式と技術を原理的に探究する学問」と定義付けている。つまり教育方法とは、教育の目的を実現するための実践行為に必要とされる工夫のすべてであり、学としての教育方法学とは、教育実践に生じた具体的な問題を解決するために、教育に関わる哲学や歴史学、心理学、政治学といった学問を基盤として探究する、実践的な研究である。

　しかし同時に、佐藤は、教育方法学の探究する対象である「教育実践」をどのような営みとして認識するのか、またどのように対象化し理論的な枠組みに則して研究するのかといった課題も示している。

　以上のような曖昧さと難しさを含む教育方法学のあり方を捉えるために、ひとまず「教育実践」として、学校教育における一場面を想定してみよう。

ある学習活動において、教師と子どもの間で用いられている道具や用意された学習環境、行われている発問や発話といったやりとりには、定義に示された「様式」と「技術」の具体的なあり方をどのように読み取れるだろうか。

たとえば、教科書やノートといった教材には、「何のために」用いられているのかという目的ばかりではなく「どうやって」用いるのか、その使い方や学習活動への活かし方も同時に求められている。また、各教科の枠組みに代表される学習内容とその組織は、子どもの生活や成長において「なぜ必要なのか」「いつ学ぶのか」示されるだけでなく、学習内容と学習活動の必要性を「どうやって」獲得させるのか、領域の特性に合わせた工夫のもと、計画・実践されている。すなわち「教育実践」は、目的や内容とともに、それらの獲得を実現するための技術や工夫が同時に作用してこそ成立するものである。

この教育実践の目的と計画のあり方をめぐっては、教育学の一領域として、教育課程・カリキュラムに関する研究も存在している。教育課程とは、「学校教育の目的や目標を達成するために、教育の内容を児童・生徒の心身の発達に応じ、授業時数との関連において総合的に組織した学校の教育計画」（文部省, 1978）とされ、調和のとれた全人格的な人間形成を行うための教育の目的と内容、およびその実施計画という側面が強調されている。この点において、実践の目的達成のための工夫という側面が強い教育方法の考え方とは異なる、特徴的な性格を指摘できる。

つまり、教育方法のあり方とは、教育の有する目的を実現するための手立てを広く設定し、計画的な働きかけと具体的工夫を含むものとして捉えられる（図1）。教育方法とは、教育の「目的・内容・計画」を組織するための考え方をつかさどる「教育課程」と、教授・学習行為を支える具体的な「技術・手段・工夫」を指す、狭義の「教育方法」の2つを含む研究領域である。そして、この2つの領域が相互に関わりつつ実現される営みこそ「教育実践」であり、重なりが大きければ大きいほど教育実践のあり方も多様になる。教育目的を実現するために獲得が必要とされる内容や方法（狭義）を選択し、

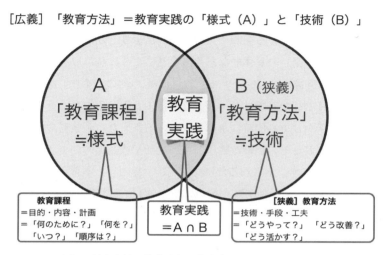

図1　教育方法と教育課程、教育実践の関係（筆者作成）

計画的に配列し、よりよい「教育実践」の創造に必要な考え方の総体こそ教育方法学となるのである。

1-4　多様な子どものあり方に即した教育方法へ

　学問領域としての教育方法学の捉え方は、教育実践を通じて実現が求められる教育目的に従い、学習内容や教材、配当時間や評価基準等の側面から開発が求められてきた姿を示している。教育実践を作り上げている学校での教育現場では、教師が子どもの生活環境や実態と向き合い、異なる社会環境・生活環境の中で多様な資質や個性を育んできた子どもたち一人ひとりを活かすことを目指して、日々教育実践に取り組んでいる。

　「教育発達学」における教育方法のあり方とは、何も全く新しい、画期的な教育実践を生み出す手法や考え方を示すものではない。むしろ、これまで教育方法学が目指してきた教育実践のよりよい創造、そして教育が社会的な要請に基づく営みとして本質的に有している共通性や普遍性といった価値の伝

第4章　子どもの発達を支える教育方法

達を、学習主体である子ども一人ひとりへの深い理解を基盤として、よりよく実現するために必要とされた構想である。

しかしそのためには、教育実践を教育目的の実現といった方向からのみ追究するのではなく、対象たる子ども一人ひとりの資質や発達の状況に合わせて教育実践を構想する姿勢が教師には必要とされる。そして、子どものあり方から教育実践の構想を出発し、子ども一人ひとりのよりよい発達を実現する方法を追究し創造するための学問として、「教育発達学」は構想されなくてはならない。そして、「教育発達学」の構想は、これからの教育方法としての学問及び実践の探究に向けた新たな方向性を提示しているのである。

2　教育の方法をめぐる考え方の広がりと多様性

2-1　与えるのか、引き出すのか

教育方法のあり方を捉える上で、現在どのような考え方があり、またどのような課題や制約があるのか。ここでは、広く教育の歴史から紐解かれる、教育実践を支えてきた教育方法のあり方を、大きく3つの観点から整理してみよう。

第一に、教育方法を、教育を受ける者と授ける者との関わりを通じて、知識や技能を与えたり、引き出したりする作用として捉える考え方である。

たとえば、古代ギリシャのソクラテス（Socrates, B.C.470-B.C.399）は、市民との対話（問答）を通じて知識の再現と同時に、自らの思索の結果としての無知の自覚（「無知の知」）を促す「問答法」を用いたとされる。この「問答法」を通じて、ソクラテスは市民自身がわかっていることを明らかにしつつ、同時にわかっていないことを知らしめた。結局、この問答法による働きかけによって、ソクラテスは市民に何を与え、引き出したのか。また、市民の何を変えたのか。そもそも、変わる力を与えたのはソクラテスなのか、市民自身なのか。「問答法」は、「手を貸せば」実現可能な事柄の自覚を促進できても、

全く未経験なものは「無知」であるとの自覚を与えるだけとなり、必ずしも人を変える働きかけとしては効果があったとはいえない面も指摘できる。

同様に、17世紀のイギリスの哲学者ロック（John Locke, 1633-1704）は、人間の教育可能性について「タブラ・ラサ」（魂の白紙状態）と称し、子どもを「空の容器」に見立て、知識や教養の受け渡しを通じて、容器を満たすがごとく獲得している様子を成長と捉えた。しかし彼は、このような古くからの教育観を基盤としながらも、近代的な教育観を先んじて有していた人物でもあった。彼は、幼少期からの印象づけや練習の繰り返し、習慣づけにより、身体・知識・精神等多方面にわたる人間形成の可能性を認識していた。そして、子どもの個性・興味・能力等の人格的差異に基づく教育準備として遊戯や遊具の導入をはかり、子どもの自己活動・活動衝動等を促す必要性を示して、早くから発達個体の成長段階へ着目していた。

2-2　何を変えるのか

第二に、教育方法とは、働きかける対象の何を変えようとする営みなのか。ここでは、「児童中心主義」の系譜に位置づく思想家の、二つの「自然」の姿の思想を比較しながら捉えてみる。

ルソー（Jean-Jacques Rousseau, 1712-78）は、教育のあり方を「人間の教育」「事物の教育」「自然の教育」の3つに分けて捉え、その中でも「自然」、すなわち人間の持つ豊かな感覚や身体的な発達を目指す教育を重視した。「いかなる物でも、自然という造物主の手から出るときは善であり、人間の手に渡って悪となる」という彼の言葉の中には、人間の手ではどうにも左右できない子どもの肉体的な発達に従うべきであり、人間社会における人間像そして事物に関する知識に優先されるとする、教育の方法的原理（「消極教育論」）が示されている。

これに対しペスタロッチ（Johann Heinrich Pestalozzi, 1746-1827）は、知識教育を中心とした「人間教育」を主張した。彼は、人間の発達を「自然状態の人

間」から「社会的状態の人間」、「道徳的状態の人間」へと導かれるものとして捉えていた。すなわち、人間の発達に社会の発達の姿を重ね合わせ、人間が有する基本的な権利としての自然権を基盤に、「自然」とは社会性や道徳性を有しない状態であるとした。このような、社会の構成員は相互に自由だが利己的でもある状態から、相互承認のもとで不自由だが道徳的な状態へと移行していくために、教育という働きかけが必要とされたのである。そして、この「人間教育」の基盤となるのは、「知識教育（＝頭）」「技術的教育（＝手）」「宗教的・道徳的教育（＝心）」の「3H（Head、Hand、Heart）」を通じた働きかけとする中でも、その根幹は知識教育にあるとした。

2-3 誰が、誰を変えるのか

第三に、教育方法とはそもそも誰が用いて、誰の変容を促すものなのか。ヘルバルト（Johann Friedrich Herbart, 1776-1841）は、「教育的教授」の方法として「管理」（教育活動の前提になる秩序の維持）、「教授」（子どもの心情に訴えて意志を形成する働きかけ）、「訓練」（教材を介した知識の教授による、願望や表象への働きかけ）の三要素をあげている。そして、「教授の無い教育などというものの存在を認めないし、逆に、教育の無いいかなる教授も認めない」という彼の言葉の中には、「教授」を通じて品性や道徳性を子どもに獲得させようとする方法論が示されている。

これに対し、先に述べたペスタロッチは、「生活が陶冶する」という教育原理を唱えている。これは、観察や感覚で事物の本質を捉え、明確な概念に発達させる「直観教授」、そして労働と学習の結合によって頭・手・心の調和的発達を図る「労作教育」によって実現するものであった。人間は、生活行動の根本となる3つの力（心情的根本力、精神的根本力、身体的根本力）を萌芽させる力を有しており、これらを日常生活の中で繰り返し使用し、繰り返すことで力をさらに成熟させている。このようにして「教育」を捉えると、教育的働きかけとは子ども一人ひとりの内部で行われるものであり、生きるため

に日常的に営まれる自律的な生活行動そのものが教育的営為となる。したがって、教育する主体は子ども自身、とも解釈できるのである。

2-4 教育方法の選択の前提となる「発達」

　教育を受ける者と授ける者との間で行われる行為とは、何を条件として選ばれ、取り組まれるものなのか。その条件の一つこそ、教育発達学を構想し実践する上で一層の理解が求められる、子どもの「発達」とその捉えである。

　たとえば、近代以前の日本でも、人間の発達を定型化し、各段階での働きかけを「型の教育」として展開してきた歴史がある。室町時代に能楽を大成したとされる世阿弥元清（1363?-1443?）は、彼が残したとされる『風姿花伝（花伝書）』の中で、能の取得を7段階に示し、徹底した稽古による「型」習得のための段階的教育法を提唱し、人間の発達の節目と重ねた、それぞれの年齢段階に応じた修業方法を展開した。また、江戸時代の儒学者である貝原益軒（1630-1714）は、『和俗童子訓』にて「随年教法」、すなわち発達段階（年齢）毎に教育内容の順序とその方法があることを述べている。

　これに対し、近代以降の教育思想の根本にあるのは、近代社会における子どもの「発見」、すなわち特定の発達段階にある人間には、心身の発達に応じた特別な働きかけを必要とするという認識である。近代以降の「児童中心主義」とは、あらかじめ定められた目的や知識、教材を伝達するとしてきた「伝統的教育」へのアンチテーゼとして、子どもの生活現実に存在する必要から出発する教育改革であった。つまり「児童中心主義」の教育思想は、働きかける対象である子どもの発達とその特徴を踏まえる必要性を示している。そして、子どもの個性と発達段階に合わせ、その自発的な活動を中心に教育計画を組織すべきという主張を有するものであり、広い意味では、子どもの自由な自己主張を尊重する教育実践のあり方を示すものであった。

　しかしながら、「児童中心主義」による教育改革が現れてきたことにより、「教える内容」や「社会的な価値内容」までもが、改革前後で全く異なるもの

となったのかといえば、そうではない。教育の目的とその実現のための方法には、常に子どもの必要ばかりではなく、国家社会の要請による教育目的や内容も同時に存在している。近代以降においても、過度の「児童中心主義」への傾倒に対する警鐘が存在している。しかし、新しい時代の子ども認識と教育思想が広まる中で、これに合わせた教育のあり方が模索、整備され、新しい教育機会や方法もまた生まれる画期となっていたこともまた、歴史の中に読み取れる一つの事実である。

3　社会の変化に伴う教育方法の発想とその転換

3-1　子どもの主体性をめぐる教育方法の考え方

　子どもという対象とその発達に合わせた方法そのもののみならず、教育を通じて発達を促すべき領域は、時代と社会の要請により、大きく変化している。これまで見てきた教育と教育方法の本質的なあり方もまた、時代の歩みとともに変わってきた。特に近代は、教育を通じて発達し成長する存在としての子どもの主体性をめぐって、画一的・一方的な知識の伝達・注入を中心とする、伝統的な学校教育のあり方に対する批判が寄せられ、制度面も含め広く改革が求められた時期である。同時に、20世紀初頭の「デモクラシー運動」「工業化・都市化」の進展によって、市民一人ひとりが自ら考え行動するための資質育成もまた、新たに学校教育が担う役割として求められるようになった。

　未来の市民たる学習者の主体性が問われる場面として、学習者自身の直面する問題に着目し学習活動を組織する、新しい教育方法が検討されはじめた。アメリカの教育学者デューイ（John Dewey, 1859-1952）は、問題の持つ「未解決性」と当事者にとっての「切実性」を出発点に、主体（＝人間）と（社会的）環境の相互作用を通して学習者の経験を連続して再構成する、学習方法としての「問題解決学習」を提起した。さらに、彼の弟子であるキルパトリック

（William Heard Kilpatrick, 1871-1965）は、「問題解決学習」を学習方法として精緻化・一般化して「プロジェクト・メソッド」を開発した。これは、プロジェクトを4つの類型（身体活動・審美的活動・問題解決・知識習得）を有する「生徒が計画し現実の生活において達成される目的をもった活動」として組織し、4つの教授段階（「目標設定」「計画」「展開」「評価」）をもって展開するものであるとした。

同様に、1958年の「スプートニク・ショック」に端を発する「教育内容の現代化」、1980年代以降の国際化・情報化といった科学技術の発達と競争の激化による教育内容の高度化は、その時々の社会の変化および求められる人材育成に適合した教育方法の開発を促進する要因として作用した。

そして現在、学習者は「何を知っているのか」といった、普遍的で定量的に測定可能な知識観にとどまるのではなく、そのような知識を活用して自らの実生活・実社会に何ができるのか、そのための資質・能力の育成が求められている。このような資質・能力を必要とする社会のあり方は、「知識基盤社会」（knowledge-based society）と称されている。「知識基盤社会」とは、4つの特質（①知識には国境がなく、グローバル化が一層進む、②知識は日進月歩であり、競争と技術革新が絶え間なく生まれる、③知識の進展は旧来のパラダイムの転換を伴うことが多く、幅広い知識と柔軟な思考力に基づく判断が一層重要になる、④性別や年齢を問わず参画することが促進される）を有し、新しい知識・情報・技術が政治・経済・文化をはじめ社会のあらゆる領域での活動の基盤として飛躍的に重要性を増すものとしている。

この捉え方は、多様な要素から成立し、定義付けが難しい「学力」の捉え方を、「基礎的・基本的な知識・技能」「思考力・判断力・表現力」「学習意欲」という大きく3つの要素に整理したものである。そして、学習指導要領はじめ現在の教育と教育方法のあり方の基盤となる社会観となっている。

3-2　学習した方法の活用を目指す「21 世紀型能力」

　我が国では、現在、次期学習指導要領改訂に向けた論点の整理と検討が現在進められている。国立教育政策研究所は、「21 世紀型能力」と称した資質・能力観を打ち出している（図 2 参照）。「21 世紀型能力」とは、「『生きる力』としての知・徳・体を構成する資質・能力から、教科・領域横断的に学習することが求められる能力を資質・能力として抽出し、これまで日本の学校教育が培ってきた資質・能力を踏まえつつ、それらを『基礎』『思考』『実践』の観点で再構成した日本型資質・能力の枠組み」とされている（育成すべき資質・能力を踏まえた教育目標・内容と評価の在り方に関する検討会, 2014）。

　この定義に示された考え方を整理した図 2 では、「実践力」が「21 世紀型能力」の活用、ひいては「生きる力」に繋がることを示すために、円の最上

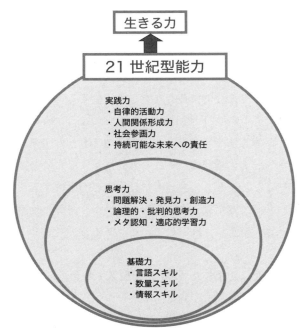

図 2　国立教育政策研究所による提案、2014 年

に位置づけられている。また、いかなる授業や実践においても3つの資質・能力を意識して行うため、3つの資質・能力を分離・段階的ではなく、重層的に捉えるため3つの円を重ねて表示している。

　中核となる「思考力」は、「問題解決・発見力・創造力」「論理的・批判的思考力」「メタ認知・適応的学習力」に関わる能力から構成され、「一人ひとりが自ら判断し自分の考えを持って他者と話し合い、考えを比較吟味して統合し、新しい知識を創り出し、さらに次の問いを身につける力」とされている。「思考力」を支える「基礎力」は、「言語スキル、数量スキル、情報スキル」に関わる能力から構成され、「言語、数、情報（ICT）を目的に応じて道具として使いこなすスキル」と位置づけられている。そして、この使い方を方向付ける「実践力」とは、「自律的活動力、人間関係形成力、社会参画力、持続可能な未来への責任」に関わる能力から構成され、「日常生活や社会、環境の中に問題を見つけ出し、自分の知識を総動員して、自分やコミュニティ、社会にとって価値のある結論を導くことができる力」としている。具体的には、①キャリア設計力、②コミュニケーション力、③協力して社会づくりに参画する力、④倫理や市民的責任を自覚して行動する力、等とされている。

　なお現段階では、この「21世紀型能力」をどのように育成するのか、その手立てとしての教育方法や学習内容（学習指導要領）との関連までは提起されていない。しかし、その構想に見られる方向性とは、この資質・能力を学校段階や学年別に示し、子どもの発達と学習内容と関連付けることにより、これまで実際に行われてきた教育方法を活用しつつ、指導の改善と評価との一体化を視野に入れて構想しようとしている点にある。

3-3　グローバル化に対応した「21世紀型スキル」

　これからのグローバル社会の到来に対応しつつ、生き抜いていくために求められる一般的な能力としては、「21世紀型スキル」（21st Century Skills）という概念もまた存在している（Griffin et al., 2012）。これは、国際的なNPO団体

表1 「21世紀型スキル」（Griffin et al., 2012）

I 思考の方法	1. 想像力とイノベーション
	2. 批判的思考、問題解決、意思決定
	3. 学びの学習、メタ認知（認知プロセスに関する知識）
II 仕事の方法	4. コミュニケーション
	5. コラボレーション（チームワーク）
III 仕事のツール	6. 情報リテラシー
	7. 情報通信技術（IT）に関するリテラシー
IV 社会生活	8. 地域と国際社会での市民性
	9. 人生とキャリア設計
	10. 個人の社会における責任（文化に関する認識と対応）

が中心となって立ち上げた「21世紀型スキル効果測定プロジェクト」（ATC21s: The Assessment and Teaching of 21st-Century Skills）によって提唱された概念で、次代を担う人材が学校教育において身に付けるべきスキルを規定している。これは、4つの分類からなる10のスキルから構成されている（表1）。

すでに世界各国では、グローバル化や情報化といった急速な社会の変化に対応するため、知育重視の伝統的な教育から「21世紀型スキル」を養い伸ばす教育への転換を目指し、検討を進められている。このスキルは、21世紀を変化の早い、社会的課題に対する答えや従うべきモデルがなくなる時代として捉え、個々人の状況や必要に応じて活用できる知識の獲得を重視している。そのため、獲得した知識やスキルが、異なる社会的・文化的文脈に自らの身を置いたとしても、転移可能で役立てられることが重要であり、それを可能にする資質・能力こそ重要とされている。

特にIとIIは、学習内容をどのように獲得し、自分の生活に活かすのか、その方法と有効性を認識するために必要であり、かつ具体的に検証するスキルとなる。すなわち、自らの社会的課題や学習課題とは「なぜ」解決されなくてはならないのか、「どうやって」考えるのか、そして「どうすれば」深め

られるのかという、教育の意義とその対応方法を自分で考え、その成果を自分の生活のよりよい実現へとつなげていく力である。

4　現代社会の要請を具体化する教育方法

4-1　メディアによる経験の活用

　グローバル化とならび、情報化の絶え間ない進展は、現代社会を特徴付ける姿でもある。変化する教育の中にあって、学習内容であり学習方法でもあるメディアとその扱いは、情報化の進展と軌を一にして重要さを増し続けている。ここでは、情報メディアをめぐる教育方法の議論を整理してみよう。

　メディアを用いた教育実践及び学習方法では、情報通信技術（ICT, Information and Communication Technology）の進歩に伴い、様々な機器が使用されている。しかし、その基本的な考え方は、テキスト情報とビジュアル情報を組み合わせ、教材による学習効果を高めようとするものである。このメディア教材が学習活動において果たす特徴的な役割を、我々の行う経験を具体性と直接性を基準に11種類に分類・表現したデール（Edgar Dale, 1900-1985）の「経験の円錐」を用いて説明するならば、鍵となるのは中間に位置づく「代替経験」の活用にある。「経験の円錐」は、人間の認知が「直接的・目的的体験」から次第に抽象度の高い体験へと進み、最後に抽象度の最も高い「言語的象徴」到達することを示している（図3）。学習内容範囲の広さと授業時数といった学校教育の有する制約により、具体と抽象の中間ゆえ「二重の役割」を担いうる「代替経験」は、段階的かつ有意義な抽象的学習経験の獲得に導く教授活動に有効な手法となる。この「代替経験」を積極的に活用することにより、学校教育や教室における学習活動では関連付けにくい「直接経験」と「間接経験」を相互に関連付け、扱いやすくなる。

　たとえば、記号化された「間接経験」に対して、「代替経験」は形状、色彩、動作等の具体性を一部与え、学習者の知識・概念を個々の生活場面での活用

第4章　子どもの発達を支える教育方法　　　　　　　　79

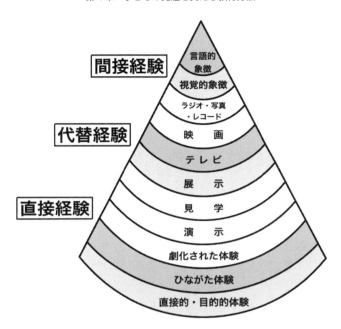

図3　「経験の円錐（"cone of experience"）」（筆者作成）

可能性を高める。これにより、言語偏重を改め、学習成果を具体化し、学習者の経験の適用範囲を拡大する効果がある。一方、自分以外の学習者に適用しにくい、膨大な「直接経験」に対して、「代替経験」は抽象性を与えて概念化を促し、知識としての整理を可能にする。これにより、言葉に具体性や意味を伴わせて扱う力を育てたり、学習成果の定着を促し、学習者の思考を多面化する効果もある。

　つまり「代替経験」は、直接経験・間接経験を関連付け、相互の強みを活かし知識・概念として確かなものにすることを可能にするのである。このようなメディアの活用に基づいた学習内容と生活経験・学習経験との結合は、学習に興味・関心を持たせ、学習への取り組みを積極的にするだけではなく、学習活動を多様化し、情報の量と種類を多くし、質を高める。さらに、学習

者の経験が情報と同一であると認識することを可能にし、情報の取得と活用への関わりを促し、学習者の創造的思考の機会を与え、表現活動を助長するのである。

4-2 「反転学習」による学びの場の転換と創造

　学習環境や道具としてのテクノロジー及び情報ネットワークの活用は、学校や教室におけるこれまでの教授活動のあり方に新しく、かつ根本的な変化をもたらしつつある。

　これまで、情報メディアの教育については、以下の3つの道具と仕組みに関する学習が中心となってきた。一つ目は「コンピュータ（パソコン）」、個別活動における記憶・検索・発信ツールとして、マルチメディア機能によって文字や画像にとどまらない、多様な情報にアクセスする学習を可能にした。二つ目は「ネットワーク」、学習活動に伴う作業の集約と共有、管理を容易なものとした。また、他者とつながる機能を有することから、情報発信者としてのモラルと責任感の向上も課題となった。三つ目は「インターネット」、基本的にはネットワーク同士がつながることにより、ネットワークが持つ価値を強化したものとなる。地域、時間を超える双方向コミュニケーションの実現し、膨大な情報量は知的好奇心や探求心の刺激と向上に役立つものである。

　さらに現在では、タブレットPCの普及やインターネットの高速化等、コンピュータの汎用品化と情報通信ネットワークの整備拡充は、子どもの学習の場を教室や学校から開放し、個別の学習環境と個々の学習者が直面する問題解決のための学習環境整備と教育方法の開発を急速に推し進めている。2000年代前半にアメリカの一教師がはじめた「反転授業」（flipped classroom）は、「基本を宿題で学んでから、授業で応用力をつける」教育方法として、注目を集めている（Bergmann et al., 2012）。従来のような、学校の教室で授業をうけることは家庭での宿題となり、代わりに学校は、学習者が予習してきた学習内容や知識を確実にするための場となる。

このような教育方法は、教師・学習者ともに、映像の編集・発信・受信を可能にする情報環境・情報機器がもたらした恩恵により可能となっているものである。教師は、学習材料となる講義ビデオを作成し、インターネットで公開する。学習者は、講義ビデオを自宅等学校外での時間を使って視聴するが、わからないところを繰り返して視聴可能であるため、自分のペースや課題意識、理解度に合わせた学習活動が可能となる。

「反転授業」がもたらす教育方法としての効果は、限られた学校での学習時間を、予習により明確となった学習者個々の成果の確認及び補足に使用するばかりではない。学習者は、成果を活用して授業時間内に新たな課題へ挑戦したり、学習課題について学習者同士で議論する等、授業内での協働学習にも活用できる。一方教師側は、授業内容の伝達の時間が大幅に削減されることで、授業時間を個々の進度に応じたきめ細やかな対応に割くことができる。一人ひとりのつまずきへの対応、そして進度の速い学習者への発展的な課題提示等、クラス単位の習熟度別学習以上に学習者の知識の定着及び応用力の育成を重視した授業づくりが可能となった。特に、教師と学習者・学習者同士による相互作用的な活動である協働学習は、コミュニケーションやコラボレーション、人間関係形成能力や課題解決能力といった、新しい時代に求められるスキルや能力を、子ども一人ひとりが獲得できる機会となる。

教育方法としての情報機器は、これまで主に教師側から学習者に対して学習内容を提供する役割を担うものであった。しかし、情報化社会の進展は、情報機器を学習者自身の手で知識や情報を獲得する道具とし、扱う方法自体も学習内容とした。さらに、道具としての機能と効果を最大限発揮するため、これまでの教育方法の見直しと改善を強く迫る原動力ともなっている。

おわりに

教育とは、極めて目的的な営みである。教育的営為を支える学としての教

育方法学は、教育目的を「どうやって」実現するのかをめぐって思索されてきた考え方であり、つくりあげられてきた技能でもある。そして、教師や学習者、目的や教材といった、教育実践を構成する要素は多様であり、相互に関連付いている。そのため、教育方法学とは何か一つの要素よって、教育実践の学としてのあり方とその選択が決定づけられるものではない。一要素の変容が、教育実践の全体像の変容を引き起こす以上、教育方法は「何のために」「なぜ」「どうやって」行うべきかを常に問い、どうすべきかが常に迫られた結果として、一つひとつの教育実践に立ち現れてくるものである。

　そして、子ども一人ひとりが教育機会を通じて、自らの人生において何を実現するのか、どのような社会を築こうとするのかによって、教育的営為及びその実践方法のあり方も大きく変わる。さらには、社会における人間の発達と成長に関わる価値観や見通しをどのように設定し、共有するかによって、教育方法のあり方や開発への取り組みは方向付けられる。社会的要請を受けた教育的営為のあり方と、その主体たる子どもの発達との間で、その実現を図る働きかけとしての教育方法は構想され、改善が求められ続けている。

　その中にあっても、教育とその方法とは、変わらない教育思想の普遍性に学びつつ、社会や子どもを取り巻く変化に合わせて日々実践されているものである。それ故、教育実践の担い手である教師には「学び続ける教師」像が求められ、教育実践においては、変化に対応すること自体が目的であり方法ともなっている。そして、子どもにとっての教育とは、学び方を学ぶ機会にとどまってはならず、学んだ成果を活かして、自らの発達と人生を切り拓くための方法を提供し、獲得を促す場として機能しなくてはならない。教育方法とは、子どもの発達に学び、子どもの変化に基づいて構想され、社会への対応を実現していく資質・能力の獲得を目指して展開される、教育実践を支える思想とその営みなのである。

引用文献

Bergmann, J., & Sams, A. (2012). *Flip your classroom: Reach every student in every class every day.* Eugene: International Society for Technology in Education.（バーグマン, J. 他　山内祐平（監修）(2014). 反転授業　オデッセイコミュニケーションズ）

藤田英典・田中孝彦・寺崎弘昭（編）(1997). 教育学入門　岩波書店

Griffin, P., McGaw, B., & Care, E. (Eds.) (2011). *Assessment and Teaching of 21st century Skills.* Netherlands: Springer.（グリフィン, P. 他（編）　三宅なほみ（監訳）(2014). 21世紀型スキル：学びと評価の新たなかたち　北大路書房）

長谷川 栄・佐々木俊介（編）(1992). 教育の方法と技術　協同出版

育成すべき資質・能力を踏まえた教育目標・内容と評価の在り方に関する検討会 (2014.3.31). 育成すべき資質・能力を踏まえた教育目標・内容と評価の在り方に関する検討会―論点整理―　http://www.mext.go.jp/b_menu/shingi/chousa/shotou/095/houkoku/1346321.htm

日本カリキュラム学会（編）(2001). 現代カリキュラム事典　ぎょうせい

文部省 (1978). 小学校指導書・教育課程一般編

佐藤 学 (1996). 教育方法学　岩波書店

寺崎昌男（編）(1999). 教育名言辞典　東京書籍

山田恵吾（編著）(2014). 日本の教育文化史を学ぶ―時代・生活・学校　ミネルヴァ書房

（佐藤　公）

第Ⅱ部

子どもの生活と学習

第5章　国語科授業の歴史にみる子どもの発達
―教材「せんこう花火」の実践から―

はじめに

　子どもにとって、ことばとは外側にあった異物である。それが、家族をはじめさまざまな人びとと交流するなかで、次第に内化していき、自分のものになっていく。おしゃべりを楽しんでいる際に新しいことばに出会ったとき、知っていることばの新しい使い方に出会ったとき、それは大事な学びの瞬間である。ただし、出会いは偶発的であり、出会いそのものに恵まれない場合もある。また、出会いはあっても、著しく偏っている場合もある。それゆえ、公教育として、学びの機会を意図的・目的的に設定することが求められている。公教育はさまざまな教科によって支えられているが、それらすべてがことばとの出会いを含んでいる。たとえば、社会科の授業であれば、子どもには、民主主義ということばとの出会いがあり、自分が生きている社会へのまなざしが築かれていく。そうしたなかで国語科の授業はことばの知識や能力・技能等の獲得を促すことを直接的に目ざす場である。

　ところで、小学校の国語科の授業と聞くと、あなたは何を思い浮かべるだろう？　賑やかな活動中心の授業、教師の巧みなリードによる授業、淡淡とした授業………。ちがいの方が目立って、一つにまとまらないかもしれない。授業のあり方は、教師ごとの個性的なスタイルにもよるが、時代ごとに求められている課題に応じて変わっている側面も少なくない。本章では、国語科の授業の変化に着目して、何が、どう、なぜ、変わってきたのか、歴史的な事実をもとに振り返ることによって、子どもとことばの出会いで何を大切にすべきなのか、本質的な点を明らかにしたい。

1　小学校高学年教材「せんこう花火」

　「せんこう花火」は、雪の研究で知られる物理学者中谷宇吉郎（1900-1962）が執筆した原作の前半部分を教材化して成った。「私たちの祖先が親しんできた日本の伝統的な花火である『せんこう花火』の美しさ、不思議さについて筆者の細かな観察によって表現された科学随筆的な説明文（渡辺, 1985）」である。大日本図書五年と教育出版六年の教科書に掲載され、とりわけ後者は表1にあるように、四期もの学習指導要領をまたぐロングランとなった。時間の経過とともに題材が古くなりがちな説明的文章教材としては異例である（中村, 2014）。ゆえに、歴史的な変化を大きくつかむにするには好適である。

表1　「せんこう花火」教科書掲載状況の推移

掲載された教科書	大日本		○	○											
	教育出版			○	○	○	○	○	○		○	○	○	○	
使用開始年度 使用終了年度		1951 1955	1956 1960	1961 1964	1965 1967	1968 1970	1971 1973	1974 1976	1977 1979	1980 1982	1983 1985	1986 1988	1989 1991	1992 1995	1996 1999
準拠学習指導要領		昭和26年版		昭和33年版			昭和43年版			昭和52年版				平成元年版	

2　「せんこう花火」を扱った授業の変化

2-1　昭和10年代　戦前・戦中期の教式による授業

　本教材は原作を含めて、すべて戦後生まれである。それが、戦前から活躍した実践研究者古田拡（1896-1985）が古希間近の齢にして飛び込みで授業を行ったことから、時空を超えた椿事が実現した。古田は名教師芦田惠之助（1873-1951）の高弟として知られる。芦田の学習指導方法論は芦田教式、あるいは七変化とも呼ばれ、全国の教師たちからあがめられ、戦前・戦中期の国語の授業に大きな影響を及ぼした。古田の授業では、師を彷彿とさせる問答

が展開されており、貴重な記録として注目に値する。

　古田は学習者が書いた感想文をもとにして、学習者に、筆者は文学者か、科学者か、愛国者か、音楽家か、それとも画家であろうかと問いかけた。そこから、文章表現を緻密に読ませて、学習者が気づいていなかった強調表現である「しかし」「なのだ」に眼を向けさせて、教材に込められた筆者の認識に迫り、愛国者としての側面に気づかせることを意図している。文意を直観することから始めて、細部を検証していく過程は芦田教式をはじめ戦前の方法論の特徴である。次に引いたのは、「しかし」を扱った部分である。この後も含めて、本章で引いた授業記録のＴは教師の発言を指す。

T　お、君いえるか？　じゃ、いって。
B　電気花火は、ただまぶしい光の火花を出しているだけで、まつ葉火花のような不思議な爆発も起こさないし、散りぎくのようなやさしさもないって書いてあるでしょう。
T　うんうん。
B　だからねえ、これはね、日本独特だということを強くいっている。〔…略…〕
T　うん、強める。君ねえ、（力の入った声で）今よんだところに大事なのがある。こういう時に役立てなくちゃいけない大事なことばがあるんだ。君、今読んだところをもう一度読んでごらん。
B　（読む。）
T　うん、そこの読み方はいいのだけれども、この文としてはちょっと大事なところを落としているじゃないか。はい、どれじゃ。
B　この前のねえ、それらの光の強い火花を出し続ける、とか。
T　うん。
B　火の玉をぽうんと空に打ち上げるとか、はなばなしい花火がいろいろある。それらの花火に比べると、せんこう花火はいかにもつつましく、光も弱く、みすぼらしく見える。
T　そのどれ？
B　みすぼらしく。〔…略…〕

T　なーんじゃい。せっかくえらいことをいっているのに大事なところを落としている。／おい、君、頭をあげろ。一、二、三、四、五字。この中で大事なことばがある。どれか。
B　接続詞。（自信なさそう。）
T　そこに接続詞ないか。どれだ。
B　しかし。
T　そこだろう。（と、強く肯定。）〔…略…〕
T　ね、せんこう花火はいかにもつつましく、光も弱く、みすぼらしく、しかし、けれどもと、こう力を入れているだろう。〔…略…〕（古田・野溝, 1971, 93-94）

　学習者に何度も音読させ、教師主導の問答によって大事なことばを探りあてていく。見つけたことばを、教師が黒板に整理してまとめ、それをノートに視写・聴写させる展開である。授業記録の後半は、現在の感覚からすると、いささか強引な誘導に思える。けれども戦前・戦中期であれば賞賛されたであろう。というのも、唯一無二の存在であった国定教科書の権威は絶大であり、教材に込められた国民として必須な知識を忠実に受け入れる少国民の錬成が重視された。何が何でも分からせなければならない、それが教師の使命であった。芦田教式と並んで、当時、「通読・精読・味読」の三段階で読みを深める三読法も知られていた。これらの学習指導方法論は一定の過程をたどれば、どんな教材にも適用できることから重宝がられた。
　価値の高い教材を扱うこと、方法論が定式化されていたことから、教師に求められたのは国家の期待どおりに『正しく』教材を解釈する力量であった。そのため、当時の指導案は教材についての詳細な説明で埋め尽くされていた。ただしその説明も、内容、すなわち、教材に込められた国民として必須な知識ばかりを扱う弊害が指摘されていたことから、形式、すなわち、語彙や語法（実際の言語活動で働く文法の機能的な側面を強調するためにこう名づけられた）等の文章表現と一元化させて扱う必要性が説かれた。だが一方で、学習者の発達の実態に即した記述は少なかった。学習者の反応の弱さを押し切ってま

第5章　国語科授業の歴史にみる子どもの発達

でも、古田が「しかし」「なのだ」といった接続語や文末表現に学習者を引っ張っていった背景にも、戦前・戦中期の常識が透けて見える。

　現在から見れば、上述のような限界を指摘できる。ただし、芦田が活躍する以前の、江戸時代の寺子屋さながらの、音読と暗唱を繰り返していた授業からすれば、こうした学習指導方法論が画期的な進歩であったことはたしかである。

2-2　昭和20年代　混迷の時代の授業

　国語科の授業について、戦前・戦中と、戦後とで最もちがうことは教材に代わって学習者の発達や興味・関心が強調された点である。連合国軍最高司令官総司令部（GHQ/SCAP）の一部局であった民間情報教育局（CIE）が主導した教育改革を通じて、進歩主義（progressivism）教育理論は短時間のうちに日本中に広まった。ただし、日本の教師に注目されたのは、児童中心主義や、多様な言語経験を重視して教師が自在に単元を構成する「単元学習」のような、いうなれば「花」にあたる部分であった。全国一律に国定教科書を読み解いていた戦前・戦中期への反省が働いたことは想像に難くない。

　革新的な教師ほど単元学習にいち早く飛びつき、教育環境の不備をものともせず、各地で実験的な授業が着手された。こうした授業を参観した教師は自分の教室でも真似をした。福島県の小学校教師今泉運平は、教室の実態について次のように語った。

　　たとえば詩の味い方の単元が、中学の二年のところにある。それを二十五時間くらいかけてやっておるんですが、実際には十七八時間は、子供がいろいろな材料を引っぱって来たり、書いたりやっている。そうしてその引いて来た歌とか詩とか、そういうものをよく読み味わうということはわずかに三時間。子供の発表したことを中心にして先生が別にそれに対して確信をもって臨んでおるわけでもないし、うやむやに終ってしまって間口が広い、教材のなでまわしなんです。またその逆はどうかというと、趣旨とか精読とか味読とか、そういうもののない、ただ読ませて、

ただ練習しておるという、そういう両極端の間をぐるぐるとまわっておるのが現状じゃないですか。（今泉, 1952, 65）

　教師の情熱には圧倒されるものの、25時間もかけた詩の授業とは行き過ぎである。それも、「なでまわし」で片づけたのでは深まるまい。また、「趣旨とか精読とか味読」がないのも問題である。敗戦後、戦前・戦中の教育は一切が否定された。そのため、過去に定着していた教材はもちろん、理論や方法論等の教育遺産も宙に浮いた状態となった。戦前・戦中派の教師たちは口をつぐみ、急増した戦後派はそれらの存在を知らないなかで、児童中心、経験重視といったキーワードを恃みにして単元学習への挑戦が着手された。
　一方で、アメリカでは教育心理学の進展とともに、技能（スキル）が同定され、知能テストをはじめとする教育測定の方法やベイサルリーダー（使用語彙等を統制した教科書）等の、いうなれば「花」を支える「根」にあたる部分の開発が進められてきた。こうした科学的なアプローチにもとづく成果も、もちろん日本に導入された。なかでも、現在にいたるまで大きな影響を与えたのが、1947（昭和22）年に「試案」として刊行された『学習指導要領』である。国語科については、現在とは異なり、第1、2、3学年の前期と後期、第4、5、6学年の前期と後期の四層に区切って発達に対応させ、学習者のレディネスや身体的・心理的障害、整備すべき環境等についての説明と合わせて、学習指導上の目標が掲げられている。このように発達を視野に入れて、目標とする知識や技能を体系的に整序した文書は戦前・戦中期には存在しなかった。内容も表2にあるように、「興味をもたせる」ことが強調されている点、読んで理解するだけにとどめずに「ふかい知識と、ひろい経験をえさせる」点、「児童のための新聞や雑誌」が含まれる点は、それ以前の常識を覆すものであった。記述のいくつかは現行の学習指導要領にまで引き継がれている。

第5章　国語科授業の歴史にみる子どもの発達

表2　昭和二十二年度（試案）学習指導要領国語科編

小学校一、二、三学年「読みかた指導の一般的目標」	（一）ことばの正しいつかいかたになれさせる。児童は入学以前から多くのことばを知っており、また多くのことばをつかうこともできる。しかし、必ずしも正しくつかってはいない。また、それは特別の家庭や社会に行われるものが多く一般化されていないばあいがある。それで、社会的に正しいことばとして使用されるように導いていかなければならない。 （二）発声・発音などにも注意して、言語意識をはっきりさせる。 （三）読書に対する興味をもたせる。 （四）読書によって経験を広め、現代の文化を理解させる。 （五）文章の組みたてを理会し、その内容と意味を正しく理解できる能力をつける。 （六）文章の内容を正しく読みとり、その要点を書いたり、まちがいなく話したりできるようにする。 （七）文字や語いは、現在の社会生活にさしつかえがない程度に習得させる。 ＊以下省略
小学校四、五、六学年「読みかた学習指導の目標」	（一）読みに対する興味を、さらに高めさせる。 （二）文を読む技術を身につけさせる。 （三）読みかたの学習によって、聞くこと、話すこと、読むこと、つづることの四種の言語活動を相関的に行いうるようにさせる。 （四）ことばとその意義とを、しっかりと結びつけさせていく。 （五）文字および語いを、ますます拡充させていく。 （六）文章やことばのだいたいの構造を理解させていく。 （七）文章の全体を概括させていく。 （八）文章の表現および内容を正しく理解し、思考し、判断する力をつける。 （九）文を正しく読むことによって、ふかい知識と、ひろい経験をえさせる。 （十）広い読書によって、たくましい創造力をやしなう。 （十一）多種多様の文形にふれさせていく。 （十二）ローマ字の読み書きができるようにさせる。 （十三）辞書や参考書の使用法を身につけさせる。 （十四）児童のための新聞や雑誌を読みこなさせる。

　意欲的な単元学習も、「根」としての学習指導要領にもとづいた評価活動に担保されてこそ、たしかな学習になる。現在ではこうした評価観・学習観も滲透してきたが、当時は評価の概念そのものが斬新に過ぎ、教育行政や教師の理解も十分ではなかった。

　もちろん、問題は学習指導要領の側にもあった。表2の上下を読み比べると明らかなように、下学年の「文字や語いは、現在の社会生活にさしつかえがない程度に習得させる」は、何を基準に「さしつかえがない程度」とするのか、本当に三年生までに達成可能なのかが不明である。さらに上学年の

「文字および語いを、ますます拡充させていく」とどういう関係にあるのか、発達から導かれるはずの系統性が不明である。これでは評価活動の手がかりにはならない。CIE の担当者から提供されたアメリカ各地の資料を参考に、二つの委員会に分かれて短時間で完成させた結果である（小久保, 2002）。

こうした経緯から、単元学習は同時代の表現を借りれば「はいまわる経験主義」、すなわち、活動ばかりで学力の高まりのない結果に陥らざるを得なかった。こうした混迷から、学力低下が社会問題として叫ばれ、1951 年 11 月に開催された日本教職員組合の第 1 回教育研究大会では、テーマとして「基礎学力の低下」が掲げられた。

2-3　昭和 30 年代　段落を単位とした授業

サンフランシスコ講和条約締結によって占領下から脱して、昭和 30 年前後になると、戦前・戦中期の教育遺産の再評価が行われるようになった。三読法が復活したのもこの時期である。単元学習に象徴された進歩主義から能力主義や系統主義への進路変更が叫ばれ、「根」に関心が向けられるようになった。アメリカでも、1957 年のスプートニクショックをきっかけに進歩主義の退潮が始まり、学問的成果を体系的に教える本質主義（essentialism）教育理論が台頭した。

1956（昭和 31）年、文部省が初めて実施した全国学力調査はその後の国語科の授業、とりわけ説明的文章教材を扱った授業に甚大な影響を及ぼした。というのも、調査の結果として、小・中学生ともに段落についての知識や技能が不足していると指摘され、教師たちの問題意識が刺激されて、段落を扱った授業への関心がにわかに高まった。それ以前では教師が教材の文章を段落に分けておき、それを前提にして学習者に内容を考えさせる授業が一般的であり、段落相互の接続関係そのものについて検討させる授業はあまり行われていなかった。続いて、昭和 33 年版学習指導要領が段落に関わる記述を強調し、教科書教材の「学習の手引き」等もその方針を踏襲した。同時期にア

メリカから入ってきた文章構成法（コンポジション理論）の影響と、戦前・戦中期の語法（戦後は機能文法と呼ばれた）の再評価が、ともに段落重視の方向性で一致していたことも変化を後押しした。

「せんこう花火」がはじめて教育出版の教科書に掲載されたのは、同学習指導要領に対応させた教科書改訂の年にあたる1961（昭和36）年であった。高度経済成長の礎となる科学教育の推進が国家戦略として重視された時期であり、著名な科学者の手になる「せんこう花火」は、まさにうってつけの教材として注目された。

2-4　昭和40年代　学習指導要領にもとづく標準化による授業

輿水実（1908-1986）は、初回以来の学習指導要領の策定や全国学力調査の実施の中核として活躍した人物である。輿水はアメリカから導入された知見のうち、「根」の部分の意義を早くから見抜き、日本に適した方法を模索してきた。昭和40年代になると、輿水は、戦前・戦中期の教育遺産に戦後の新しい知見を接ぎ木して、教材研究の方法や学習指導方法論等に関わった「標準的な型」を提案するにいたった。輿水が編集した著書のなかで、桑原（1967）は「せんこう花火」について次のように述べている（以下抜粋）。

2　学習事項の研究
(2) 学習するべき技能
ア　文章の構成をとらえ、叙述に即して文章を正確に読むことができる。
イ　文章における段落相互の関係に注意して読み、段落ごとに要約することができる。
ウ　事実と意見を判断して区別することができる。
　説明文教材の最もたいせつな機能は、正確に事実を読み取ることであり、構成や記述表現の上からも、ア―ウの技能を養成するのに好適の教材と考えられる。〔…略…〕

3 学習活動の研究
(2) 考えられる発問

　この文章の機能、あるいは学習目標から考えて、予想される発問の主要なものは次のとおりである。基本的指導過程の流れにしたがって示すと、この文章を読んで、
　〇何か疑問に思ったことはありませんか。
　〇もっと知りたいことはありませんか。
　〇<u>作者について</u>どのような考えを持ちましたか。
　〇書かれている内容について、どのような感想を持ちましたか。
　〇作者がこのような文章を書いたのはなぜでしょうか。
　〇<u>この文章の組み立て</u>はどんなになっているでしょうか。
　・どこでくぎることができますか。
　・それぞれの段落の要点はどういうことですか。
　・段落どうしの関係を考えましょう。四つの部分がどのように組み合わさって全体を形づくっていますか。
　〇<u>作者の科学者らしい目のつけどころ</u>はどこですか。
　〇花火のようすを細かく観察して、わかりやすく書きあらわすのに、どのようにくふうされていますか。
　〇<u>この</u>、<u>その</u>（こうした、そうした）は何をさしていますか。（桑原, 1967, 150-152）

　同時代の動向を受けて、「(2) 学習するべき技能」のうち、「構成」や「段落」といった記述が、「(2) 考えられる発問」の中心的な発問に影響を与えている。その発問も、輿水が提唱する「基本的指導過程の流れ」に則っている。ここでの基本となる「(2) 学習するべき技能」は学習指導要領の記述に従っており、記述をそのまま授業でも取り上げることが当然のことと見なされるようになった。

　授業記録を見てみよう。輿水の研究グループとは別のグループに属する教師によるものだが、問題意識は通底している。二人の学習者が「せんこう花火」の段落構成を図示した表を掲示し、それをもとに学級全体で議論が展開

されている。△は教師の発言を指す。

　△　なぜこのような違いが出てきたのでしょうか。
　柏木　山本君の、段落と段落の関係づけがおかしいと思います。線香花火は、昔からわたしたちに親しまれている花火であって、その花火は第2段落で、「こんなに美しい」と書き手が言っているのだから、ぼくは、第1の段落は第2段落へとつながっているのだと思います。
　北山　わたしも山本さんに意見ですが、第1と第3の段落が、同じにつながるのだという考え方には賛成できません。〔…略…〕
　井出野下　今いわれた、北山さんの段落のつながり方に賛成です。〔…略…〕第1の段落は、「前書き」のようなものですから第4へは続いていません。
　壬生　〔…略…〕今、井出野下さんが言われたのでよいと思います。山本さんは、第4の段落が一番重いと考えていながら、「まとめ」の書き方にはそのことがよく表われていないと思います。／重い段落を見つけたら、それを中心に「まとめ」を書けばいいのに、山本さんは、そうしていないので、竹内さんの「まとめ」と違ってきたのだと思います。（沖山, 1967, 133-134）

　小段落を束ねた大段落相互のつながり方について考えさせる授業である。段落ごとの内容理解と役割を根拠にして議論が進められている。段落の機能や相互の関係性について理解するためには意味があるが、議論内容は表面的で、具体的な文章表現に立ち返った検討は行われていない。もっぱらお互いの考えの違いに眼が向けられ、肝心の本文がいっこうに読まれていない点が惜しまれる。当時の昭和33年版学習指導要領では、第4学年に「文章を段落ごとにまとめて読むこと」、第6学年に「文章の組立や叙述に即して正確に読むこと」という記述がある。この授業は第6学年の学習者を対象としたものであるが、実践記録を見るかぎり、「正確に読むこと」に活かされておらず、第4学年の段階にとどまっていると解さざるを得ない。
　段落への拘泥が過ぎるあまり、本来的に目ざすべき読むことの学習指導の目標からの逸脱が起こっている。学習指導要領の学年ごとの記述の差異より

も、段落という文章形式に着目した分析が読む行為と切り離されて自己目的化したことによって、かつての定式化を思わせる理解が教師のあいだで広まった結果である。標準化が学習指導要領の記述にもとづいているかぎり、学習者の興味・関心や発達への配慮も継承されているはずである。だが、輿水をはじめ文部省の関係者が段落を強調しすぎたことから生じた誤解によって、上述の事態が起こった。学習者の興味・関心や発達への配慮を後退させた授業が日本中で模倣され、説明的文章教材の授業、イコール、段落構成をとらえる授業といった、教材や学年のちがいを無視した理解が浸透していった。

2-5 昭和50年代 筆者とのコミュニケーションを重視した授業

時間の経過とともに、段落への拘泥や学習指導要領の記述に縛られた行き過ぎた標準化に対する批判や反省も強まった。後者に対しては、学習指導要領の限られた記述だけを出発点にしていたのでは学習の広がりが期待できないことから、新たな提案がなされるようになった。良く知られた提案に、筆者とのコミュニケーションという観点から説明的文章教材をとらえ、その枠組みから筆者に迫る試みがある。着想そのものはすでに大正期にも見られたが、同時代にあっては倉沢栄吉（1911-2015）によって「筆者想定法」として提案された。筆者に着目する実践理論が知られるようになると、教師それぞれの改善を加えた実践も報告されるようになった。ただし説明的文章教材の場合、文学教材の場合のように筆者の伝記的事実に照らして議論が展開するわけではない。あくまでも根拠は、教材の文章表現だけである。以下に織田（1981）の授業記録を示す。

 T　〔…略…〕さっき、直木君が、中谷先生の伝えたいことを言ってくれたので、そのあたりに目をつけて、誰か言ってくれませんか。じゃあ、半田さん。
 半田　はい。中谷先生は、日本人として、日本語をひとつひとつ大事にしていると思います。それはね、せんこう花火という題名を見ても分かります。みんなの中には、説明文を書く時、漢字で「線香花火」って書いた人がいたでしょ。

第 5 章　国語科授業の歴史にみる子どもの発達　　　　　　　　　99

　　　この中谷先生は、せんこう花火のやさしさを出すために、ひら仮名で「せん
　　　こう」としているでしょ。それに、竹内君は、自分の説明文で、このせんこ
　　　う花火のもり上がりを、クライマックスと表現していたけど、この人は、「頂
　　　点」といっていることでも分かります。それは、中谷先生の、日本人として
　　　の心がでているからだと思います。島さん。
島　　はい。話が、はずれるかも知れないんだけど、中谷先生には、私達みたいな六
　　　年生や、五年生ぐらいに、孫がいたのかも知れないと思います。その孫に、ま
　　　つがとぶようなまつ葉花火や、きくの花びらが散るような散りぎくの美しさを、
　　　伝えてやりたいなあ、と思って書いたのかも知れません。井上さんは、どうで
　　　すか。
井上　私は、何となく思うんだけれど、中谷先生は、線香花火は目立たない花火だ
　　　のに、すごく、細かく観察をしていて、大切にしなければならないというこ
　　　とを、伝えているような感じがして、何か、正直で、すごく、日本を愛して
　　　いるんだなと思います。
T　　いい感じ方だね。そういう感じ方も、大切なんですよ。他にありませんか。は
　　　い、石島さん。
石島　はい。私は、中谷先生の伝えたいことというのは、今の人は、すごく質素で、
　　　不思議な変化を起こす、線香花火を好まなくて、外国から輸入された花火と
　　　いうか、すごい華やかな花火を好むでしょ。筆者は、そんな外国の花火を好
　　　むのもいいかも知れないけど、昔からある、日本のせんこう花火のよさにも、
　　　目をむけてほしいといっていると思うんだけど〔…略…〕（織田, 1981, 42-43）

　この授業の特徴は、学習者に、「書き手の立場になり、そこから学ぶものを、中心にしたい」として進めたところにある。第一次で、線香花火の観察や思い出をもとにして学習者に説明文を書かせ、そのうえで、第二次で、教材を読ませるというユニークな単元構成が行われている。自身が書いた経験を踏まえただけに、学習者の着想は深くなっている。
　ただし、そのためか、限られた本文から手がかりをつかみ出して、学習者が意味を読み取ろうとした結果、行き過ぎた解釈がなされ、〈筆者をめぐる言

語ゲーム〉に陥っている点も見受けられる。たとえば、「半田」の発言で言及されている「せんこう」という「ひら仮名」表記は、教科書に掲載する際の変更に過ぎず、原文では漢字表記である。

　ただし、以上のようなアプローチを採用したことが、筆者の認識に迫るうえでは、2節で紹介した古田の授業にあったような強引な誘導ではなく、学習者からの気づきとして出てきた点は注目に値する。「井上」の「中谷先生は、線香花火は目立たない花火なのに、すごく、細かく観察をしていて、大切にしなければならないということを、伝えているような感じがして、何か、正直で、すごく、日本を愛しているんだなと思います」といった発言も的確にポイントを押さえている。功罪相半ばするものの、学習者の発達や興味・関心に根ざした分析能力・推論能力を発揮させた授業と評することができよう。

2-6　昭和60年代　読者論的なアプローチによる授業

　読者論とはドイツの文学理論研究者であるヴォルフガング・イーザー（Wolfgang Iser, 1926-2007）の所説に刺激されて、1980年代中盤以降、国語科教育界を賑わせた理論である。その要諦は、読者が読書行為を行う際のメカニズムに着目し、読者がそれぞれ文学作品の意味を生成する過程を解明しようとしたことにある。それ以前に一般的であった作家論に代表される伝記的事実を重視した文献学的研究に物足りなさを抱いていた教師にとって、読む行為そのものを重視する研究は大いに歓迎するところであった。ただし、イーザーの著書自体は哲学、文学理論や言語理論を咀嚼せずに羅列した観があり、晦渋に過ぎた。ただちに応用ともいかず、スローガンとしての受容にとどまった。ただし同時代には、レトリックや認知心理学等の新しい知見が紹介されており（井上尚美, 1983・岩永, 2001）、結果的に読者論の補完の役割を果たした。

　読者論の発想は、教科書教材としてのもう一つのジャンルである説明的文章にも向けられた。前節で取り上げた筆者とのコミュニケーションにしても、

そこには専門家と学習者とのあいだの垂直的な関係性があった。読者論では水平的な関係性のもとで向き合う可能性が見えてくるところに斬新さがあった。授業記録を紹介したい。

T　では、各段のタイトルを言ってください。
C　第一段は、せんこう花火は友達で、第二段は、せんこう花火の音楽です。（板書。）
3 **指示**　今から第三段を読んでもらいます。第三段のタイトルはどんなのがいいか、考えながら読みなさい。
C　（黙読。）
4 **基本発問**　第三段では、せんこう花火のどんな説明がしてありますか。
C　せんこう花火は、日本には昔からあるが、外国にはない日本独自の花火であると説明してあります。
T　ではタイトルはどうつければよろしいか。
C　「せんこう花火は日本独自の花火」がいいと思います。（板書。）〔…略…〕
5 **補助発問**　どんなところが日本独特だと言っていますか。
C　やさしい、美しいところが日本独特だと言っています。（板書。）〔…略…〕
6 **基本発問**　せんこう花火は日本独特で、美しくやさしい花火であることを、第⑩段落ではどんな方法を使って説明していますか。
C　外国の花火と比較して、日本独特を言おうとしています。
C　日本の花火の良さを述べるために、外国の花火の例を挙げています。（板書。）
7 **補助発問**　外国の花火の例としては、何があげられていますか。
C全　電気花火です。（板書。）
8 **基本発問**　では、せんこう花火と電気花火とはどのように違うのか、みんなで考えてみましょう。二つの花火の燃え方を比較して発表してください。〔…略…〕
11 **説明**　（板書を指し示しながら）著者は、外国の花火に対してあまり良い評価をしていません。普通は、豪華で、はなばなしく、力強い、だからすばらしいのだ、ということになるでしょう。また、弱く、みすぼらしいものには、そんなに良い評価をしないのが常です。でも筆者は、そんなせんこう花火を美しく、やさしいと、とても良い評価をしていることがわかりますね。（二つの板書の間に、

だから、しかし、という接続詞を矢印とともに書き入れる。）
12 基本発問　みなさんの評価は、どの立場に立ちますか。
C　やっぱり、いくらやさしそうに見えても、ぼくは力強くはなばなしい外国の花火のほうが好きです。
C　私は著者の意見と同じ立場です。夏の夜、いろんな花火を家の庭でしますが、やはり最後は、せんこう花火をして楽しみます。なにか、落ち着いた気分になります。光が弱いのも逆にやさしい感じがして、いつまでもあきません。〔…略…〕（井上一郎, 1991, 49-54）

　この授業は全10時間から成る記録すべてが公開されている。スモールステップで組み立てられた発問の流れに特徴がある。筆者の述べたことがらをつかむだけでなく、学習者自身の既有知識や考えを出し合う機会を意識的に設けている点に注目したい。おそらくは認知心理学のスキーマ理論を応用したのであろう。上に引いたのは、そのうち第6時のひとこまで、2-1で紹介した古田の授業に相当する箇所である。ここでも学習者から教師が期待した意見が出ずに、「**11 説明**」で教師が文章表現に表れた筆者の認識について説明をする展開となっている。学習者に教材内容を捉えさせたうえで接続語の用法と関連づけて筆者へと迫らせる授業展開が、学習者にとってはむずかしいことがうかがえよう。2-5で紹介したアプローチの有効性を想起したい。
　記録中、「**12 基本発問**」の「みなさんの評価は、どの立場に立ちますか」は重要である。筆者の判断を読んだうえで、学習者自身の判断を言明させる場合、多くは筆者の意見をなぞった発言になりがちである。にもかかわらず、「力強くはなばなしい外国の花火のほうが好きです」という発言が出た事実は、学習者の思考をくぐらせたクリティカルに読む行為が達成されたあかしであり、新たな可能性を拓く達成として評せよう。

3 今後の課題

　以上を踏まえて、ポイントをまとめてみたい。2-1で取り上げた「戦前・戦中期の教式による授業」では、教材を重視する考え方が強く見られた。一方で、学習者である子どもがどういう状態にあるかといった発達への関心は弱かった。その背後には、ことばが異物である以上、分かろうと分かるまいと、とにかく出会わせ、覚えさせよう、いずれ分かるときも訪れるから、といった伝統的教養観がうかがえる。今でもこうした主張を展開する向きもあるが、わたしたちはその長所・短所を正しく認識すべきである。

　2-2節で取り上げたように、国語の授業が新たな段階を迎えたのは、昭和20年代以降のことである。学習者の発達や興味・関心に応じた理解を重視する考え方が取り入れられた事実は大きい。ただし、興味・関心の重視に走りすぎ、単元学習が行き詰まった事実は惜しまれる。評価の観点の妥当性やそれを担保する学習指導要領の記述が適切になってこそ成し遂げられる成果であった。発達を反映させた指標として、学習指導要領に期待されている役割の大きさをわたしたちは再認識しておきたい。

　2-3で取り上げた昭和30年代になると、全国学力調査が開始され、科学的なアプローチのもとで学習者の現状が測定されるようになった。調査の結果のうち、段落についての知識や技能の不足が過大に問題視され、それが唯一の課題であるかのように受けとめられたことが、その後に大きな影響を及ぼした。2-4で取り上げた昭和40年代に、標準化の考えが広まったことが拍車をかけた。結果、学習者の発達や興味・関心よりも、定式化された方法を尊重する風潮が広まった。

　2-5で取り上げた昭和50年代には、学習者の発達や興味・関心に根ざしたアプローチが現れるようになった。さらに、2-6で取り上げた昭和60年代になると、学習者の経験や既有知識と照らして筆者の考えをクリティカルに読

み、内容を正確に理解することにとどめずに自分の考えを持つことまでが重視されるにいたった。

　わたしたちは、本章で説明してきたような歴史的事実を踏まえて、過去に何がどう克服されてきたのか確かめることを忘れてはならない。学習者の発達や興味・関心を適切にとらえ、定式に寄りかからずに有効な学習指導方法論を選ぶことが、学習者が自ら成長するための足場となり、学びを広げ深める。ここまで述べてきたように、専門職としての教師が大切にすべきは、ことばとの出会いの質を高めて、その機会を保障することである。

引用文献

古田　拡・野溝智雄（1971）．国語教室の建設　新光閣書店　pp.89-101.

今泉運平（1952）．「座談会　国語教育は正しく成長しているか」における発言　教育技術, **7(8)**, 61-69.

井上一郎（1991）．せんこう花火　渋谷　孝他（編著）授業のための全発問・18　小学校6年・説明文教材　明治図書　pp.14-76.

井上尚美（1983）．国語の授業方法論　一光社

岩永正史（2001）．「認知科学の応用」から「国語科教育の認知科学」へ　山梨大学教育人間科学部紀要, **3(1)**, 207-213.

小久保美子（2002）．CIEカンファレンス・リポートが語る改革の事実　東洋館出版社

輿水　実（1967）．序説　国語科の授業の改造　輿水　実（編著）　講座国語科の基本的教材　第3巻　説明文の基本的教材　明治図書　pp.7-14.

桑原三郎（1967）．教材『せんこう花火』　輿水　実（編著）　講座国語科の基本的教材　第3巻　説明文の基本的教材　明治図書　pp.146-155.

中村敦雄（2014）．説明的文章教材における教科内容の検討―小学校高学年教材『せんこう花火』を中心に―　群馬大学教育学部紀要　人文・社会科学編, **63**, 1-19.

織田克己（1981）．実践記録　中谷宇吉郎『せんこう花火』から学ぶ―六年―書き手の場に立って、子どもたちが学んだもの―　研究と実践　国語の教師, **2**, 36-50.

沖山　光（編著）（1967）．講座・国語教育の構造と思考　第4巻　小学校高学年編　明治図書　pp.126-140.

渡辺登代子（1985）．せんこう花火　全国国語教育実践研究会（編）　説明文重要教材の授業展開　小学5・6年　明治図書　p.112．

（中村敦雄）

第6章　数や図形との出会いと発達

はじめに

　数や図形との出会いは、乳幼児期の頃から、身近でそして自然に生じている。例えば箱に触れたとき、かどにあたって感じる「痛い」という不快感とともに図形との出会いがある。また初めての買い物で握る硬貨で「何を買おうかな」と迷い考えることや「買い物ができる」という期待とともに数との出会いがある。幼児期においては、「どちらのグラスの方がたくさんジュースを飲めるかな」のように、比較し、選択することが必要となる場面を通して、数と図形との出会いがある。このように生きていく中で様々な形で私たちは数や図形と出会っているのである。

　子どもの生活と乳幼児期を中心とする発達段階における数や量の認識については、第1章においても触れられている。本章では、初等教育段階に焦点を当て、まず算数・数学の学びに関わる子どもの現状について考える。次に学校教育における算数・数学の学びが豊かになるための具体的な方策について検討する。初等教育段階から始まる算数・数学の学びは、先にあげた生活経験における「数や図形との出会い」を数学的な概念へと抽象化し、それを探究していくことが中心となる。例えば「おにぎりの　かたちは　さんかく」だが、算数・数学における「三角形」と「さんかく」は違う。「三角形」は「同一直線上にない3点と、それらを結ぶ3つの線分からなる多角形」である。初等教育段階からの学びを通して、子どもは例えば「さんかく」と「三角形」の違いを知り、「三角形」の定義を理解する。さらにこのプロセスで獲得された概念や学びの方法を活用して、生活をより豊かにすることへとつなげていく。

1 算数・数学に関わる子どもの現状

　本節では、子どもが学校で学んだ算数・数学を理解しているのか、興味関心を持っているのかなど、算数・数学に関わる子どもの現状について考える。まず初等教育段階および中等教育段階前期が目指すものについてその背景とともに示す。次に、今までに実施されてきた調査をもとに、学校教育における学びの成果と学びを支える子どもの学習意欲の現状を考察する。そして、これからの算数・数学の学びには何がもとめられるのかについてまとめる。

1-1　平成20年告示学習指導要領

　平成20年に告示された学習指導要領の背景には、次のような現状がある。21世紀がいわゆる「知識基盤社会」の時代であり、確かな学力、豊かな心、健やかな体の調和を重視する「生きる力」をはぐくむことがますます重要になっている。その一方で、OECDのPISA調査など各種調査では、日本の児童生徒が、思考力・判断力・表現力や知識・技能の活用、学習意欲、自分への自信などの側面に関して課題を抱えていることが指摘されている。これは、平成10年告示の学習指導要領においても課題とされていたことである。また平成18年12月22日に、新しい教育基本法が、公布・施行された。この中で、知・徳・体のバランス、基礎的・基本的な知識・技能、思考力・判断力・表現力等及び学習意欲を重視し、学校教育においてこれらを調和的に育むことの必要性を規定している。このような動きの中で小学校算数科および中学校数学科は、平成10年告示学習指導要領からの移行措置として、平成23年から実施されるはずの平成20年告示学習指導要領の内容の一部を、平成21年4月より前倒しで実施した。平成20年告示学習指導要領における算数科・数学科の特徴として、授業時間数の増加、指導内容の充実などが挙げられる。しかし本稿で注目したいのは、「算数的活動」「数学的活動」が目標の

中だけでなく、指導内容に具体的に示されるようになったという点である。

　そうした活動が指導内容に示されるようになった意図は、数量や図形についての知識・技能を実際の場面で活用する活動などを生かした指導をより一層充実させ、知識・技能を活用する力を育成し、子どもが学ぶことの意義や有用性を実感できるようにするためである。すなわち、調査結果から指摘された先述の課題の克服に向けた動きの一つなのである。だから「算数的活動」「数学的活動」には、身体を使ったり、具体物を用いたりする活動だけでなく、思考・判断・表現を必要とするような活動、発展的・応用的な活動も含まれている。さらに「基礎的・基本的な知識・技能を確実に身に付ける」ことと「数学的な思考力・表現力を高めたり、算数を学ぶことの楽しさや意義を実感したりする」こと、この双方に関わるものとして改めて「算数的活動」「数学的活動」が整理されているのである。

1-2　「できる」けど「自信がない」子ども

　「OECD 生徒の学習到達度調査」[1] 2012 年度調査は、平成 20 年告示学習指導要領の一部が前倒しで実施された後に、主に数学的リテラシー[2] に焦点を当てて実施された。この調査の結果では、数学的リテラシー、読解力、科学的リテラシーの 3 分野すべてにおいて、平均得点が比較可能な調査回以降、最も高くなった。一方で、生徒用質問紙から「数学における興味・関心や楽しみ」などの数学的リテラシーに影響を与える学習意欲等の変化については、同じ数学的リテラシーに焦点を当てて実施された 2003 年度調査に比べ肯定的な回答をする生徒の割合が増加しているものの、OECD 平均から見れば依然かなり低い状況であることが明らかになった。特に「数学の授業についていけないのではないかとよく心配になる」などの項目がある「数学に対する不安」指標では 2003 年度調査の結果とほとんど変化がない。日本の子どもたちは国際的にみて算数・数学の学習到達度に関しては高い成績を収めているにもかかわらず、算数・数学に対して自信を持てなかったり、学ぶ意義を感

じることができなかったり、学習意欲等に関しては課題があるという傾向を示しており、こうした傾向は前年に行われた「IEA 国際数学・理科教育動向調査の 2011 年調査」(TIMSS2011)[1] でも同様にみられる。

これらの結果から、学習到達度の側面については各学校におけるこれまでの教育活動の成果が現れたといえる。しかし各種調査の報告の中でも学習意欲等が成績と正の相関にあると述べられているにもかかわらず、学習意欲等に関しては課題があるという傾向にある。よって、学習意欲等に関して課題があるという傾向を改善するために、算数・数学を学ぶ目的を理解することや意義を知ることなどを含め、興味や関心など子どもの内面的な質を高めることに一層向き合う必要がある。

先に示した学習到達度と学習意欲に関する日本の子どもにみられる傾向は、従来から指摘されてきているところであり、平成 10 年に告示された学習指導要領以来、この点を課題として教育政策としても各学校としても現状の改善に向けた様々な取り組みを行ってきている。その一つが全国学力・学習状況調査の実施と調査結果等を活用した教育改善の取り組みである。

この調査では、国語と算数・数学について「知識」(以下、A 問題) と「活用」(以下、B 問題) の 2 種類の問題を出題している。A 問題では、「身につけておかなければ後の学年等の学習内容に影響を及ぼす内容や、実生活において不可欠であり常に活用できるようになっていることが望ましい知識・技能など」を問い、B 問題では、「知識・技能等を実生活の様々な場面に活用する力や、様々な課題解決のための構想を立て、実践し、評価・改善する力など」を問うている。この調査は一時期を除き悉皆調査となっており、児童生徒と学校の双方に対し質問紙調査を同時に行っていることから、学校における指導等と学力等との関係や、児童生徒の学習・生活習慣と学力との関係などを捉えることができる。

特に平成 25 および 26 年度に実施された調査では、平成 19 〜 22 年度に実施された 4 回の調査結果を分析して見つけられた課題について、その改善状

況を把握するという観点から問題が出題されている。国立教育政策研究所 (2012a) によれば、過去4年間のA問題の平均正答率が76.9%であるのに対し、B問題が55%と低いという結果について、A問題も平均正答率が80%を下回っており良好とは言い難いが、特にB問題、つまり算数・数学の知識・技能等を活用することに関する側面に特に課題があるとされている。また、4年間の結果から「成果として認められる内容」（正答率がおおむね80%を上回るもの）と「課題として考えられる内容」（正答率がおおむね70%を下回るもの）について、表1の通り整理されている。これより、計算や底辺と高さが示されている求積、図形の定義や性質など、主に学んだ事柄を正確に再生することが求められる内容について成果が認められる。一方、計算の意味の理解など習得した知識や技能を活用しようとする際の根拠を問われる内容や、事象に含まれる関係を表現したり、それを用いて説明したりする内容については課題があると考えられる。以上に挙げた課題は、児童生徒の学習意欲と深いかかわりを持っている。これについて平成26年度に実施された調査問題を基に具体的に以下で検討する。

　図1は、小学校算数A問題の大問2である。出題の趣旨は、「図に示された数量の関係を読み取り、比較量を求めるために乗法が用いられることを理解しているかどうかをみる。」ことであり、(1) は「割合が1より大きい場合」、(2) は「割合が1より小さい場合」をそれぞれ求めている。またこの問題は、表1の「課題として考えられる内容」にある、「乗法や除法の意味を理解すること」に関連し、改善状況を把握するために出題されている。正答率はそれぞれ、(1) 72.1%、(2) 54.3%である。誤答として、(1) について「1と解答しているもの」が17%であり、(2) について「2と解答しているもの」が15.6%、「4と解答しているもの」が28.1%である。また、(1) (2) ともに正答しているのは、46.7%であり、(1) を正答し (2) で「4」と解答している子どもが21.3%である。

　この結果について国立教育政策研究所 (2014) は、比較量を求める際に、

表1　全国学力学習状況調査の結果からみる小学校算数・中学校数学の成果と課題

成果として認められる内容	課題として考えられる内容
○小学校算数 ・整数、小数、分数の四則計算をすること ・分数の意味と表し方を理解すること ・角の大きさを求めること ・示された図形の面積を求めること ○中学校数学 ・実生活の場面に結び付いた正の数と負の数の意味の理解 ・指数を含む計算 ・整式の減法の計算 ・式の値を求めること ・単項式どうしの乗法の計算 ・一元一次方程式を解くこと ・作図の手順の理解 ・基本的な平面図形の性質の理解 ・証明の中で根拠として用いられる平行線の性質の理解 ・2つの三角形が合同であることを判断する際に必要な辺や角の相等関係を指摘すること ・比例関係を表す表の特徴を捉えること	○小学校算数 ・乗法や除法の意味を理解すること ・求積に必要な情報を取り出して面積を求めること ・図形の性質を基に事象を判断すること ・計算の順序についての決まりなどを理解すること ・割合の意味を理解すること ○中学校数学 ・整数、小数、分数の四則計算をすること ・方程式における移項の意味を理解すること ・方程式をつくって問題を解決するために数量の関係を捉えて2通りに表せる数量に着目すること ・証明の必要性と意味を理解すること ・円柱と円錐の体積の関係を理解すること ・2つの数量の関係が比例・反比例・一次関数の関係になることを理解すること ・二元一次方程式の解を座標とする点の集合は直線としてあらわされることを理解すること ・予想した事柄を数学的な表現を用いて説明すること（事実・事柄の説明） ・問題解決の方法を数学的な表現を用いて説明すること（方法の説明） ・事柄が成り立つ理由を説明すること（理由の説明） ・関係や法則などを式に表現したり、式の意味を読み取ったりすること

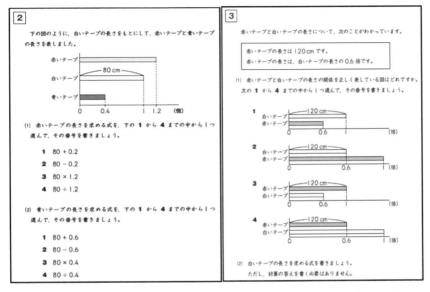

図1　平成26年度調査　算数A　大問2　　図2　平成24年度調査　算数A　大問3

基準量より大きい場合は乗法を、基準量より小さい場合は除法を用いると思っている子どもが多いこと、基準量に対して比較量が大きい（小さい）ということから加法や減法を用いている子どもが少なくないことなど、計算の意味の理解について課題があると指摘している。他方で、平成24年度実施の同調査にある類似問題（図2）の結果との比較から、平成26年度は改善が見られたが引き続き注視が必要な問題であるとまとめられている。平成24年度の問題は除法を用いる場面ではあるが、図を観察して数量の関係を理解したり、数量の関係を表現している図を解釈したりすることやそれに基づいて演算を決定することを求めているという点で、同じである。本問題での正答率は、(1) 34.3%、(2) 41.3% であり、確かに平成26年度はこれを数ポイントではあるが上回っている。誤答について、(1) では「3」と解答するものが50.9%であり、(2) では「120×0.6」と解答するものが48.6%である。

これらの問題は知識・技能を主として問うA問題であり、小学校算数科においてよく見られる場面を取り上げている。実際の授業では、テープ図や数直線図を活用し、基準量と比較量の関係を捉え、立式とその根拠を明らかにするという展開がなされる。なぜならば、事象の中にある数量関係を図などで表現することやそれを解釈すること、そこから関係を式に表すことなどは、知識・技能を実生活で活用する際や課題解決の一連のプロセスを実行する際に必要な力だからである。授業での活動を通して、活用の側面に関わる子どもの力を伸ばそうと意図されている。

　しかし先の結果から、約半数、あるいはそれ以上の子どもが、授業で示されたテープ図や数直線図の意味を理解していない、ということが推測される。また、これらの図を利用することや授業中の活動そのものが、問題解決に取り組むために有効なものとして子どもに認識されていない可能性を示唆している。このことは、平成24年度調査の問題（図2）において（1）よりも（2）の正答率が高いという結果からもうかがわれる。これらから導き出されるのは、算数・数学を学ぶ意義や目的よりも、問題に対して正答を求めることができたという事実が子どもにとって大切であり、この正答を導くまでのプロセスに取り組む必要感やそのことが自分にとって価値ある活動であるという信念を持つことができていない子どもの存在である。

1-3　算数・数学の学びにおける言語活動の意味：「できた」から「わかった」へ

　正答を導くまでのプロセスに取り組む必要感やそのことが自分にとって価値ある活動であるという信念を持つことができていない子どもの多くは、求め方を記憶しているにとどまっている可能性がある。同様の趣旨の問題に繰り返し取り組み、問題と解法との間にパターンを作ることによって記憶を強化し、それを再生する訓練を積むことで、問題に適応できるようになった、つまり「答えをだすことができた」状態に満足している可能性が高いと考えられる。だから、計算などの意味を問われたり、答えを出すのではなく根拠

を示すように求められたりすると答えられない、つまり「わかったつもり」の状態にあることが想定される。また、問題解決において、解答が正しいかどうかを判断したり、「よりよい解決方法は他にないか」など解決過程の質を解決者自身で問うたりすることが重要な活動なのである。しかし「わかったつもり」の状態にある子どもにとっては、正答していることの判断は教師からもらう○（まる）であったり、問題集の巻末にある解答であったりする。つまり自分の求めた解の正しさや解法が妥当であることの根拠をこれらの子どもは自分自身では持っていないし、持つことが問題解決の一部であると認識できていないと想定される。だから自信がないのである。

　先行研究から同様の状況は求積など公式の活用場面においてもみられる。例えば平行四辺形の求積公式に関して、公式を言葉で記述することやそれを用いて求積することのできる子どもは多数いる。一方約10%の子どもが「高さ」を斜辺と混同し、学習経験を想起できない傾向にある。さらに、平行四辺形の求積公式を記述できる子どものうち約半数が、「平行四辺形を長方形に変形し、長方形の求積公式を使って面積を求めることができる」ことや「長方形の「たて」と平行四辺形の「高さ」が関係している」ことなど、長方形の求積との関係で平行四辺形の求積の意味を考えることができていない状況にある。つまり、既習を生かした現在の学習指導が浸透しているとは言い難く、「高さ」の意味の理解に課題があることが指摘されている（辻, 2012）。求積公式にかかわるこうした現状は、表1の「課題として考えられる内容」にある「求積に必要な情報を取り出して面積を求めること」と関わる。授業でよく行われているように、面積を求めるのに必要な情報のみが示されている図形の求積をすることはできても、底辺や高さの意味やなぜその公式によって求積できるのかが「わかっていない」ことから、様々な情報が提示されているなど場面が変わり、情報の選択や判断などが求められると答えられなくなってしまうと考えられる。

　以上から、問題についての正答を得ることが「できた」経験を積むことだ

けではなく、「どうすればできるのか」「なぜできるのか」を通して「わかった」経験を積むこと、またその意義や価値を認められるようになることが必要である。そのためには、子どもが、「どのように問題解決が進められたか」、「どうして正答を得ることができたのか」などを含む自分の問題解決の取り組みを記録すること、そしてその記録をもとに自分の解決過程を振り返り、改善したり、他の場面に活用したりすることが鍵になる。これは現行学習指導要領で目指そうとしている思考力・判断力・表現力の育成につながる「言語活動の一層の充実」によって実現される。また平成26年度に実施された質問紙調査の結果から、言語活動の充実が学力の向上だけでなく、「OECD生徒の学習到達度調査」でいう数学的リテラシーに影響する学習意欲の向上へとつながることが明らかにされている。同調査は、学習規律の維持徹底や学習方法に関する指導、算数・数学科における発展的な学習の指導のほか、言語活動に関わる指導や総合的な学習の時間における探究の過程を意識した指導を行っている学校では、平均正答率が高い傾向がみられるとしている。さらに、これらの指導が学習意欲や家庭での学習時間等とも関係すると報告している。このことからも言語活動の一層充実するような授業の計画や指導上の工夫が現状を改善するための鍵となることは明らかである。

2　「何を教えるか」から「どのような経験を実現するか」への転換

1節で述べたように、初等教育および中等教育段階前期において学習意欲等の高さに支えられた真の理解を子どもが得るためには、算数・数学の学びの中で「何を教えるか」だけでなく、答えが正しいかどうかを根拠をもって判断したり、問題解決において解決の質を問うたりすることなど、「どのような経験を実現するか」ということが重要である。そのためには、「算数的活動」「数学的活動」はもちろん、小学校算数科・中学校数学科における「言語活動」の一層の充実が鍵となる。本節では義務教育段階終了時に、知識・技

能とともに思考力・判断力・表現力を身に付けるために、子どもの発達段階や理解状況に応じて、どのような経験を授業の中でデザインすればよいか、その具体的な方策について検討する。

2-1 「習熟度別」「少人数」の幻想：「問題解決」と「多様な考え」

　子どもに対するきめ細やかな指導の実現に向けた一つの方策として、習熟度別指導や少人数指導などの取り組みを行っている学校がある。この取り組みは、1-2でふれた各種調査における正答率等の向上という面から一つの成果を上げている、学校での教育活動の一つである。この取り組みが成果を上げた理由として、習熟度別に分けた少人数になったことで、一人一人の子どもに教師の目が行き届き、子どもの「わからない」に対応しやすくなったことが挙げられる。こうしたことから習熟度別の取り組みにおいて、特に習熟度が低い子どもへの対応に関し、基礎的・基本的な知識・技能の習得を重視する傾向にある。基礎的・基本的な知識・技能の習得は重要であるが、それにこだわりすぎた教育、例えば「基礎・基本ができてから初めて活用したり探究したりできる」という考えのような、習得型と探究型を対立的・二者択一的に考える教育からから抜け出すことができなければ、現状の改善にはつながらない。習熟度が低く、算数・数学への興味関心が低かったり、自分の問題解決の取り組みに自信を持つことが難しかったりする子どもにこそ、知識・技能を活用する力を育成し、学ぶことの意義や有用性を実感することができる経験が必要である。そこで注目するのが、「問題解決」である。

　小学校算数科・中学校数学科の実践には、ポリア（Polya, 1945）の問題解決の過程やデューイ（Dewey, 1910）の反省的思考など、専門家の活動プロセスに注目した問題解決に関する研究成果が取り入れられている。また、「課題の把握」から「解決の計画（見通し）」、「計画の実行」、「振り返り・吟味」へという問題解決のプロセスを、授業の中に取り入れている実践も多い。このプロセスは、子どもが学校での算数・数学の学びを通して、将来自分自身で実

行できるようになることを期待して取り入れられたものである。子どもが問題解決のプロセスを実行できるようになるためには、子ども自身が「問題解決とは何か」を理解していなければならない。その一つは、問題解決は「解答が導き出された」だけでその目的が達成されることはないという理解である。また、解決過程の質を問うことが、次の問題の解決において重要であるという理解である。この二つは先述のプロセスの「振り返り・吟味」に関わる。例えば「もっと簡単にできないだろうか」、「他のやり方はないだろうか」、「この方法はいつでも使えるものだろうか」などの疑問を持ち、それを解消していくことである。これより「振り返り・吟味」の実践は、自分の考えが「よい」と判断するための方法ともなるといえる。

　本稿では「振り返り・吟味」を充実させるための一つの視点として、「多様な考え方」に注目する。例えば古藤（1990）は「多様な考え」を次の4つに分類している。

　　○独立的な多様性：それぞれ妥当でありかつ独立したアイデアである場合
　　○序列可能な多様性：数学的にみて一番よい考え、次によい…というように序列化できる場合
　　○統合化可能な多様性：方法や結果に着目して1つにまとめられる場合
　　○構造化可能な多様性：ある観点からいくつかのグループにまとめられ、それぞれのグループの間に関連がつけられる場合

　古藤による「多様な考え」の分類は、算数科や数学科の授業で、自力解決の後の交流の場面において、子どもの多様な意見を取り上げ、整理していくときに教師が持つ観点そのものである。よって、授業を通して子どもがこの「多様な考え方」を身に付けることは、様々な解決の手立てを考えだし、比較し、より良い解決活動ができるようになることにつながるといえる。つまり吟味の方法を身に付けることになる。

最初は授業の中で他の子どもの考えと比較すること、自分たちの意見を整理する教師の観点を理解することによって、問題解決における吟味の意味と方法を知る。次に他の子どもの考えとの比較ではなく、自分の中で解決方法を多様に考え、それらを吟味できるようになることで、問題解決の実行者としての質の向上が可能になる。このようにして、問題解決を進めることができるという自信や学ぶことの意義を含む学習意欲等の高まりが期待できるのである。

2-2 言語活動の充実に向けた取り組み：板書とノート指導

平成20年告示の学習指導要領の背景にある「思考力・判断力・表現力」の育成は、習得した知識・技能を活用して課題を解決していくために必要な力であり、基礎的・基本的な知識・技能の確実な習得とこれらの育成のバランスが重視されている。このため各教科及び総合的な学習での取り組みでは、知識・技能の活用を図る学習活動の充実や教科等を超えた横断的・総合的な課題について、各教科等で習得した知識・技能を相互に関連付けながら解決するといった探究活動の質的な充実を目指すことが求められている。これらの中にはレポートの作成や論述などが含まれており、国語科だけでなく、いろいろな教科でその特質に応じた言語活動の充実を目指そうとしているのである。このための各教科における普段の授業での取り組みとして、板書とノート指導について見直すことが重要である。

まず板書は、子どもがまねるべき「思考の整理法」であり「説明の方法」である。また子どもがまねるべき整理法になるよう板書計画を立てることが、「子どもの学びにどのような疑問や発見を生み出し、それを解決する経験をさせるか」のデザインとなり、現在の教育が目指そうとする力の育成につながる。2-1で述べたように、授業の流れは各教科の特質に応じた活動プロセスを取り入れている場合が多い。小学校算数科・中学校数学科であれば、先述した数学者の活動の視点を取り入れた問題解決のプロセスにもとづく展開

である。よって板書には、問題解決がどう進められたかに加えて、進めるために重要なポイントが簡潔明快に整理されることになる。つまり、授業の中の一連の活動が、どうしてその活動をしたのかという根拠とともに記録される。だからこれには子どもが問題解決を進めるためのアイデアや方法が詰まっているということになる。さらにこの記録は授業の流れにある振り返りや吟味の際の資料となるものであり、子ども自身でそこから発展していこうとする際のポイントが含まれているのである。

また教師は、子どもが理解できるよう、板書の際にあらゆる工夫をしている。例えば、数直線図やテープ図など提示物の種類や提示の順番を含み、「何をどのように提示するか」、「子どもに伝わりやすい提示のためにはどうすればよいか」など板書の工夫は多岐にわたっている。子どもが理解できるということは、あらゆる他者が理解できるということであり、それが子どもにその方法を身につけさせたい根拠なのである。

ノートには、教師とともに整理し、他者と共有できる「板書」の内容が記されていることは重要である。しかしそれだけでは、ただ書き写すだけになり 2-1 であげた問題解決の実行者としての力にはつながらない。板書の内容に加えて、活動する中で生まれた自分の新たな考えや今後につながる疑問、ヒントなどがノートに記されるようになることが重要である。これによってノートはたった一つしかない、その子どもにとって最良の参考書になると考えられる。このためのノート指導に必要なのは、清水によれば、「答えだけの"まる"ではない"まる"をつける部分がノートに書かれるようになること」である[3]。これは、子どもの思考の外化を促進し、自立的に学習活動を実践できる力を育むことにつながるものである。また教師にとっては、学習内容がどのように子どもの中に吸収されているか、内化の状態を知ることができ、指導に生かすことができる資料になるものである。

先のようなノート指導において、おおむね次の4つの項目がノートに書かれるべき事項、つまり清水による「答えだけの"まる"ではない"まる"を

つける部分」として挙げられる。

　○自分の考えの根拠を明確にする：
　　やったことの事実を書くだけでなく、その理由を説明できるようにする。
　　これによって自分の考えに自信をもつことができる。
　○自分では考えつかなかった他の人の意見、それらの比較を書き込む：
　　すごいと思った、じゃあ、どこがどうしてすごいと思ったのかを明確に
　　する。これによって、今後の自分の活動をどう発展させていけばよいか、
　　その示唆が得られる。
　○自分の「なぜ」「どうしてだろう」を書き込む：
　　わかったつもりから脱却し、何がわかって、何がわからないかを明らか
　　にすることが、より深い理解への一歩となる。
　○自分なりの発展や工夫を書き込む：
　　自分の活動をただ振り返るのではなく、授業ののちの展開として新たな
　　問題解決への取り組みが生まれる。

　このようなノート指導への取り組みに注目する意義は、各教科書でも取り上げられていることからわかる。

2-3　小学校での学びと中学校での学びの違いとつながり：「考え方」の系統性

　「算数・数学は系統性がある」とはよく聞く言葉である。これは、背景にある学問的な特性に基づき、内容間のつながりや内容配列の組み方にその傾向がみられるからであろう。すなわち知識や考え方が経験を積み重ねることで身につけられ、発展していく過程が教育課程として実現しており、教科書として教材レベルで具体化されている。　しかし、1-3で述べたように、「答えをだすことができた」ことに満足し「わかったつもり」になっている可能性の高い子どもがいる。そういう子は、小学校からの知識や考え方が経験を

積み重ねることで身につき、発展してきていると感じていなかったり、小学校での内容が中学校の学びに取り組む際の源になっていると実感できていなかったりする。そのような子どもへの対応には、知識だけでなく、「考え方」にも系統性があるということを実感させて、学びの充実を図っていくことが必要である。

1節でふれたように、計算の手続きや図形の定義など、算数・数学の学びの結果である「知識」は覚えているが、学びの過程で経験したであろうアイデアや方法などを含む「考え方」を想起することはできない状況が見られる。この背景に、「考え方」を知ることに対する必要感が関わっている。小学校と中学校では数学に対するアプローチの仕方が異なる。小学校では、具体的な事象を観察した結果得られた事実に基づくことを根拠にして数学を探究していく帰納的なアプローチが主となっている。これに対して、中学校では、仮定（前提）とそこから導き出される数学的な事実を根拠にして論理的に結論を導き出す過程を通して数学を探究していく、文字の利用や証明などにみられるような演繹的なアプローチが主となっている。この違いは、たとえば具体的操作期と形式的操作期といった発達段階の違いを考慮しているからこそである。しかしこれら2つのアプローチは、「考え方」の育成の点からみると密接につながっている。以下で、教科書等で取り上げられている教材で具体的に考えてみる。

図3は、中学校第2学年で扱われる「文字式の利用」など、数学における説明の意味を理解したり、文字の有効性を実感したりする場面でよく取り上げられる素材である。また先に挙げた平成24年度に実施された全国学力学習

```
5つの続いた整数の和には、        3 + 4 + 5 + 6 + 7 =
どんな性質があるでしょうか。      14 + 15 + 16 + 17 + 18 =
いくつかの例で調べてみましょう。  21 + 22 + 23 + 24 + 25 =
```

図3　東京書籍「新しい数学　2」p. 20を例に

第6章 数や図形との出会いと発達

図4 平成24年度全国学力学習状況調査 B問題

状況調査において、類似問題がB問題で出題されている（図4）。

この問題では、整数の性質の探究などで小学校から継続して扱われている2つの「考え方」をみることができる。「数の並び方に着目する」ことと「ある数は他の数の和（差）で表すことができる」ことである。この「考え方」の習得には、具体物や具体的な数を用いて試行錯誤するという活動が重要な意味を持っている。小学校では、図4左のような具体物や具体的な数の操作とその観察を通して、帰納的に整数の性質を探究する。例えば、乗法の学習で九九表の観察を通して、「5の段の数は5ずつ増えていくように、各段の数は、その段の数だけ増えていく」や「$2+3=5$、$14+21=25$…のように、5の段の数は、かけられる数が同じ2の段と3の段のそれぞれの数の和である。」などを発見し、既習事項だけではなく、具体物や図を利用することによって説明する場面が挙げられる。連続する整数を文字を用いて表す際には、

小学校で具体物を通して考えたこのような経験と「数の並び方に着目する」ことや「ある数を他の数の和（差）で表すことができる」ことなどの「考え方」の双方を想起することが必要である。例えば「連続する3つの整数の和」について、「4、5、6」でも「15、16、17」でも、1ずつ増えていっていること、だから16と17ならそれぞれ、15＋1、15＋2と表すことができる。ここまでが小学校での学びである。ここから「連続する」とは「1ずつ増えていく」ことだから、最初の数を基にして、n、n＋1、n＋2と表すことがで

カレンダーの数の並びで、いろいろな性質をみつけてみましょう。

日	月	火	水	木	金	土
					1	2	3
4	5	6	7	8	9	10
11	12	13	14	15	16	17
18	19	20	21	22	23	24
25	26	27	28	29	30	31

ゆうとさんのみつけた性質
右の図のように囲まれた数の和は
$1+7+8+9+15=40$
$\qquad =5\times 8$
$12+18+19+20+26=95$
$\qquad =5\times 19$
となる。したがって、右図のように囲まれた数の和は、真ん中の数の5倍になる。

問　ゆうとさんのみつけた性質が成り立つわけを、文字を使って説明しなさい。

さくらさんのみつけた性質
右の図のように囲まれた数の和は
$(x-8)+x+(x+8)=3x$
となる。

問　さくらさんはどのように数を囲みましたか。
また、そのときどんな性質が成り立つといえますか。

図5　東京書籍「新しい数学　2」p.22を例に

きる。次に n ＋ n ＋ 1 ＋ n ＋ 2 ＝ 3n ＋ 3 となり、「3 の倍数になりそうだ」という予想は、「連続する 3 つの整数」という前提に当てはまる「1、2、3」の和でも「15、16、17」の和でもあらゆる場合にり立つことを簡潔に説明することができる。また、「文字」という考察に用いる道具が増えたことで、高等学校における数列などこの先の内容にまで継続的に扱われ、「考え方」そのものが発展していくことが期待できる。

　また場面をカレンダーに変えて、「連続する数の和」に関する、次のような発展的な取り扱いの機会を設けることができる（図5）。「連続する数の和」に関する問題では、発展的に扱う際に、基にする問題から変更できる条件が複数ある。1 つは前述の調査問題にあるような「連続する数」のかず（数を何個連続させるか）を変更する場合である。図 3 と図 4 でいえば、「連続する数」のかずが 3 つと 5 つで異なる。これに対して、場面をカレンダーに変えた発展的な取り扱いでは、「連続する」その仕方の意味の変更、つまり、数の増え方を変更することができる。図 5 でいえば、ゆうとさんが囲んだ数について、数の横の並びでみると 3 つの数は 1 ずつ増えていき、縦の並びでみると 3 つの数は 7 ずつ増えていくことである。つまり「数の並び方に着目する」ことに関して、「連続する」の意味を「増え方が一定である」に発展させて考えることができる。この発展に伴って「ある数を他の数の和（差）で表すことができる」ことに関して、「真ん中の数に注目してそれぞれの数を文字を使って表すと、より簡潔な結論を得ることができる」とわかる。さくらさんの表した文字式がまさにそれであり、ゆうとさんの見つけた性質が成り立つわけの説明でも重要となる。これらの活動の結果から、「連続する〇この整数の和の性質」は「増え方が一定である〇この整数の和の性質」へと発展する。このことは説明したことによって初めてわかる事実であり、説明することのたのしさを感じ、「他にも何かないかな」という学習意欲等の向上につながる機会となる。この際、「あまりのあるわり算」などの学習でカレンダーを教材として取り上げ、その観察を通していろいろな性質を見つけることの面白さを、

小学校算数科での学びから子どもに実感させていることが重要な意味を持っている。

「考え方」の系統性や発展に注目すると、探究の過程や、表現し説明する活動が、算数・数学に対する学習意欲の向上につながる経験となるには、以上の例からも小学校における観察や実験、操作などの諸活動が重要な意味を持っていることがわかる。なぜなら具体物を使った表現や操作などに、発見した事柄が成り立つ根拠やそのことを説明する際に利用できるアイデアや方法などの「考え方」が含まれているからである。数学的に説明することの意味の理解や実際に説明するための力の育成など、中学校で達成しようとする目標は、数の表現の仕方やそのアイデアの創発など、小学校からの活動の積み重ねの結果に大きく影響されているのである。内容の系統性だけでなく、このような視点から小学校の授業計画や指導を見直し、中学校では小学校での経験を生かし、発展させたことが実感できるような授業計画や指導の見直しを行うことが、現状の改善につながるのである。

3 これからの数と図形の学びとは

ここまで、算数・数学に関わる子どもの現状を踏まえ、算数・数学の学びにおいて重要な事柄が「何を教えるか」から「どのような経験を実現するか」に見方を変化させることが重要であることを示した。そのために従来取り組まれてきた「問題解決」や「多様な考え方」を見直すこと、これに関わって子どもの活動を支える板書とノート指導の重要性、内容の系統性だけではない、「考え方」の系統性に基づく小学校と中学校のつながりを意識した指導の計画などが重要であることを提案してきた。

ここまでの考察からこれからの算数・数学の学びには、発達段階に応じることと、それぞれの発達段階で子どもが経験することが次の段階とどのようにつながっているのかを考えた教育課程の編成と指導方法の工夫が重要であ

第6章　数や図形との出会いと発達

るといえる。その意味では、小学校と中学校のつながりだけではなく、幼児期の学びとのつながり、家庭での学びと学校での学びのつながりを考えることも必要である。実際、数や計算に関する領域については、幼児期の遊びを通した学びが重要な意味を持っていると考えられている。例えば数え歌を歌えるようになることやお風呂で「100 まで数えてみる」などの活動がその一つである。この際の「100 まで数える」活動ができるようになることは、子どもが「100」という数をわかっていることを保証するわけではない。ほとんどの場合が、歌を歌うのと同じように、「いち、に、さん…」と唱えているだけである。しかしこの活動を通して、「1（いち）の次は2（に）、2の次は3（さん）…」というように、数に順序性があることを子どもは経験的に学ぶことができる。この経験があるからこそ、後にブロックなどの具体物と対応させて、「数える」活動における1対1対応の大切さや整数の役割などを知り、数の意味理解の学習が成立するのである。数の順序性はその大小関係に関わっていることを知ることもその一つである。「5」がリンゴでも人でもブロックでも、その対象が○に置き換えて、「○○○○○」と同じ状態であることを知ることもその一つである。このような幼児期からの学びが小学校での学びを支えている。小学校と中学校に違いがあったように、幼児期と小学校での違いがあるならば、数や図形に対して「数学」という学問特有の見方や考え方、約束の中でアプローチしているか、どうかである。このような違いとつながりを考えて、発達段階に応じた算数・数学に関わる経験をどのように実現していくか、これまで以上に考えていくことがこれから求められる教育へと変わっていくことである。

　また、発達段階だけではない、子どもそれぞれの特性へ注目することも忘れてはいけない。同じ空間で同じことを学んでいても、個々の経験の違いからそれぞれの子どもが何をどのように感じ、得ているかは異なる。だからわかり方も違うし、なぜわからないかも違う。これをどのように把握し、指導に生かすことができるかが教師の課題となる。このような視点は近年注目さ

れている特別支援教育につながるものである。このような観点に立って、子どもが日々「何ができないか」ではなく「何ができるようになっているか」に注目した教育活動に取り組めるようになることが必要である。

註
1) 「OECD 生徒の学習到達度調査」は OECD が進めている PISA（Programme for International Student Assessment）と呼ばれる国際的な学習到達度に関する調査である。15 歳児を対象に読解力、数学的リテラシー、科学的リテラシーの三分野について、3 年ごとに本調査を実施している。その目的は義務教育終了段階の 15 歳児が持っている知識や技能を、実生活の様々な場面でどれだけ活用できるかを見るものであり、特定の学校カリキュラムをどれだけ習得しているかをみるものではないとしている。日本では、高等学校等の 1 年生を対象に実施している。2000 年より 2012 年まで 5 回行われている。これに対し、「IEA 国際数学・理科教育動向調査」は、IEA（国際教育到達度評価学会）が進めている TIMSS（Trends in International Mathematics and Science Study）と呼ばれる算数・数学及び理科の到達度に関する国際的な調査である。第 4 学年と第 8 学年（日本では中学校第 2 学年）を対象に実施し、その目的は、初等中等教育段階における児童生徒の算数・数学及び理科の教育到達度を国際的な尺度によって測定し、児童生徒の学習環境条件等の諸要因との関係を参加国／地域間におけるそれらの違いを利用して組織的に研究することにある。TIMSS 調査では、調査を 4 年ごとに行うこととし、1995 年より 2011 年まで 5 回行われている。
2) 数学的リテラシーとは、「様々な文脈の中で定式化し、数学を適用し、解釈する個人の能力であり、数学的に推論し、数学的な概念・手順・事実・ツールを使って事象を記述し、説明し、予測する力を含む。これは、個人が世界において数学が果たす役割を認識し、建設的で積極的、思慮深い市民に必要な確固たる基礎に基づく判断と決定を下す助けとなるものである。」と定義されている。
3) 2008 年に行われた「へき地教育フォーラム in 十勝」における清水静海氏の講演「今、算数・数学教育に何が求められているか」の内で、また資料の中で述べておられる。

引用・参考文献
Dewey, J. (1910). *How we think*. Boston: D. C. Heath & Co.（植田清次（訳）(1950). 思考の方法　春秋社）

藤井斉亮・飯高 茂（編集代表）(2011).　新しい算数　5下　東京書籍
藤井斉亮・俣野 博（編集代表）(2012).　新しい数学　2　東京書籍
国立教育政策研究所（2012a）．全国学力・学習状況調査の4年間の調査結果から今後の取組が期待される内容のまとめ〜児童生徒への学習指導の改善・充実に向けて〜　https://www.nier.go.jp/4nenmatome/index.htm（2014年12月現在）
国立教育政策研究所（2012b）．「平成24年度　全国学力・学習状況調査 報告書・集計結果」について　https://www.nier.go.jp/ 12chousakekkahoukoku/index.htm（2014年12月現在）
国立教育政策研究所（2013a）．TIMSS2011算数・数学教育の国際比較―国際数学・理科教育動向調査の2011年調査報告書―　明石書店
国立教育政策研究所（2013b）．生きるための知識と技能5―OECD生徒の学習到達度調査（PISA）2012年調査国際結果報告書　明石書店
国立教育政策研究所（2013c）．平成25年度　全国学力・学習状況調査報告書・調査結果資料　https://www.nier.go.jp/13chousakekkahoukoku/ index.html（2014年12月現在）
国立教育政策研究所（2014）．平成26年度　全国学力・学習状況調査報告書・調査結果資料　https://www.nier.go.jp/14chousakekkahoukoku/ index.html（2014年12月現在）
文部科学省（1998a）．小学校学習指導要領解説 算数編　東洋館出版社
文部科学省（1998b）．中学校学習指導要領解説 数学編　教育出版
Polya, G. (1945). *How to Solve it: A New Aspect of Mathematical Method.* Princeton: Princeton University Press. (ポリア, G.　柿内賢信（訳）(1954).　いかにして問題を解くか　丸善)
辻　宏子（2012）．平行四辺形の求積問題の解決にみる子どもの「高さ」の理解　日本数学教育学会誌, **94(4)**, 2-11.
辻　宏子（2013）．算数科の学びにおける「つまずき」と求められる支援　明治学院大学心理学部付属研究所年報, **6**, 33-43.

（辻　宏子）

第7章　社会との出会いと発達

はじめに

　子どもは社会を見ているようで見ていない。子どもといえども社会で生活しているのだから社会のことは目には入っている。しかし、何かに注目し注意をして見ていないと、目に入っている社会的事象は映っては消え映っては消えして、子どもの目の前を通り過ぎていくだけになる。それでは社会的事象が何なのか理解もしていないし認識もしていないことになる。つまり、興味のない社会的事象は、子どもには"見れども見えず"状態なのである。子どもが社会と出会うためには子ども自身がある社会的事象に興味・関心をもつことが必須条件である。

　では、興味・関心をもつ社会的事象なら、どんなものでも子どもは社会と出会うことができると言えるのだろうか。

　子どもが社会と出会ったと言えるような社会的事象とは、子どもが社会に対する認識を深めていくような社会的事象、つまり学ぶ価値のある社会的事象でなければならない。そうでなければ、子どもは興味をもっても、認識を広めたり深めたり能力を伸ばしたりできない。学びが成立していないのである。

　つまり、子どもにとって、社会に対する見方・考え方が広がったり深まったりする可能性のある社会的事象でなければ、社会と出会うことの意味はなく、それには、子どもの興味・関心を引き付ける対象であることが必要だが、だからといって、子どもにとって興味のある社会のモノやコトが学ぶ価値のある社会的事象とは限らない。こうした点について明らかにするのが、本稿の目的である。

1　子どもの社会との出会いと社会認識の発達

1-1　社会との出会いのきっかけとなる興味と好奇心

　子どもが授業の中で出会う社会とは、子どもの社会認識が深まるような、学ぶ価値のある社会的事象でなければならない。そこで、学ぶ価値のある社会的事象と、子どもをどのように出会わせるか、どのようにそれに興味・関心をもたせるかが重要となる。子ども自らが、そのような事象と出会い、意欲的に学習をし始めることが理想である。しかし、そうしたことは、しぜんに任せていたのでは、起きる確率は極めて低い。滅多に起こらない、言わば偶然に任せた学習は、あまりに非効率である。中には、一度も学ぶ価値のある社会的事象に遭遇しない子どもも出てこよう。

　では、外から強制してそれに興味をもたせることは可能であろうか。原則的には、外発的な方法も、つまり外部から子どもの行動を強制して取り組ませることも可能であろう。換言すれば、学習課題として強制的に目的をもたせることは可能であろう。しかし、それだけでは、子ども自ら興味をもって主体的、意欲的に取り組むようにはならないのではないだろうか。「興味とは、主観的に価値のある対象に対する心的関与、あるいは主体的選択の対象である」(菊池, 1995, p.156)。子どもが価値のある対象に対して心的関与をもてるならば、親や教師は子どもに任せていてもよい。しかし、子どもが主体的選択の対象として学ぶ価値のある社会的事象を選べる確率は極めて少ないであろう。

　そこで、教師の働きかけにより、子ども自ら学ぶ価値のある対象へと導くことが必要となってくる。これは、教師が働きかけたからといって、外発的というわけではない。「内発的とは一見、生体を行動や学習へと動機づける力が生体の内部のみにあるという印象を与えがちであるが、実際は、生体のもつ"認知構造"とそれを取り巻く外界との相互作用により生じるものである」

第7章　社会との出会いと発達

(稲垣, 1999)。教師からの働きかけは、子ども自身による内発的動機づけへの誘いであり、教師からの働きかけを受けて、その後、子どもが主体的に取り組むようになったら、それは内発的動機づけによる学習と言える。

　つまり、教師が、授業の導入場面において、子どもの認知構造に、外界の社会的事象を提示することによって働きかけ、子どもは既に自分がもっているものと教師によって与えたれたものとの間に生じる相互作用により内発的に動機づけられ、自ら進んで学習したり行動したりし始めるのである。

　これは、子どもが知的好奇心によって動機づけられていると言うことでもある。「知的好奇心とは、内発的動機づけを構成する重要な要素で、知識の獲得を目指す傾向をさす。また、内発的動機づけの原型は、知的好奇心ないし理解への動機づけの他、熟達への動機づけや社会的相互交渉への動機づけも含めることもある」(稲垣, 1999)。

1-2　知的好奇心の喚起と学習への誘い

　先に、子どもが出会う社会とは、子どもの社会認識が深まるような学ぶ価値のある社会的事象でなければならないと述べた。

　では、子どもは、どのようにして社会認識を発達させていくのであろうか。前述した「知的好奇心」(稲垣, 1999) の項目には、「広義の認識の発達は拡散的好奇心と特殊的好奇心を交互に働かせながら行われていくと考えられている。」とある。「拡散的好奇心とは、退屈ないし情報への飢えより生じ、はっきりとした方向をもたず幅広く情報を求める傾向」、一方、「特殊的好奇心とは、特定の環境の、特定の特性や関係を代表する情報の取得のみを追求する傾向」(稲垣, 1999) とある。

　子どもは、授業において、先ず教師から提示された社会的事象に出会い、興味をもち、知的好奇心をくすぐられ、内発的に動機づけられ、進んで学習したり行動したりする。この場合の知的好奇心は、特殊的好奇心と言える。

　このように考えてくると、子どもが学ぶ価値のある社会的事象に関わって、

自ら進んで学習し、子どもの社会認識を発達させるためには、子どもの興味を引き（拡散的好奇心を刺激し）、内発的動機付けの原型である知的好奇心のうちの特殊的好奇心を喚起し、高め、内発的動機づけに裏打ちされた探索欲求を生じさせ、授業の世界に誘うのがよいということになる。このようなことが可能となるように社会的事象と出会わせることが大切である。以上のことをまとめると次のようになる。

①子どもの興味・関心、能力に合ったちょうどよい社会的事象と出会わせること。
②知的好奇心の中の特殊的好奇心を喚起すること。
③特殊的好奇心を内発的動機づけまで高めること。
④問題を把握させ、問題意識をもたせること。

以上が、授業導入部のポイントである。

1-3 問題意識の醸成

　小学校社会科の授業で、子どもに社会的事象に関する特殊的好奇心を喚起するには、どうしたらよいだろうか。授業において、社会的事象は教材として子どもの前に提示される。教材とは、社会的事象をある面から切り取り、改ざんすることなく作成したものである。
　導入場面では、面白い教材や学習活動で、子どもに興味をもたせるだけでは十分でない。それだけでは、授業は5分から長くても15分位しかもたない。一瞬興味をもたせるだけで終わらせず、知的な探究活動にまで学習を発展させなければ、単元の目標を達成するような社会科の望ましい学習にはならない。
　導入で提示した教材によって喚起した子どもの興味・関心を、知的な探究活動にまで発展させるには、あと何が必要だろうか。それには、子どもの興

味・関心を引くばかりでなく、内容面で学習に引き込むものが、教材に含まれていなければならない。言い換えれば、学習のきっかけとなる学習問題を子どもにもたせることができる教材でなければならないということである。"ちょっと見の面白さ"で興味を引くばかりでなく、子どもを知的な探究活動にまで導くためには、一人ひとりに問題意識をもたせなければならばならないからである。

・問題意識を喚起する要素

では、どのような教材なら子どもに問題意識をもたせられるだろうか。それは、興味づけに終わらず、知的好奇心を喚起し、内発的に動機づけられた学習問題を発見できるような教材である。そうでなければ、内容面で、子どもを学習に引き込むことはできない。

そうした教材には、次のような要素が含まれていなければならない。これらのうち、①〜⑤は、カナダの心理学者バーライン（Berlyne, 1965）が指摘した認知的葛藤の主な型の中の5つであり、⑥〜⑩は、筆者が授業の中でその効果を確かめて来たものである。

①矛盾から問題を意識するもの
②困惑の状況に陥り考え出すもの
③混乱すると調べたり確かめたりしたくなるもの
④不適切なことを正したくなるもの
⑤概念的不一致に気づき疑問をもつもの
⑥新奇なものの実体や理由を知りたくなるもの
⑦変化（原因、過程、次など）を推測したくなるもの
⑧共通項や決まりを見つけたくなるもの
⑨"サプライズ（驚き）"から思わずその理由を考えるもの
⑩体験や活動から問題や目当てをみつけることのできるもの

これらは現象面から見ると、子どもが夢中になる「きっかけ」をつくるものといえる。その「きっかけ」は、授業の中では学習問題となって表れてくる。この問題は、子どもの内部からふつふつと湧き上がる内発的動機づけによるものであるため、子どもたちが自らわかろうとして主体的に行動し始めるきっかけとなる。

　この学習のきっかけとなる問題は、はたから見て大事とは思えないようなものでもかまわない。単元の中心的な問題ではなく、周辺の小さな問題であってもかまわない。いずれ単元の本質につながればよく、最初から、単元の本質的な問題である必要はない。むしろ、最初の問題は、単元の周辺の小さな問題の方が、子どもたちの興味・関心を引きやすく、学ぶ必要性も感じやすいかもしれない。単元の周辺の問題であっても、子どもたちが真に学ぶ必要を感じている問題は本物である。単元の本質に迫る問題でも、子どもたちが学ぶ必要性を感じていないのでは意味がない。学ぶ必要を感じている問題には、子ども一人ひとりが大きく変わる可能性が潜んでいる。

　内発的に動機づけられ、真に学ぶ必要を感じている子どもは、他者の評価を意識しない。一見無駄と思われるようなことでも自らの興味・関心に従って、どんどん進み吸収していく。そのような子は、学習の過程を身体全体で楽しんでいるように見えるし、社会科の学習の中に、小さな良き学習者・研究者としての姿を現出させていくようにも見える。

・問題把握の過程

　子どもに主体的な学習を持続させるには、学習のきっかけとなる問題を発見させるだけでは十分でない。問題発見ばかりでなく、問題を把握させなければならないからである。

　子どもは、ふつう、問題意識を、「問題の感知→問題の発見→問題の把握」の過程を辿って発展させると考えられている。

　問題の感知とは、教材や資料に内在する意外な事実（要素）に、「えーっ」

「あれっ、変だ」「不思議だ」等と思った瞬間のことである。この「えーっ」「あれっ、変だ」「不思議だ」と思うことが、問題発見につながる。教師が「どうして、『えーっ』と言ったの？」と聞くと、子どもは「だって、〜だから」と応える。「その不思議な気もちや疑問を言葉にしてみよう」と指示し、「〜なのは、なぜだろう？」というような学習問題、すなわち「問題の発見」が設定される。

　問題を発見したら、次に問題を把握させなければならない。そこで、「〜なのは、…だからかな？」のように、問題に対する予想をさせる。そうすることによって、発見された問題は子どもの意識に刻み込まれ、予想がその子の学習問題（個の問題）となり、問題の把握に至るのである。それに対して、「〜なのは、なぜだろう？」とみんなで発見し設定した問題は、クラス共通の学習問題、いわば共通問題と言えよう。

1-4　社会的事象の理解と新たな疑問

　子どもたちが、以上のようにして把握した学習問題を追究していくと、おのずと単元のねらいや目標を達成できていた、単元の本質を掴んでいたというような学びの道筋を、授業で保証することが大事である。そのためには、先ず、子どもがもった予想が正しいかどうかを調べていかなければならない。その結果、もちろん分かったこともあるだろうが、今まで気づかなかった分からないこと、もっと知りたいことが生まれることもある。それが、次の学習問題となり、再び調べていくことになる。そのような問題解決を何度か繰り返すことで、子どもたちは単元の目標を達成していくのである。

　つまり、学習問題は、1つとは限らないのである。前述したように、単元の周辺部から導入し、その単元の本質に繋がる問題を追究していく学習もあるのである。むしろ、こちらの方が問題意識の持続・発展した問題解決学習のあるべき姿であろう。

　社会科で子どもに学ばせたい社会的事象は、事実と事実が関わり合って、

1つの構造をもっているものである。事実が1つでは、問題の答えも1つになり、一問一答式のクイズと同じになってしまう。これでは高度化、複雑化した社会を子どもに認識させる社会科の授業にはならない。子どもの社会認識は、いくつか関わり合っている問題を、丹念に解きほどいていき、個々の事実、事実と事実の関係を知り、その意味を理解することによって形成されていくものである。さらには、個々の事実を編み直し、意味づけ、関係づけて認識し、一人ひとりが自分なりの知識や考え方を再構築していくのである。

　もちろん、1単元1学習問題で単元の目標を達成していくという単元もある。こうした単元は、6年の歴史単元に多い。

　強調したいのは、子どもにとって、本当に面白くて学ぶ価値のある教材というのは、導入や単元の初めにだけ興味・関心や学習問題をもたせるものではなく、次の学習場面、追究の場においても、子どもたちを引きつけるものでなければならないということである。子どもの興味・関心を単元終了時まで持続させられなければ、子どもにとって、本当に面白い教材、夢中になって取り組める教材、学ぶ価値のある教材とは言えない。

　そのためには、学習のきっかけとなる問題を追究していったら、新たな問題が発見され、その新たな問題がきっかけとなって、今までとは違った立場や社会的事象に目が向き、学びが発展したり深まったりして、単元の本質に迫っていける、このような学びの道筋が保証できる教材、学習のきっかけとなる学習問題が必要なのである。

　そこで、授業の初発の段階からでなくともよいが、いずれ単元の本質に迫ることができるような内容を含んだ教材が必要となる。単元の本質に迫る内容を含んでいる教材であれば、子どもは切実になれるし、関心を持続させることができる。

　子どもたちが、切実さ故に持続的に取り組める問題や学習には、先生や友達に助けられながらも自力で調べ、解決し、それを発表し、みんなで話し合い、まとめ、さらに、そこで生まれた「新たな問題」を解決したら、単元の

中核となる概念や知識などの社会認識、資料収集・活用力などの技能や学び方を身に付けていたという、真の学びの姿が実現していると考えられるのである。

1-5　公民的資質の基礎を養う

　社会的事象についての知識やそれを操作するための技能を身に付け、社会についての認識がもてるようになったからと言って、それで社会科の学習は終わりということではない。社会科の究極の目標は「公民的資質の基礎」を養うことにある。一人ひとりに公民的資質の基礎を養うような学習を展開することが重要なのである。つまり、一人ひとりの子どもに、望ましい社会市民的行動力を身に付けさせるのである。

　そのためには、教材を中心とする問題解決学習の他、ロール・プレイング（ロールプレイ）、シミュレーション、ディベートなどの活動が必要である。そうした学習を行うことにより、学習したことをもとに、いろいろな立場に立って考える活動をし、「深まった問題」を発見し、その問題に対する自分なりの考えをもち、その考えを友達のそれと比べて話し合い、合意形成したり社会参加したりして、これからの自分の生活に生かすことができるような子どもの姿が期待できるのである。

2　子どもの社会との出会いと発達の具体的な姿
―4年「ごみの処理と利用」を通して―

　ここでは、今まで述べてきた「子どもはどのように社会と出会うのか、そして、どのように社会認識を発達させていくのか」ということに関する理論が、実際の授業において、どのように具現していくのかを述べる。扱うのは、4年生の「ごみの処理と利用」の単元である。この単元は、12時間の授業で指導するように計画されているが、ここではそのうちの2時間分の授業を中心

に、子どもの社会認識がどのように発達していくかをみていく。

2-1　単元のねらいと指導計画、学習の流れ

　この単元のねらいと学習活動は、図1のように整理できる。先に、この単元は12時間かけて指導するよう計画されていると述べたが、それは以下の3つの段階に整理することができる。

	学習意欲・態度	思考力・判断力・表現力	知識・技能の習得
単元のねらい	・ごみの処理と利用に関心をもち、意欲的に調べ、考えながら追究できる。 ・人々が暮らしやすい生活を営むために、地域社会の人々が工夫や努力、協力をしているという理解の上に立って、主体的に、法的に社会参加する意欲や態度を形成することができる。	・ごみを減らす必要性を認識し、その方法である3Rのそれぞれの役割について考えることができる。 ・コスト感覚や金銭感覚を養い、4年生なりの経済観念を身に付けることができる。 ・ごみ出しルールを考え、どの方法がよいか判断することができる。	・身近な地域で行われているごみの処理と利用について見学や調査をして調べ、ごみの処理と3Rのような再利用が組織的・計画的に進められていることによって、地域の人々の健康な生活の維持と向上に役立っていることに気づくことができる。
学習活動	・進んで集積所、清掃工場の見学をする。 ・進んで「ごみのゆくえ」を図や表、イラストを使ってまとめる。 ・意欲的にごみ出しルールを考える。 ・自分ができるごみの処理を進んで実行に移す。	・ごみを減らす必要性を認識し、その方法である3Rのそれぞれの役割について考えることができる。 ・コスト感覚や金銭感覚を養い、4年生なりの経済観念を身に付けることができる。 ・ごみ出しルールを考え、どの方法がよいか判断することができる。	・身近な地域で行われているごみの処理と利用について見学や調査をして調べ、ごみの処理と3Rのような再利用が組織的・計画的に進められていることによって、地域の人々の健康な生活の維持と向上に役立っていることに気づくことができる。

図1　単元のねらいと学習活動、望ましい子どもの姿

第1次　いろいろな種類のごみとそのゆくえ 〈8時間〉
　　　　＊清掃工場見学（2時間）を含む
第2次　ごみを減らす取り組み 〈3時間〉
第3次　私たちにできること（法や決まりを守ることの大切さ） 〈1時間〉

　実際の授業は、地域にあるごみ集積所についての写真等の資料を示し、ごみ集積所が地域の人々とどういうかかわりをもっているかを読み取ることから始める。

　次いで、燃えるごみ、燃えないごみ、粗大ごみ、資源ごみに分けて集めていること、同じ区、あるいは、同じ清掃事務所でも、それぞれのごみを集める日が違うことなどから、ごみの始末に携わる人々は、組織的・計画的に工夫して集めていることを理解させる。そして、そのごみは、それぞれ行き場所が違い、処理の仕方も違うことなどを学ばせる。その際、清掃工場の見学を行わせると、より現実感をもって学ぶことが期待できる。

　さらに、ごみを減らすために、3R（リデュース、リユース、リサイクル）の大切さを学ばせ、そして最後に、「私たちにできること（法やきまりを守ることの大切さ）」を学ぶようにする。

　この単元全体を通して、子どもたちに達成してほしい「単元や教材の本質」は、以下の4点である。

①人が生活をすれば、必ずごみが出る。従って、人口が増えるとごみも増える。
②暮らしが豊かになれば、物が豊富になりごみも増える。
③ごみを、その地域の容量を超えないように上手に始末しないと、地域の人々の健康な生活の維持ができない。
④ゴミ出しルールを守ることが、健康で清潔な社会生活につながる町づく

りになる。

そして、この単元を通して子どもに育てたい社会的認識は、以下のように整理できる。

①ごみの始末に携わる人々は、組織的・計画的に工夫して集め、処理している。
②増え続けるごみを少なくするために、3R、つまり、社会全体で再使用したりリサイクルしたりして、その発生を抑制している。
③私たちにできることは、3Rに協力してごみを極力出さないことである。出す場合は、種類別に分けて出し、リサイクルやその始末などがしやすいように協力することである。
④ゴミ出しのルールを守ることで、健康で清潔な町づくりに協力することができる。

2-2　授業の実際（1）

ここでは、単元「ごみの処理と利用」（全12時間）のうち、導入にあたる第1次の1時間目の授業を中心に取り上げ、実際の授業の進行に沿うような形で述べていく。

・第1次1時間目の目標と準備

第1次の1時間目の授業の目標は、ごみの集積所（ごみステーション）の実態に関心をもち、家庭や事業所から出されたごみがどこに運ばれていったかという学習問題をもつことができるようにすることである。本授業で準備するものは、身近にあるごみの集積所の写真とごみの分別を指示する集積所の看板である。

・授業の展開

　以下に授業中の教師と子どもとのやり取りのシミュレーションを示す。Tは教師の発問、指示、説明、Cは子どもの発言、〈　〉は子どもの学習過程を示す。授業に先立ち、黒板の前に、教室から出たごみ1週間分を集めて置いておく。

　T：（朝8時頃に撮ったごみ集積所の写真を提示しながら）この写真は何だろう？
〈興味をもち始めた段階〉
　　子どもたちは写真に興味を示す。

　C：ごみ置き場、ごみステーション。
　T：いろんな言い方がありますが、ごみの集積所と言う所もあります。ごみ置き場はどんな様子ですか？
　C：ごみがいっぱい。
　C：あふれそうなくらい。
　T：みんなが教室で出たごみを1週間集めるとこんなになるんだものね。各家庭から出るごみはこの写真くらいあるよね。(12時頃に撮った同じ集積所の写真を提示しながら）これが、4時間後の同じ場所の写真です。
　C：何もない、ごみ置き場がきれいになっている。
　C：ごみはどこに行ったんだろう？
　C：ごみ置き場に看板みたいなものがあるからそれを見ればわかるかも。
　C：そういえばごみ置き場に何か看板のような物があったなあ。

〈知的好奇心を働かせた段階〉
　看板があることに気づいていない子どもも多い、注意して見ていないからである。認知心理学的に言えば、特殊的好奇心を働かせて見ていないからである。しかし、子どもの多くはごみが4時間後に跡形もなく消えてことに疑問を感じ始めている。そうすると、子どもたちは、特殊的好奇心を働かせてよく見るようになる。看板をじっと見つめ、そこに書かれている文章を読んでごみが消えた理由を探っている。知的好奇心を働かせ始めたのだ。

T：(集積所に置いてある看板を提示しながら) これが、このごみ置き場にあった看板です。どんなことがわかりましたか？
C：燃えるごみは、月と水、金だ。
C：燃えるごみの量が一番多いんだと思う。(賛成する子多数。)
C：燃えないごみは第1木曜日、資源ごみが火曜日と土曜日。
C：資源ごみは種類によって集める日が違う。火曜日が瓶、缶、ペットボトル。土曜日が紙布類だ。
C：粗大ごみはごみ置き場には出せない、申し込みをして持っていってもらうんだ。
T：写真のごみは、何のごみだったんだろう？
C：資源ごみ。
C：火曜日か土曜日に撮った写真だったんだ。
T：どこに行ったのかはわかりましたか？
C：わからない、清掃工場じゃあないかな？
T：清掃工場で燃やしてしまうの？
C：違うよ、資源ごみを燃やすわけないさ。
C：じゃあ、どこに行ったんだろう？

〈学習問題を感知した段階〉

　教師はこの子どもたちの疑問を整理して、「資源ごみはどこ運ばれて行ったのだろう？」と板書する。たくさんあったごみが消えたという変化の理由を考えさせたいのだ。これは、子どもに問題意識をもたせる7つめの要素「変化（原因、過程、次などの）を推測したくなるもの」である（p.135参照）。この大きな変化に、子どもたちは問題を感知し始めているのである。

T：資源ごみはどこに行ったかわからないけど、燃えるごみは清掃工場だと言うんだね。では、燃えないごみや粗大ごみは？
C：燃えないごみは、それを置く場所があるんじゃないか？
C：埋め立て地かな？
C：粗大ごみは？　うーん、どこだろう？
C：資源ごみは、もう一度作り直すための場所に行くのかな？
T：そのわからないことを問題にしようか？（と発問し、以下の学習問題を確認する）

第 7 章　社会との出会いと発達

〈学習問題を発見した段階〉
　子どもたちの疑問を受け、教師は学習問題①として、「資源ごみや燃えないごみ、粗大ごみはどこに運ばれていくのだろう？燃えるごみは清掃工場に運ばれていくのだろうか？」を設定した。ここが、「学習問題を発見した段階」である。上のような発表、話し合いをもとに、子どもたちは次のような予想をした。

C：燃えないごみは、埋め立て地かな？
C：資源ごみは、リサイクル工場のような所だと思う。
C：粗大ごみも、資源ごみと同じ場所ではないか。
C：やはり、清掃工場に、確かめに調べに行かなければ。

〈答えを考え始め、問題を把握し、問題意識をもった段階〉
　学習問題の発見とほぼ同時に、その答えを考え始め、燃えるごみの他、資源ごみや燃えないごみ、粗大ごみがどこに運ばれていくかを予想し、話し合うが、はっきりしない。そこで、燃えるごみが運ばれていく清掃工場に行って、調べてみることになった。ここに至って、子どもたちは学習問題を把握し問題意識をもったと言えよう。

図 2　清掃工場見学

図 3　清掃工場見学

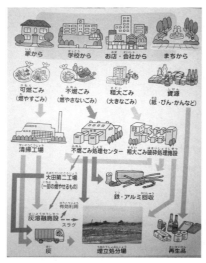

図4　ごみの行方についての図

第1次の1時間目の授業はここまでである。この後、7時間目、8時間目の授業では、実際に清掃工場へ出かけ、施設の様子を見学した（図2、図3）。

また、清掃工場の方に、資料（図4）をもとに説明を受けた。そうした体験の結果、ごみの処理について、現実感のある学習ができ、当初の学習問題は解決された。

さらに、まとめとして「各種のごみがどこに運ばれて処理されているかがわかりました。その他に分かった大切なことはなんでしょう？」と問い、子どもたちの以下のような気付きを整理して第1次の授業は終わった。

子どもの社会認識の発達（1）
- ごみは、人が生活すれば必ず出る。
- 人口が多いほどごみは多い。
- 燃えるごみが一番多い。
- それぞれのごみは、集める日も行方も決まっている。
- 埋め立て地はあと30年しかもたない。いっぱいになってしまう。

2-3　授業の実際（2）

次に、本単元の終盤、12時間計画のうちの9時間目（第2次の1時間目）の授業を中心に取り上げ、先ほど同様、教師の発問、指示、説明と子どもたちの発言、学習過程という形で、学習の流れを追っていく。

第7章 社会との出会いと発達

・第2次1時間目の目標と準備

　第2次の1時間目の目標は、東京23区の人口とごみの量の移り変わりのグラフから、人口が増えているのにもかかわらず、ごみの量が減っているという矛盾に気づかせ、それを学習問題として、ごみ減量へ向けての取り組みを理解させることである。授業にあたって準備しておくものは、既習のまとめ（単元や教材の本質を子どもの言葉でまとめたもの）及び、東京23区の人口とごみの量の移り変わりを示す棒グラフである。

・授業の展開

　T：この前の時間までに、ごみは、人が生活すれば必ず出るとか、人口が多いほどごみは多いとか、燃えるごみが一番多いとか…ごみの処理について大切なことがわかったね。今日は、今まで学んで来たこれらのことをもとに、その続きの勉強をします。（各年のごみの量と平成15年の人口の棒グラフを隠して提示する）

　T：（図5の平成元年部分を提示しながら）この棒グラフは何だろう？

　C：23区のごみの量と人口の移り変わり。

　C：平成元年の人口828万人。

　T：左目盛りを読んだんだね。ごみの量は？右の目盛りだよね。（隠してある平成元年のごみの量の棒グラフを見せる）

　C：わかった、約480万トン。

　T：では、平成5年はどうだろう（と発問しながら、図5の平成5年の人口のグラフを見せる）。

〈興味をもち始めた段階〉

　次（平成5年）はどうなるかなと、子どもたちが興味をもち始めたのを確認する。

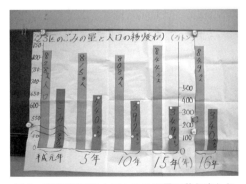

図5　東京23区の人口とごみの量の移り変わり

C：815万人だ。
T：ごみの量はどうかな？増えているかな、それとも減っているかな？
C：人口が減っているから、減っている。
C：賛成（このような反応を確認してから、平成5年のごみの量のグラフを見せる）。
C：やっぱり、減っている。
T：そうだね、人口が減っているんだもんね、ごみの量も減るよね（と、人口とごみの量の変化で、子どもたちの興味を引いたことを確認して）。
T：では、それから5年後の平成10年の人口は、808万人に、さらに減りました。ごみの量は、どうだろう？
C：減るよ、きっと（と言うのを聞きながら、平成10年のごみの量のグラフを見せる）。
C：ほら、やっぱり減った！

〈知的好奇心を働かせた段階〉

　子どもたちは、人口の伸びとごみの量の関係に、既習の「人口が多いほどごみの量も多い」というまとめを生かし教師の質問に答えている。

T：では、またそれから5年後の平成15年、人口は？（と言いながら、平成15年の人口のグラフを見せる。）
C：あっ、増えた。
T：そう、東京への一極集中で23区の人口は増え始めました。では、ごみの量は？
C：人口が増えたんだから、ごみの量も増えるよ、きっと。
C：そうそう、増える！（こうした反応を得てから、子どもの関心を引きつけるようにして、平成15年のごみの量のグラフを見せる）。
C：えーっ、減ってる。
C：うそーっ、増えるはずなのに、人口が増えたんだから。

〈学習問題を感知した段階〉

　子どもたちは次々に納得がいかないというような発言をする。

T：何で『えーっ』て言ったの？

第7章　社会との出会いと発達

C：だって、人口が増えているのに、ごみの量が減ったから。変だから。
T：実は平成16年も人口が増えたのに、ごみの量は減っています（と言いながら平成16年の人口、ごみの量のグラフを見せる）。その変なこと、不思議なこと、疑問に感じたことを学習問題にしてみよう。

〈学習問題を発見した段階〉

　「東京23区は、人口が増えたのに、平成15年からごみの量が減ってきているのはなぜだろう？」という学習問題②を設定した。この例は、子どもに問題意識をもたせる1つの要素「矛盾」（p.135参照）を利用して、学習問題の発見をさせたものである。

T：この問題の答えは何だろう？
C：わかった、きっとリサイクルしたんじゃあないか。
C：そう、リサイクルしたから減った。
C：リサイクルが広まってきたと思います。
C：付け足し、リサイクルできる品物が増えてきたから。
C：埋め立て地はあと30年しかもたないということがみんなに分かってきたから。
C：みんなで努力して減らさないとまずいと思ったから。
C：ぼくは、リサイクルばかりじゃなく、3Rで減らしたと思う。
C：質問、3Rって何ですか？
C：3Rというのは、リサイクルばかりじゃあなく、リユース、リデュースの3つのことを言います。
T：リサイクルばかりじゃあなく、リユース、リデュースの初めのリがRだから、3Rって言うんだね。
T：君、よく知っているね、偉いね。では聞きますが、リサイクルやリユース、リデュースできるものにはどんなものがあるの？
C：リサイクルには、ペットボトル、トレー、古新聞（など、子どもたちは口々に答える）。
C：リユースですけど、制服のフリマーケットがそうです。
T：じゃ、リデュースは？
C：？…。

T：言葉は知っているけど、意味まではよく知らないんだね。じゃ、どうしよう？
C：調べる、インターネット、本、教科書などで。

〈答えを考え始め、問題を把握し、問題意識をもった段階〉
　子どもたちの総力を挙げて問題の答えを予想したが、完璧な答えは分からない。そこで、各自、得意な方法で課外の自由調べをしてくることになった。
　第２次の１時間目はここまでである。
　第２次の２時間目には、子どもたちが調べてきたことを発表することから始まった。

T：調べてみて、どんなことが分かりましたか？
C：リデュースは日本語では発生抑制と言って、なるべくごみを出さないことでした。
C：給食を残さないことや鉛筆を最後まで使うことでした。
C：スーパーでレジ袋をもらわないことやデパートで過剰な包装紙を断ることなどでした。
C：リユースは……（3Rに関する子どもたちの発表が続く）。

　このような学習問題に対するまとめをした結果、子どもたちの中に、次のような認識の変化が見られた。

子どもの社会認識の発達（2）
　東京では平成15年（厳密には平成13年）から人口は増えても、リサイクル、リユース、リデュースによりごみの量は減ってきている。

　こうした、学習の展開を受けて、最後の第３次として、「私たちにできること（法やきまりを守ることの大切さ）」がテーマとなる。教師が、ごみ出しルールがうまくいっていない写真資料などを提示し、「みんながごみ出しルールを守るにはどうしたらよいか？」というような学習問題を設定し、話し合った。その結果、みんながごみ出しルールを守るようなルールを作ればよいと

いうことになり、全員で各自が作ったごみ出しルールを吟味・検討し、1つのルールを合意形成し、本単元の授業は終了した。この段階で、次のような認識の発達が子どもたちにみられた。

子どもの社会認識の発達（3）

みんなが納得するごみ出しルールを作り、町内会等のみんなで守ると、清潔な町づくりに参加（社会参画）していくことができる。その結果、人々は良好な生活環境の中で健康な生活を送ることができる。

おわりに

以下に、「子どもの社会との出会いと社会認識の発達」の理論が、「子どもの社会との出会いと発達の姿」の実践に、どのように生かされているかということについて、簡潔に述べておきたい。

子どもが社会的事象に問題意識をもつ過程は、第1次も第2次も同じであった。すなわち、「子どもの社会との出会いと社会認識の発達」で述べたように、社会的事象に、子どもは先ず興味をもつ、そしてその事象のどこかに知的好奇心もち始め、そこを皮切りについには学習問題を感知し、発見し、把握へと続いていく。

そして、子どもは、学習問題を解決していく中で、社会を認識し始め、深めていく。つまり、問題解決のプロセスそのものの中で、子どもは社会認識を発達させ、表出させていくのである。

引用文献

Berlyne, D.E. (1965). *Structure and direction in thinking*. Oxford, England: Jhon Wiley.（バーライン, D.E. 橋本七重・小杉洋子（訳）(1970). 思考の構造と方向　明治図書）

長谷川康男（2006）．子どもが社会科で問題意識をもつ10のポイント　学事出版

稲垣佳世子（1999）．"知的好奇心""内発的動機づけ"　心理学辞典　有斐閣　p.578, 648.

菊池武剋（1995）．"興味"　発達心理学辞典　ミネルヴァ書房　p.156.

（長谷川康男）

第8章　音楽との出会いと発達

はじめに

　すべての子どもが、誕生すると間もなく言葉をしゃべるようになり、さまざまな概念を獲得していくのと同じように、音楽的な発達も誕生とともに始まる。子どもの周りには、親兄弟の歌声、メディアからの音楽、保育機関での音楽などさまざまな音楽があふれており、こうした生活環境の中で音楽的発達は、人間のさまざまな能力の中でもっとも早く現れるものの一つであるといえる。

　音楽的発達は、さまざまな領域の発達の中でもっとも身近なものであるが、すべての子どもが共通した音楽的発達の道筋をたどっていくわけではない。現代社会における音楽的環境は、時代の変遷とともにきわめて多様となり、それに応じて子どもの音楽的発達は、いくつもの道筋をたどるようになった。音楽的発達を、言葉や概念の発達と同じように、多くの子どもたちがほぼ同じ時期に同じ到達点に達するとみることはできない。同じ文化圏に暮らす子どもたちが、それぞれの母語を同じ時期に話すことができるようになったり、数の概念を同じような段階を経て獲得していくのとは異なり、音楽的発達においては、ある一定年齢までに共通の到達点に達するとは限らず、また、発達の到達点そのものも多様であり得るのである。

1　音楽的発達研究の変遷

1-1　音楽的発達研究の始まり

　音楽的発達における多様性への注目は、1970年代以降の音楽心理学研究の変遷をたどっていくことによって、その概略を理解することができる。音楽的発達の研究は、幼児教育や音楽教育などの学問領域においても中心的な関心事の一つであるが、理論的、実証的な研究成果の蓄積において音楽心理学の果たした功績はとりわけ大きい。ハーグリーブス（Hargreaves, 1986）の「音楽の発達心理学（Developmental Psychology of Music）」は、1980年代までの音楽心理学の膨大な研究成果を、音楽的発達という視点から整理しており、この時代の音楽的発達研究の特徴を一望することができる。

　1970年代から1980年代の音楽心理学研究は、音楽の知覚・認知の研究が主たる研究分野の一つであった。そこでは、リズム、音高、和声といった音楽の諸要素を人間がどのように知覚・認知しているのかを、実証的に明らかにすることが主要な目的であった。そして、こうした研究は、音楽の知覚・認知技能がどのように獲得されるのかといった発達的な視点も中心的な課題であり、多くの音楽的発達研究が音楽心理学研究の中でおこなわれたのである。

　こうした音楽的発達の研究は、1960年代から始まった認知心理学の隆盛と軌を一にして、急激に発展した。さらに、研究方法においても、この頃の音楽的発達研究は、他の領域における研究デザインの影響を大きく受け、熟達者や年長者の音楽の認知的技能が初心者や子どもに比べてどのように優れているのかを実験的に検証し、そこから音楽の認知的技能の発達の過程を描いていったのである。しかし、1980年代にかけての音楽的発達研究は、(1)全ての子どもに当てはまる発達の特徴を探ることが前提となっていたこと (2)発達にどのような段階があるのかを調べようとしていたこと (3)発達を主に

西洋音楽のフィールドの中で意図的な音楽的訓練との関係において明らかにしようとしていた点において、音楽的発達を広い視点から研究することができていなかったといってよい。音楽的発達の研究は、この時代の他の領域の発達研究と同様に、子どもの音楽的認知技能のオーソドックスな発達段階を明らかにするところに研究が留まっていたといえる。

1-2 音楽的発達研究の転換

「音楽の発達心理学」の25年後、ノースとハーグリーブスによって出版された、「社会的応用音楽心理学（The Social and Applied Psychology of Music）」（North & Hargreaves, 2008）は、最終章に「音楽的発達と教育」を置いているが、その内容を1986年の「音楽の発達心理学」と比べてみると、音楽的発達研究の視点の広がりを一目することができる。1980年代以前と現在の発達研究の大きな違いは、社会的構成主義の視点が音楽的発達研究に加えられたことである。1980年代以降、心理学や教育研究にもっとも影響力の強かった出来事の一つは、さまざまな領域の発達研究の理論的基盤がピアジェ（Piaget, J.）からヴィゴツキー（Vygotsky, L. S.）に転換していったことである。ピアジェの理論を基盤とすることが多かった1980年代までの発達研究が、個人を研究対象とした認知発達理論を構築することを主たる目的としていたのに対し、理論的基盤をヴィゴツキーに舵を切ったその後の研究では、子どもの発達は、社会的文脈に開かれた営みであることが強く認識されるようになった。その結果、意図的な教育だけでなく、さまざまなフィールドにおける子ども同士のかかわり合いや、初心者と熟達者とのかかわり合いが、どのように発達とかかわっているのかが検討されるようになったのである。

　子どもの発達を社会的文脈に位置づけるという考え方は、音楽的発達研究にも大きな影響をあたえ、音楽的発達は特定の訓練のみからでなく、生活におけるさまざまな場所の音楽活動によっても進んでいくことが意識されるようになった。いわゆる、インフォーマルな場での音楽活動と音楽的発達との

関係に一気に注目が集まったといってよい。その結果、音楽的発達が、系統的な訓練を中心とした西洋クラシック音楽だけでなく、ポピュラー音楽や伝統音楽など多様な様式の音楽にまで広げて考えられるようになったのである。

2　音楽的発達の出発点、過程、到達点

　音楽心理学を中心とした音楽的発達研究は、社会的構成主義の視点を盛り込み、さまざまなフィールドにおける子どもの音楽的発達に研究対象を広げていった。その結果、子どもの音楽的発達は、それぞれの子どもによって多様な道筋をたどる可能性があることが強く意識されるようになったといえる。音楽的発達における多様性は（1）発達の到達点はどこにあるのか（2）何が発達するのか（3）どのように発達していくのかといった3つの側面に整理して考察していくことができる。

　我々の周りの子どもの音楽行動の変化を発達的な視点から見てみると、ある子どもには、「歌が上手に歌えるようになった」「ピアノが弾けるようになった」といった演奏技能の獲得に音楽的発達の成果をみつけることができる。一方で、他の子どもには「テレビの音楽のリズムにあわせて体を動かすようになった」といった日常的な音楽行動の変化の中に、音楽的発達の結果をみいだすことができるかもしれない。さらに、「ベートーベンの良さがわかるようになった」「ピアノ音色に感動した」といった、子どもの音楽に対する姿勢や感性の変化も、音楽的発達と考えることができる。そして、音楽的発達とみなすことができるこのような音楽行動の変化は、発達の到達点、発達するもの、発達の過程について多様性をもっているのである。

　まず、発達の到達点でいえば、すべての子どもにとって卓越した楽器演奏が音楽的発達の到達点ではない。一方、日常生活のレベルでの音楽行動の変化のみが、すべての子どもが目指す音楽的発達の到達点でもないのである。また、別の視点から見てみると、音楽的発達の到達点がすべてベートーベン

第8章　音楽との出会いと発達

やモーツアルトなどの西洋クラシック音楽を対象としたものにおかれるべきでもない。それぞれの子どもたちが目指す音楽的発達の到達点は決して同じではなく、それぞれの子どもが関わる音楽活動との関係で見ていかなくてはならないのである。

こうした発達の到達点に向けて、何がどのように発達していくのかという点も、その到達点が異なれば、同一ではなくなる。ピアノが弾けるようになるための音楽的能力と、日常的な音楽活動に必要な音楽的能力は同一ではない。また、音楽に対する感性や姿勢の変化を発達ととらえた場合、当然それにかかわってくる音楽的能力も他の音楽的発達に必要な能力とは異なるものにならざるを得ない。そして、これらの異なる能力はそれぞれが独自の方法で獲得され、その意味から発達の過程そのものも多様であるといえるのである。

伝統的な社会においては、音楽は地域の文化を特徴づける重要な構成要素の一つであり、それぞれの文化の構成員が同じ様式の音楽を、同じ目的や方法で習得していくことが多かった。こうした社会においては、音楽的発達をある程度画一的なものとして説明していくことが可能である。同じ文化圏において子どもが同一の言語をほぼ同じ速さで習得していくのと同じように、音楽に関しても、同じ様式の音楽語法を生活の中から習得し、それぞれの子どもが一定の音楽活動のレベルに達していく過程を、音楽的発達として想定していくことができるのである。しかし、現代社会においては、さまざまな種類の音楽が同じ文化圏の中に混在し、それに関連して音楽という営みの目的や音楽活動の形態も、個人によって異なる。こうした社会においては、音楽的発達をすべての子どもが通る共通の道筋として説明することは難しいのである。

もちろん、こうした異なる道筋をたどる音楽的発達は、それぞれが全く別物というわけではなく、関連し合った音楽的能力、もしくは重なり合った音楽的能力に支えられている場合も多い。しかし、現代社会において複雑に展

開していく音楽的発達の様相を説明するためには、異なる道筋をたどる音楽的発達を、ある程度切り離した状態で整理し、それぞれの発達の特徴を示していくことが求められているといえる。以下、子どもの発達の多様性を、発達の到達点、発達するもの、発達の過程に分けて考察していく。

3 音楽的発達の到達点

3-1 音楽様式の広がり

　本来、発達研究は、何歳からどのようなことができるようになって、それが成長とともにどのように進化していくのかといった子どもの変化の過程を、発達の出発点から具体的且つ理論的に描いていくことから始めるべきであろう。しかし、こうした検討は、発達の到達点が暗黙のうちに共通認識され得るという前提に立ってこそ可能であるといえる。たとえば、さまざまな概念の確立や論理的思考能力の獲得などは、それが完全な一致をみないまでも、その到達点に大きな違いが起こることは少ない。物理学に関する概念の獲得に関しては、物理学の分野で明らかにされている科学的な真理や原理を理解していくことが発達の到達点であり、その科学的真理や原理に多様性は見られない。また、それぞれの文化圏の母語の言語的発達においては、子どもが母語の規則を正確に理解し、会話ができるようになることが発達の到達点であり、習得すべき母語の言語構造は同一である。したがって、こうした領域の発達においては、多くの子どもが最終的に到達すべき共通の水準を示すことは難しいことではない。つまり、発達の到達点に多くの選択肢があるということは考えにくいのである。

　一方、音楽的発達の場合、これまで繰り返し述べてきているように、その到達点は子ども一人ひとりによって異なる。その大きな理由の一つは、発達の到達点としてそれぞれの子どもが目指していく音楽の種類が、現代社会においては同一ではないところにある。今日、日常生活と教育現場の両方にお

いて、子どもたちが関わっている音楽の種類は多く、音楽活動もきわめて多様になった。たとえば、年少時より西洋クラシック音楽を中心としてピアノやヴァイオリンを勉強する子どもたちは多い。一方で、ポピュラー音楽を愛好し、それをカラオケで歌ったり、バンドなどで演奏するようになっていく子どもの数も相当数にのぼる。さらに、メディアの発達により、さまざまな文化圏の音楽を、手軽に聴くことができるようになり、今や地域的な壁を超えて世界中の音楽を手軽に聴くことができるようになった。こうした影響は学校の音楽教育にもおよび、音楽科教育で扱われる音楽は、もはや西洋クラシック音楽に偏っているものではなくなり、さまざま国々の民族音楽からポピュラー音楽にいたるまで、幅広い様式の音楽が教材としてあつかわれるようになった。このような状況の中で、たとえ同じ地域・文化圏に暮らす子どもであっても、かれらの音楽的発達の到達点を同一のものとして説明することは難しくなってきているのである。

3-2 さまざまな文化圏の音楽と音楽的発達

　それでは、音楽の種類の違いが、どのように発達の到達点の違いにかかわってくるのであろうか。音楽の種類の違いは、大きく整理すると、異なる文化圏における音楽の違いと、芸術音楽と大衆音楽の違いという2つの視点から整理することができるが、まず、異なる文化圏の音楽の違いと音楽的発達の到達点との関係から考えていきたい。

　言うまでもなく、さまざまな地域に暮らす人々は、それぞれが独自の音楽をもっている。こうした異なる地域の音楽に対しては、「音楽には国境がない」という考え方によって民族・文化を超えた音楽の共通性が強調されることもある。しかし、異なる文化圏の音楽は、それぞれが異なる音楽様式によってつくられており、共有されることのない独自性をもっている。音楽様式を形作る大きな要素の一つは、音の語法であるが、それぞれの地域の音楽は固有の音の秩序をもっているといえるのである。こうした意味から、音楽に

は厳然とした国境線があると考えることができる。

　さらに重要な点は、こうした音の秩序は、それが物理的に存在するという意味だけでなく、人間によって知覚され得るものであるという意味の秩序でもある。ブラッキング（Blacking, 1973）が明確に述べているように、音楽とは「異なる何人かの人間が、彼らの耳に入ってくる音響の中にパターンを聴いたり認知したりできるのでなければ」(p.13)成立し得ないものであり、「音響の領域における秩序の知覚がなければ、音楽は存在し得ない」(p.14)のである。そして、こうした音楽に内在する秩序と、それを知覚できる人々の集団が、個々の音楽様式を独自のものとしているのである。ブラッキングの以下の説明は、音楽的発達の到達点を考える上で示唆に富んだ論考である。

　　音楽は、人々が共有したり、伝承したりすることができる文化的な伝統である以上、構造化された聴取に対する能力をもつ人間、あるいはその能力を発達させてきた人間が少なくとも何人かいなければ、それは存在しえない。雑音を生み出すことと違って、音楽の演奏は、音響の秩序の知覚を抜きにしては、考えられない。(pp.13-14)

　このブラッキングの説明を別の角度から見てみると、すべての人間が無条件にどのような様式の音楽も音楽として聴けるようになることは、ありえないことを明確に示しているともいえるであろう。同時に、子どもたちがかかわっている音楽の種類が異なれば、その音楽に向かうべき発達の到達点も当然異なることを示唆するものである。

3-3　芸術音楽と大衆音楽

　さまざまな文化圏の音楽の様式の違いを横の軸と考えると、芸術音楽と大衆音楽という音楽の違いは縦の軸として想定することができる。そして、芸術音楽と大衆音楽の違いも、音楽的発達の到達点の違いとして、きわめて重要な要因の一つである。

　芸術音楽と大衆音楽との違いを限られた誌面で説明することは容易ではな

いが、まずその大きな違いの一つに、作品構造の複雑性を挙げることができる。芸術音楽には、精密に体系化された理論システムが存在することが多く、そのシステムにのっとって、音楽構造は細部にいたるまで計画的に構築される。さらに、芸術音楽に内在する音楽構造は、複雑に入り組んでおり、こうした複雑性の理解（かならずしも意識的ではなく、暗黙的なこともある）なくして作品の美的価値を鑑賞することはできない。

これに対して、大衆音楽は、その目的の一つである娯楽性との関係からも、わかり易さというものが大事にされる。大衆音楽は、複雑に組み立てられた長大な楽曲はまれであり、単純なパターンの繰り返しによる、明快な楽曲構造をもった曲が多い。大衆音楽は、曲の特徴やおもしろさなどを即時的に聴き取れるものが多いのである。

芸術音楽と大衆音楽の違いは、演奏表現においてもみられる。芸術音楽の演奏では、非常に洗練された微妙な表現がきわめて重要である。たとえば、芸術的に成熟した演奏と未熟な演奏を比較したとしても、その違いは非常に微妙であり、一見しただけではそこに明確な違いは見られないことが多い。芸術的な表現は、音程やタイミングの微細なコントロールや微妙な音色の変化などが、演奏を形作るきわめて重要な要素となるのである。一方、大衆音楽は、その娯楽性ともかかわり、大音響、テンポ、奇抜な表現、直接的な感情表現などで人々の歓心を狙うことが多い。大衆音楽が直接的な効果で聴衆の興味をひきつけるのに対し、芸術音楽は、磨き抜かれた繊細な表現で人々の心を打つことを目的としているのである。

もちろん、大衆音楽の作品構造や演奏において、芸術音楽がもつ複雑性や繊細さがまったくなく、一方、芸術音楽に娯楽性が皆無であることはない。また、世の中の音楽を明確に芸術音楽と大衆音楽に二分することもできない。しかし、芸術音楽と大衆音楽の間にみられるこうした基本的な違いは、音楽的発達を考える上で、看過することのできないきわめて重要なポイントである。そして、こうした違いを考えると、芸術音楽と大衆音楽のどちらの音楽

にかかわっていくのかによって、子どもの発達の到達点も当然変わってくるのである。

　本論は、ある特定の地域の音楽がすぐれているとか、大衆音楽が芸術音楽に比べて劣っているということを主張するものではない。子どもの発達にとって異なった種類の音楽はそれぞれの役割や存在価値があり、そのいずれかが、他のものに比べて優っているとか劣っているということを議論する意味は大きくないと考える。しかし、これまでみてきたように、音楽には地域という横の軸の違い、そして、芸術性の有無という縦の軸の違いが存在することは明確な事実である。もちろん、さまざまな種類の音楽は、この縦横の軸上のさまざまな場所に存在し、すべての音楽の特徴を明確に分類して説明することは簡単ではない。しかし、異なる種類の音楽の特質やその音楽活動の特徴をきちんと理解することなしに、多様な道筋をたどる子どもの音楽的発達を考えることはできないのである。

4　何が発達するのか

　前節において、音楽的発達がどこに向かうのかについて、異なる地域の音楽様式の違いや、芸術音楽と大衆音楽の違いに着目し、音楽の違いによって発達の到達点も異なってくることを説明した。このような音楽的発達の到達点の違いは、発達する音楽的能力や技能の違いにあらわれてくる。つまり、音楽の種類が異なれば、当然、その活動のために必要な音楽的能力や技能も異なり、それらのどのような側面が発達するのかについても異なるのである。

　ある活動をおこなう上で必要とされる技能は、大きく運動技能（motor skill）と認知的技能（cognitive skill）の2つの側面からとらえることができる（Magill, 1993）。音楽活動をおこなう上で必要とされる技能も身体運動的な側面と認知的な側面から考えることができ、たとえば、音楽を聴いたり音楽を作曲したりする活動に身体運動はさほど必要とせず、一方、歌を歌ったり楽器を演奏

するといった活動には身体活動が深くかかわってくる。しかし、重要なことは、すべての音楽活動には、認知的技能が深くかかわっており、一見、身体的技能に特化されたような音楽活動であっても、その実行には高い認知的技能が必要とされていることが多い。このような理由から、本章においては、まず、音楽の認知的技能と発達の関係から考察していく。

4-1 音楽の認知的技能の発達

音楽の認知過程は、言語の認知過程と類似するものとして説明されることが多い。言語における認知過程では、まず連続する音声を単語や文章に階層的にグルーピングし、そこから意味を理解していくが、音楽における認知過程も基本的にこれと類似した過程をたどる。音楽の認知過程においては、音は短いパターンから長いフレーズまで階層的にグルーピングされ、聴き手はその過程から音楽構造の意味を聴き取っていくのである (Lhedal & Jackendoff, 1983; Meyer, 1956)。また、音楽においては、いくつかの音の進行が聴き手に対して次に生起する音を期待（もしくは予測）させるが、これも音楽を聴く上での重要な認知過程の一つである (Narmour, 1991)。そして、このような音楽の聴き方を可能とする認知的な技能の獲得なくして、さまざまな音楽活動は成り立たない。

音を意味あるパターンにグルーピングし階層的な構造を聴き取ること、また、連続する音のパターンから次の音を期待するといった認知的技能は、音楽に内在する秩序に基づいておこなわれる。音のグルーピングや音の期待といった認知活動は、音進行の物理的性格にそってほぼ自動的に規定される側面もあるが、基本的には人間の主体的な活動であり、音楽に内在する秩序の理解にそっておこなわれる。前節において、音楽に内在する秩序は人間に知覚されてはじめて秩序として成立するものであることを説明したが、この秩序の知覚とは、音のグルーピングや期待を主体的に形成していくための秩序ととらえることができる。したがって、音楽の認知的技能は、音楽に内在す

る秩序を暗黙的に聴き取れる能力と言い換えることもできるであろう。

　音楽的発達とこうした認知的技能との関係で重要なことは、前節において説明したように、音楽に内在する秩序は、それぞれの音楽様式固有のものであるということである。もちろん、様式ごとに重なる部分があったり、また、音楽によって様式の類似性が深かったり深くなかったりすることはある。しかし、それぞれの音楽様式がもっている秩序は、基本的には同一ではなく、それを聴き取るための認知的技能も同じではないのである。したがって、音楽的発達の到達点として、対象となる音楽の様式が異なれば、当然、発達していく認知的技能も異なってくるのである。

　前節において、音楽の種類の違いとして芸術音楽と大衆音楽の違いを説明したが、この2つの音楽の違いも音楽の認知的技能の違いにつながる。芸術音楽においても、音の階層的なグルーピングや音の期待は、認知過程の基本としておこなわれる。しかし、すでに説明したように、芸術音楽には、計画的に組み立てられた複雑な音楽構造が存在し、こうした構造上の複雑性が音のグルーピングによる階層構造や音の期待をより複雑なものとしている。そして、芸術音楽の理解においては、こうした複雑な構造を認知できることが極めて重要な技能となるのである。

　芸術音楽においては、この他にも高度な認知的技能が必要である。すでに説明したように、芸術音楽の演奏においては、音高やタイミングの微細なコントロールなど、非常に繊細な音楽表現が求められる。たとえば、タイミングに関しては、先行研究において、音楽家はミリ秒単位の細密なタイミングのコントロールによって音楽表現をつくりあげていることが報告されている(Gabrielsson, 1999)。こうした繊細な音楽表現には、正確なピッチの知覚や微妙なタイミングの知覚など、きわめて高度な認知的技能が必要となってくるのである。

　芸術音楽と大衆音楽は、それが同じ様式の音楽であれば、基礎的な音の秩序は共有している部分が多い。たとえば、ポピュラー音楽は大衆音楽である

が、もともとは西洋音楽クラシックから生まれたもので、芸術音楽であるクラシック音楽と基本的な音の秩序の共有部分は多い。しかし、ここまで説明したように、芸術音楽は、大衆音楽と同じ語法を共有しつつ、その違いは構造の複雑性や演奏表現の繊細さにあり、それを聴き取れる認知的技能には、高度なレベルが必要なのである。したがって、芸術音楽と大衆音楽のいずれかを発達の到達点とした場合、それに向けて必要とされる音楽の認知的技能は異なってくるのである。

4-2 美的感性の発達

　以上説明したように、認知的な技能は、音楽活動をおこなうための根本的な技能であり、音楽的発達に極めて重要な役割をもっている。しかし、音楽活動の本質は、連続する音の秩序を意味あるものとして聴き取ることだけではなく、そこに芸術美を感じ取ることができなくてはならない。こうした音楽をとおした美的体験には、音楽に内在する秩序の理解に基づいた認知的活動に加えて、感性的な能力も深くかかわっている。いわゆる、直感的に音楽のもつ美しさを感じ取ることができる感性も、重要な音楽的能力の一つといえるのである。もちろん、こうした美的感性についても、認知的技能は深くかかわっており、音の秩序の理解が音楽の美的感性に果たす役割は大きい。そうした意味において、音楽の認知的理解と美的感性は切り離して説明することは難しいかもしれない。しかし、直感的に美しい音を感じ取れる能力、たとえば、声や楽器の音色などに関する感性は、これまで説明してきた認知的能力と切り離して説明することもできるであろう。そして、このような感性も、音楽の種類の違いによって、多様性をもっているのである。

　たとえば、さまざまな様式の音楽の発声方法においては、一つの文化で美しい声とされているものが、かならずしも他の文化圏の音楽では美しいとされないことがある。その典型的な例として、歌唱における西洋式発声法と、日本などの地声の発声法を挙げることができる。西洋式の発声は、頭に響か

せた伸びやかな声を出すことを目的とする。一方、日本の地声の発声では、声を体の中心部に響かせ、普段しゃべっている声を大きく響かせたような発声方法である。この両者の発声方法は根本的に異なり、声の音色も著しく異なる。こうした発声法の違いは、それぞれの音楽が理想的ととらえている声の質は同一ではないことを表しており、文化による美的感性の違いを反映したものであるといえる。

　また、楽器の音色そのものに関しても、同じような違いをみつけることができる。西洋音楽の楽器では、極力雑音をなくし、澄み切った音を理想とすることが多いのに対して、アジアやアフリカの音楽では意図的にさまざまな雑音を付加した楽器の音色を音楽的に必要とする場合がある。たとえば、日本の三味線では、「サワリ」とよばれる装置を棹に取り付け、意図的に「雑音」を発生させる特殊な工夫がほどこされている。このような装置は、他のアジア諸国やアフリカの楽器でも多くみられるものであるが、西洋音楽に使われる楽器にはめずらしい。こうした楽器の音色の違いについても、発声法の違いと同様に、アジアやアフリカの音楽と西洋の音楽では、音色に対する美的感性が、根本的に異なるということを示唆する一つの例であるといえるだろう。

5　どのように発達するのか

　ここまで、音楽はそれぞれの文化圏において育まれてきたものであり、異なる文化圏の音楽や、芸術音楽と大衆音楽では、音楽様式や音楽構造が異なることを強調してきた。そして、異なる様式の音楽それぞれにおいて、その音楽活動に必要とされる音楽的能力も異なることを、音楽の認知的技能や美的感性の違いから検討した。音楽的発達の研究において、さらに課題となるのは、こうした異なる音楽的能力がどのようなプロセスで獲得されるのかといった点である。教育学や認知科学の分野では、能力や技能の獲得方法には、

さまざまな種類があることが報告されているが、音楽においても音楽的能力の獲得のための学習方法は多様であることが示されている。そして、音楽の場合において特筆すべき特徴は、こうした学習方法の違いが、音楽様式の違いと強くむすびついていることである。異なる種類の音楽は、それぞれが独自の音楽様式をもっているのと同時に、独自の学習方法ももっているのである。本節では、異なる発達の到達点にむけて、異なる種類の音楽的能力がどのような方法で獲得されていくのか、インフォーマルな学習とフォーマルな学習の違いを中心として考察していく。

5-1 インフォーマルな学習の特徴

「学習」という言葉で、能力や技能の獲得を説明しようとすると、どうしても学校などのフォーマルな教育機関においておこなわれる組織的な学習に焦点化してしまうことが多い。しかし、音楽的能力の獲得は、もともと公的な教育機関などからではなく、インフォーマルな音楽学習によって獲得されてきたものである。それぞれの地域の土着の音楽や大衆音楽などは、基本的にはフォーマルな音楽学習にたよることなく、インフォーマルな場で学習されてきたものであり、それぞれの文化の構成員は、インフォーマルな音楽学習の中からかなりの程度の音楽的能力を獲得しているのである（Hallam, 2001; Mito, 2007; Sloboda, Davidson, & Howe, 1994）。

インフォーマルな音楽学習の特徴は、(1) 音楽環境への浸り (2) 口承伝承 (3) 学習者同士のかかわり合いの3つの側面から説明することができる。まず、インフォーマルな音楽学習は、学習者が生活のさまざまな場面で豊かな音楽環境に'浸る'ことから始まることがわかっている。たとえば、伝統音楽、ジャズ、ポピュラー音楽の学習方法を調べた研究では、学習者が学習の初期の段階からきわめて豊富な時間、音楽を聴く機会があたえられ、そこから多くの音楽的能力を身につけていることが一様に報告されている。また、特定の音楽様式にかぎらず、現代社会では、日常生活での音楽的環境がきわ

めて豊かになり、子どもは、膨大な量の音楽を聴く環境に暮らしている。このように、日常生活の中で豊かな音楽的環境に浸ることが、そのまま音楽学習となっていることも実証的に報告されている（Mito, 2007）。

インフォーマルな音楽学習において、次に重要な側面は口承法である。音楽学習においては、それぞれの様式の音楽がもっている既成の楽曲を覚えていくことが大きな目的の一つである。そして、曲を新しく覚えていくときに、どのような媒体を用いて学習するのかが、フォーマルな学習とインフォーマルな学習では異なる。フォーマルな音楽学習では、楽譜を媒体として曲を学習することが多いのに対して、インフォーマルな音楽学習では、口承によって曲を学習することが多い。インフォーマルな場における伝統音楽やポピュラー音楽の学習では、新曲の学習で楽譜を使用することは少なく、音そのものが口承で伝えられる。インフォーマルな学習では、繰り返し熟達者や仲間の演奏を模倣していくことによって曲を学習し、そこから、演奏法や表現方法等についても学んでいくのである。

インフォーマルな場での学習の3つ目の特徴は、かかわり合いによる協働学習である。インフォーマルな学習においては、学習者は仲間同士、または熟達者と一緒に音楽活動をすることによってさまざまな能力を獲得する。学校などでおこなわれるフォーマルな学習では、指導者の存在が明確であり、教授—学習の図式は明確である場合が多く、技能は体系化された教材を用いて合理的に教授される。これに対して、インフォーマルな音楽学習では、音楽的能力や技能は、さまざまな技能レベルをもつ学習者たちが、音楽活動の場面でかかわり合いながら、獲得されていくのである。

こうしたインフォーマルな学習の方法を概観してみると、その学習過程は非合理的にみえるかもしれない。インフォーマルな学習では、指導者からの明確な指導はなく、組織化された教育課程や教材もない。しかし、一見、非合理的にみえるインフォーマルな学習方法も、音楽的能力の獲得においては、もっとも基本的かつ身近なものであるといえる。たとえば、子どもの母語の

獲得過程も、これまで説明した（1）環境への浸り（2）口承法（3）かかわり合いの3つの特徴で整理することができる。言語の学習は、まず豊富な言語環境に浸るところから始まり、文字などを介することなくひたすら会話を繰り返すようになる。さらに、母語の熟達者とかかわることによって、自然と言葉をしゃべれるようになる。このような言語能力の獲得方法も、音楽的能力の獲得と同じように、決して合理的におこなわれているようには見えないが、すべての民族の言語学習はこのような方法でおこなわれているのである。

言語能力が日常生活の中から獲得されるように、日常生活の中で営まれている音楽に対する基本的な音楽的能力も、ここまでに詳述してきたようなインフォーマルな学習によって獲得されるのである。ポピュラー音楽、民族音楽などは、日常生活の中にとけこんでいる音楽活動であり、そのために必要な音楽的能力がインフォーマルな場で身につけられるのは、ある意味当然のことなのである。

5-2　インフォーマルな学習をとおした専門的技能の獲得

インフォーマルな音楽学習は、特別な音楽的訓練としてではなく、多くの人々が日常生活の音楽活動の中でおこなってきた学習方法である。しかし、民族音楽やポピュラー音楽では、音楽の専門家において必要とされる高度なレベルの音楽的能力も、一見非合理的に見えるインフォーマルな学習方法によって身につけられている場合があることがわかっている。特に、口承法による学習方法は、伝統音楽の音楽活動の特徴に適合した学習方法であると見ることもできる。

伝統音楽は、演奏において楽譜を使うことは少なく、すべてのレパートリーを記憶して体にしみつかせなくてはならない。たとえば、インド音楽では、即興演奏が演奏の主体となるが、この即興演奏は、インド音楽の様式特有の音階や旋法（ラーガ）に基づいた膨大な数の音のパターンを材料として演奏が構成される。即興的に紡ぎ出される演奏も、まったく新しいものがその場

つくられるわけではなく、演奏家が記憶に蓄えているさまざまな音階や旋律パターンに基づいて演奏が組み立てられるのである。また、アイルランドの伝統音楽は、本来パブなどの酒場で演奏されてきたが、その時々によって演奏される曲は異なり、どのような曲が演奏されるかが予め決まっているわけではない。そのため、演奏家は膨大な数のレパートリーを記憶し、その場で求められた曲を瞬時に演奏できなくてはならないのである。

このように、専門家として必要とされる膨大な量の音楽情報を記憶するのには、口承法による学習方法が効果的に寄与している可能性が高い。インドやアイルランドの伝統音楽の音楽家が口をそろえて主張することは、口承法で記憶した曲は忘れることが少ないが、楽譜にたよって学習した曲は、すぐに忘れてしまうという点である。

口承法による記憶方法が、情報の長期的な定着率において効果的であることを、実証的に示した研究は未だおこなわれていない。しかし、楽譜にたよらない記憶方法は、rote learning（まるおぼえ）と呼ばれ、心理学的にも一つの記憶方策として関心をあつめている。口承法による記憶は、楽譜や文字などの媒体を用いた記憶方法とはそのメカニズムが根本的に異なり、この記憶方法なりの利点があることが考えられる。楽譜を使った学習方法は、効率性などの観点から、特に、さまざまな記述式のリテラシーに慣れた現代人にとっては、きわめて効果的な学習方法に見える。しかし、学習の成果を短期的な視点のみからみつめるのではなく、長期的な視点からも検討し、口承法の学習方法の特徴や利点を見直す必要があるであろう。

5-3　フォーマルな学習を通した高度な音楽的技能の獲得

以上説明してきたインフォーマルな音楽学習は、近年ますます注目を集めており、その学習方法の利点が見直されつつあるといってよい。また、こうしたインフォーマルな学習の利点を、フォーマルな教育機関に導入しようとする動きもみられる（Green, 2008）。しかし、こうした傾向の中、逆にフォー

マルな教育機関でおこなわれる音楽教育の重要性も決して忘れてはいけない。特に、学校教育における音楽教育の中で中心的な教材となっている西洋クラシック音楽の活動において、フォーマルな学習方法の果たす役割は依然として大きい。

　芸術音楽は、子どもや一般の人にとって"難解"、"つまらない"などと言われることが多い。しかし、芸術音楽が受け入れられない大きな原因の一つは、芸術音楽の学習や聴取体験が少ないところにあることを確認する必要がある。芸術音楽を演奏したり鑑賞したりすることは、高い認知的能力が必要であることをすでに述べた。芸術音楽は、音楽構造の複雑性が大きな特徴の一つであり、この構造を聴き手が聴き取ることができるかどうかが、活動の質に大きくかかわってくる。そして、こうした高度な認知的技能の獲得には、系統的な訓練や意図的な聴取経験が必要なのである。こうした考え方に対しては、良い音楽は誰に対しても深い感銘をあたえるという異なった主張もある。しかし、現実は、学校教育と日常生活の両方の場において、西洋クラシック音楽や各国の芸術音楽を積極的に聴いたり楽しんだりする子どもの数は、ポピュラー音楽等に比較して圧倒的に少ない。

　クラシック音楽の理解には意図的な教育や聴取体験が必要であるということは、実証美学の分野でもある程度明らかにされている。1980年代の音楽の好みに関する研究では、逆U字理論にそった実験的研究が盛んにおこなわれた。これらの実験では、いくつかのジャンルの音楽を繰り返し聴き、それらの音楽に対する好みが、曲を聴く回数とともにどのように変化していくのかを調べている。その結果、ポピュラー音楽などは、聴取回数の少ない段階から好みが高いのに対して、クラシック音楽は、聴取回数が少ない段階では好みが低く、その後、聴取回数とともに好みが増し、再度下がっていくことを明らかにしている。いわゆる、好みの程度が逆U字の曲線を描いていくのである（Hargreaves, 1984）。この理論では、曲の複雑性の高いクラシック音楽は、ある程度の期間曲を繰り返し聴かなくては、曲の複雑性が理解できてい

かないために好みが低いのに対して、複雑性の低いポピュラー音楽は、最初からわかりやすく、初期の段階から好みが高くなると解釈している。もちろん、こうした実験室的な結果を、そのまま芸術音楽の活動に必要な能力の獲得にむすびつけて考えるのは難しい。しかし、芸術音楽の活動に必要とされる能力は、その複雑性から、ある一定期間の経験や訓練が必要であることを示唆する実証的研究であるといえるだろう。

　芸術音楽をきちんと理解して鑑賞するためには、少なくとも、芸術音楽にふれる長い経験が必要であることは、音楽家の間でもいわれている。クラシック音楽を多くの若者に広めようとした有名な試みの一つとして、アメリカのバーンスタイン（Bernstein, L.）のおこなった、Young People's Concert がある。この試みは、テレビ番組をとおして指揮者であるバーンスタインがクラシック音楽の魅力を、曲目の構造の説明をまじえて、さまざまな視点から紹介していくものである。このテレビ番組は、若者にとって馴染みのないクラシック音楽を、テレビというメディアをとおして広く伝えたという点において、画期的だったといえる。しかし、こうした単発的なイベントの教育的な効果に対して、懐疑的な意見もきかれるのである。バートン（Burton, W. W.）のおこなった一連のインタビューにおいてショーンバーグ（Schonberg, H.）は、

> 彼がやったことについていえば、それによって音楽好きの人々がコンサート会場になだれ込むようになったとは思っていません。バーンスタインのテレビ番組は人を面白がらせ、楽しましてくれました。ある意味では教育的だと思います。でも番組が終わった二時間後にはみんなわすれられてしまいました。（Burton, 1995, p.95）

と主張し、このような単発的なイベントによって、クラシック音楽に傾聴するようになる者はごくわずかであるといっている。そして、「人が音楽好きになる唯一の方法は良い音楽を聴いて育つことだと思っています（Burton, 1995, p.95）」と述べ、クラシック音楽への傾聴には長期的な経験なり訓練が必要であることを解いている。

まとめ

　現代社会においては、実に多様な音楽がメディアをとおしてあふれている。ひとたび YouTube を開くと、一つの検索語を入力するだけで、自分が聴きたいジャンルの音楽を瞬時にみつけだすことができる。また、本来は、コンサート会場において聴かれていたクラシック音楽などの芸術音楽も、お茶の間や寝室などで、気軽に聴くことができるようになった。さらに、従来は限られた地域のみでしか営まれてこなかった音楽も、メディアをとおして全世界の人々の耳に届くようになった。こうした、音楽の多様化は、子どもたちの音楽活動に大きな影響をあたえている。子どもたちは、自分たちの好み、価値観、アイデンティティに基づいて、多くの選択肢の中から音楽を選び、独自の音楽的発達をとげていくのである。

　最後に強調しておかなくてはならないのは、現代社会においては、子どもの音楽的発達を一つの基準からみてはいけないという点である。子どもたちの音楽的発達における音楽的能力や技能の獲得は多様な道筋をたどり、こどもたちは、学校やおけいこごとなどのフォーマルな教育だけでなく、日常生活などのインフォーマルな音楽活動の中からも多くの音楽的技能を獲得している。異なる場における異なる方法の音楽的能力の獲得それぞれにおいて、子どもの音楽的発達は独自の意味をもっている。そして、それぞれの音楽的発達の道筋において、すべての子どもは独自の"音楽家"へと育っていくといえよう。

引用文献

Blacking, J. (1973). *How musical is man?* Seattle: University of Washington Press.（ブラッキング, J.　徳丸吉彦（訳）（1978）．人間の音楽性　岩波現代選書）

Burton, W.W. (1995). *Conversations about Bernstein*. Oxford: Oxford University Press.（バートン, W.W.（編）　山田治生（訳）（1998）．バーンスタインの思い出　音楽

之友社）

Gabrielsson, A. (1999). *The performance of music*. In D. Deutsch (Ed.), The psychology of music (2nd ed.) (pp.579-602). San Diego, CA: Academic Press.

Green, L. (2008). *Music, informal learning and the school: A new classroom pedagogy*. London and New York: Ashgate Press.

Hallam, S. (2001). Learners: Their characteristics and development. In BERA Music Education Review Group (Ed.), *Mapping music education research in the UK* (pp. 9-25). London: British Educational Research Association.

Hargreaves, D. J. (1984). The effect of repetition on liking for music. *Journal of Research in Music Education*, **32**, 35-47.

Hargreaves, D. J. (1986). *The developmental psychology of music*. Cambridge: Cambridge University Press.

Lerdahl, F., & Jackendoff, R., (1983). *A generative theory of tonal music*. Massachusetts Institute of Technology.

Magill, R. A. (1993). *Motor learning: Concepts and applications (4th ed.)*. Madison, WI: Brown and Benchmark.

Meyer, L. B. (1956). *Emotion and meaning in music*. Chicago: University of Chicago Press.

Mito, H. (2007). *Learning musical skill through everyday musical activities*. Unpublished PhD thesis, Roehampton University.

Narmour, E. (1991). *The analysis and cognition of basic melodic structures: The implication-realization model*. Chicago: University of Chicago Press.

North, A.C., & Hargreaves, D.J. (2008). *The social and applied psychology of music*. Oxford: Oxford University Press.

Sloboda, J. A., Davidson, J. W., & Howe, M. J. A. (1994). Is everyone musical? *The Psychologist*, **7**, 349-354.

（水戸博道）

第9章　造形活動との出会いと発達

はじめに

　子どもはいつ、どこで、どのように造形活動に出会うのか、そして造形活動は子どもの成長発達に伴って、どのように発展し、あるいは変容していくのだろうか。
　ここでは「造形活動」を、物質的な材料（もの）を用いて、何らかの形を作ったり、崩したりする行為を意味する語として用いる。「造形」という語は、一般的には「ある観念に基づいて形あるものを作ること」と定義されるが、子どもの場合は行為の前に「ある観念」が前もって存在するとは限らない。偶然の出会いによって身近なものと関わる行為がまず先にあり、それに触発されることによって事後的に観念やイメージが発生する場合もある。幼い子どもほど、身近なものとの偶然の出会いがきっかけとなり、事後的に造形活動が行われることが多い。つまり、身近な事物との直接的な出会いやふれ合いが、造形活動の最初の萌芽と言ってよいであろう。
　その意味で、子どもはいつ造形活動と出会うのかを明確に特定することはむずかしい。1歳頃になると幼児は身近に目にするさまざまなものに興味を抱き、それにふれ、つかみ、ひっぱり、口にもっていったったりする。そうした探索行動の延長上に、さまざまな造形的な行為や活動が位置づけられよう。
　本章では、さまざまな造形的な行為や活動の中で、子どもが出会う最も一般的な造形活動である描画を取り上げ、子どもの描画との出会いと発達について考察する。

1 子どもの描画への関心

　子どものいたずら描きは人類が地上に出現して以来絶えず行われていたはずである。しかし周囲から特別に意識して顧みられることのなかった子どものいたずら描きが、改めて大人の目に意味のあるものとして注目されるようになったのは何故であろうか。

　子どもの描画に対して特別な関心が向けられるようになったのは、19世紀末から20世紀初頭にかけてである。マクドナルド（Macdonald, 1970）は、この時期に子どもの描画（児童美術）への認識が高まった理由として、「心理学研究の発展」「原始美術に対する関心の高まり」「近代美術の様々な特徴に対する理解」の三つの要因を挙げているが、第二、第三の要因はいずれも美術に関わるものであり、伝統的な美術の見直しに端を発するものである。したがって、子どもの描画が注目されるようになった背景には、大きく分ければ心理学的関心と美術的関心の二つの要因があったことになろう。

　心理学的関心というのは、アリエス（Ariés, 1971）が「十七世紀には無視され、十八世紀に発見された子どもは、十九世紀には専制君主となる」と要約しているように、19世紀は都市化の進行と新興ブルジョア層の台頭とともに、子どもが社会の前面に現れてきた時代である。当初は一部の富裕層のものであった、〈子どもは単なる小さな大人ではなく、質的に異なる存在であり、それぞれの発達過程は代替することのできない固有の意義をもつ〉という認識（近代的な子ども観）が、世紀の終わりには一般大衆層にもある程度広がっていた。そうした認識が浸透するにしたがい、子どもという存在をより詳細に観察し、理解しようとする動きが強まるのは当然であろう。子どもの描画に対する関心の高まりは、そうした子どもという固有の存在をその行動や思考に即して理解しようとする流れを背景としたものである。描画は、健常な子どもであれば誰もが親しみ熱中して取り組む活動であり、言語の能力が未熟な

子どもの内面や認知発達のレベルを知る手がかりとしても最適なものと考えられた。

　美術的関心というのは、ルネサンス以来西洋において主流をなしてきた対象の再現描写を主軸とする伝統的な美術が、19世紀後半に行き詰まりを見せ、アジアやアフリカの美術とともに、原始美術や子どもの描画が新しい美術の方向性をさぐる重要な手がかりとして見直されたことである。古典的な美の規範や対象の忠実な再現描写という伝統的な美術の概念を否定し、伝統にとらわれない新たな美的規範を見出そうとしたとき、重要な手がかりとして参照されたのが非西洋地域の美術であり、原始時代の造形・美術であった。そしてその視線は、西洋文化の中にあって未だ伝統的な規範に染められていない幼い子どもの描画にも向けられるようになったのである。

　子どもや子どもの描画（造形活動）に対する認識の高まりは、当然ながら美術教育にも波及し、臨画や模写を教育方法とする伝統的な美術教育が見直され、子どもの独自の表現を重視する児童中心主義の美術教育が主張された。

2　子どもの描画の発達研究―発達的アプローチ―

　トーマスとシルク（Thomas & Silk, 1990）は、子どもの描画に対する研究の歴史を、「発達的アプローチ」（19世紀末から1920年代）、「臨床・投影的アプローチ」（1940年代以降）、「芸術的アプローチ」（19世紀末から現在）、そして近年盛んになった「プロセスアプローチ」に分類している。ここでは造形表現の発達の問題を主要な研究テーマとする「発達的アプローチ」と「芸術的アプローチ」に注目する。

2-1　造形表現における発達の道筋の解明

　子どもの描画の発達の道筋を明らかにしようとしたのは初期の発達的アプローチによる研究である。初期の発達研究では、さまざまな年齢層の子ども

の描画を収集し、生活年齢と描画の様式との相関を分析することによって、子どもの精神発達と描画との関連や描画の発達の筋道、それぞれの発達段階の特質や大人の絵画とは異なる子どもの描画の独自性が明らかにされた。

初期の発達的アプローチによる研究を代表するものにリュケ（Luquet, 1927）の『子どもの絵』がある。リュケは、子どもの描画の本質的特徴を「写実性」という概念でとらえ（リュケのいう「写実」は、対象の視覚像の忠実な再現という意味ではなく、対象の要素や特色の図による説明あるいは表示という意味に近い）、子どもの発達に伴う描画の変化を、それがどのような写実性のレベルにあるかという点から段階づけている。その段階区分は以下のようである。

> 第一段階「偶然の写実性」
> 第二段階「出来損ないの写実性」
> 第三段階「知的写実性」
> 第四段階「視覚的写実性」（8、9歳ごろ～）

2-1-1　第一段階「偶然の写実性」

リュケは、手の運動や線の痕跡などに喜びを感じて行われる線描から、描線の中に偶然に現実の事物との類似性を見いだして満足感を覚えたり、類似性をさらに補強しようと試みはじめるころまでの描画（明確な表現意図をもたない描画）を、子どもの描画の最初の段階に位置付け、「偶然の写実性」と名付けている。

しかしやがて、子どもは描画のもつ類似性を強めたいと思うようになり、それが単純な要素を付け加えることによって可能になると、類似性を意図的に補強する力を身に付けたという自覚が生まれ、子どもは意図して描くようになる。

2-1-2 第二段階「出来損ないの写実性」

「出来損ないの写実性」と呼ばれる段階は、子どもが自分の描画能力を自覚し、写実的であろうとして描きながらも、運動機能の未熟さや注意力の減退などの原因によってそうなり得ない時期である。絵を構成する要素間の相互関係に対する配慮が欠けているため、比例関係や位置関係などの無視あるいは誤り（大人の目から見た場合の）が生まれる。このような総合能力の欠如は、子どもの注意力が増すにしたがって次第に改良され、絵全体の中で各部分を相互に関連づけられて描くようになる。

2-1-3 第三段階「知的写実性」

写実性は、大人の場合、対象の視覚像との類似が問題である（＝視覚的写実性）のに対し、子どもの絵では、見えない部分も合わせて対象のすべての要素を描くことが課題となる。リュケは、この段階を、見たものではなく知っていることを描き記そうとするという意味で、「知的写実性」と名付ける。

知的写実性の時代には、子どもは独特の表現方法を用いて絵を描く。その代表的なものは、ものが重なったり遮蔽されたりしている場合、その部分を分離してもとの形をはっきり描くこと（重なりや隠蔽の回避）、見えないはずの内部を透けて見えるように描くこと（透明画法、レントゲン画、X線画）、高い位置から見下ろしたように描くこと（擬鳥瞰図法）、動物や家具の脚、車輪などを上下、左右などに展開して描くこと（擬展開図法）、そしてそれらを併用した「視点の混合」（複数の視点から見た対象の最も典型的な姿を合成して描くこと）などである。この他に、継続的なできごとや時間的な変化を一つの画面に描き入れる「絵物語」がある。

知的写実性は、総合化の能力の発達によって経験との矛盾が自覚されるようになると徐々に放棄され、大人の絵を特徴づける「視覚的写実性」へと移行する。

2-1-4　第四段階「視覚的写実性」

　リュケのいう「視覚的写実性」の特色は、多少ともぎこちない点があるものの、透視図法的な遠近法に従うことである。この段階から、子どもは絵に関して大人の仲間入りをすることになる。

　リュケは、この段階以降の個々人の絵の違いは、特別な訓練を受けたかどうかによる技術的な差にすぎないとし、大抵の大人たちは生涯 10 歳から 12 歳の子どもの絵と変わらない絵しか描けないで終わると述べている。

2-2　芸術的な表現活動のもつ教育的意義への着目—芸術的アプローチ—

　「芸術的アプローチ」は子どもの発達や教育に芸術的な表現活動が決定的な役割を果たすという考え方に立つもので（Thomas & Silk, 1990）、その代表的な研究に、ローウェンフェルド　（Lowenfeld, 1947）の『美術による人間形成』がある。

　その中でローウェンフェルドは子どもの描画の発達過程を次のような 6 つの段階に区分している。

> 「なぐり描きの段階」（2 歳より 4 歳まで）
> 「様式化前の段階」（4 歳より 7 歳まで）
> 「様式化の段階」（7 歳より 9 歳まで）
> 「写実主義の芽生え（ギャング・エイジ）」（9 歳より 11 歳まで）
> 「擬似写実主義の段階（推理の段階）」（11 歳より 13 歳まで）
> 「決定の時期」（13 歳より 17 歳）

2-2-1　なぐり描きの段階—自己表現の最初の段階—

　ローウェンフェルドは、「なぐり描き」を運動感覚的経験として位置付ける。そして、なぐり描きは、子どもが手足の動作をうまく調整できない「未分化（でたらめ）」から、徐々に動作を統御できるようになった段階の「経線」（または

制御されたなぐり描き)、腕全体の運動によって表現される「円形なぐり描き」、動作と想像的経験とが結びつき始める「なぐり描きへの注釈」へという段階を辿って発達すると指摘する。

2-2-2　様式化前の段階—再現への最初の試み—

「なぐり描きへの注釈」の段階で描画とイメージとの結びつきが強まるにつれて、なぐり描きの運動感覚的意味が薄れ、対象の再現への要求が強まっていく。こうして形態の意識的な創造がはじまり、やがて個人的な型（様式、schema）を確立させていく。個人的な型を確立する以前の段階（「様式化前の段階」）では、子どもは描き方を絶えず変化させながら、新しい型をつくり出し、描画のレパートリーを豊富にしていく。

この段階では、ものとものとの相互関係（空間関係）にはほとんど無頓着である。

2-2-3　様式化の段階—形態概念の成立—

この段階は描画の個人的な型が確立する時期である。様式化は空間関係にも及び、ローウェンフェルドが「基底線」(base line) と名づけた象徴によって表現され、上下関係に基づく画面秩序が形成される。

ローウェンフェルドの発達研究の特色は、様式からの離脱に積極的な意義を見出していることである。様式（schema）からの離脱には、「(1) 重要な部分の誇張、(2) 重要でない部分や抑圧された部分の軽視や省略、(3) 情緒的に重要な部分の象徴の変化」の三つの根拠があるとして、それは子どもの個人的な経験や情緒に基づく創造的な変形であると指摘する。

2-2-4　写実主義の芽生え—ギャング・エイジ—

ローウェンフェルドのいう「写実」は、様式（schema）が対象の一般的な特徴の類型化であるのに対して、運動、距離、光、雰囲気などによって生じる

変化に影響されながら現実を再現しようとする傾向のことである。

　この段階は、従来の様式的表現が対象の個別的な特徴（細部）を描写するにはふさわしくないことに気付き、子どもが自分の創作力に対してはじめて動揺する時代である。その原因は、子どもが対象の外観を気にしたり、細部に気付くようになっているのに、それを表現できる表現力を身に付けていないために、表現がぎこちなくなってしまう点にあるという。

　空間の再現も、基底線に見られたような象徴的表現から一層写実的な表現へと変化し、「重なり合い（over lapping）」を理解するようになり、立体的な空間概念の形成に至る第一歩となる。

2-2-5　擬似写実主義の段階—推理の段階—

　この段階は青年期の危機への準備段階という点に大きな意義がある。青年期の危機の最も重要な特徴は、想像活動が無意識的なものから批判的意識的なものへと変化することであり、この変化に適切に対処するためにどのような準備を行うかが、美術教育上の重要な課題となる。

　また、この段階では、創作経験において「視覚的刺激」により強く反応する者（視覚型）と「主観的経験」により強く反応する者（触覚型）の相違が徐々に明らかになる。

2-2-6　決定の時期—創作活動における青年期の危機—

　この段階は、子どもらしい無意識的な方法も、意識的な方法ももたず、表現に対する自信を失う子どもが多いことから危機として特徴づけられる。この時期は「視覚型」あるいは「触覚型」という創造のタイプが顕著になる時期でもある。

3　子どもの描画の発達とその道筋

　前節では、描画の発達を段階的に捉えた代表的な研究を取り上げ、描画の発達の道筋を概観した。これらの研究によって明らかになったことは、描画の発達にはいくつかの画期が存在すること、そして手や腕の運動に大きく依存したなぐり描きから、対象や場面の特徴を独特の方法によって自在に描き出す図式的な表現を経て、対象の視覚像を忠実に再現しようとする視覚的写実表現に至る発達の順序性があることである。

　その後の研究も、描画の発達を概括的に捉えようとした研究に限っていえば、いずれも上記の研究の延長線上に位置付けられる。そして、年齢区分や命名の仕方に多少の違いはあるが、今日一般に広く受け入れられている描画の発達区分は、「なぐり描きの時期」、「なぐり描きへの意味づけ期」、「前図式期」、「図式期」、「前写実期」、「写実期」である。リュケやローウェンフェルドの発達区分と対応させると表1のようになる。

　本節では、前節で概観した描画の概括的な発達過程の研究をふまえて、一

表1　描画の発達段階区分

G. H. リュケ	V. ローウェンフェルド	一般的な発達段階区分
偶然の写実性	なぐり描きの段階：「未分化」「経線」「円形なぐり描き」「なぐり描きへの注釈」（2歳より4歳まで）	なぐり描きの時期
		なぐり描きへの意味づけ期
出来損ないの写実性	様式化前の段階（4歳より7歳まで）	前図式期
知的写実性	様式化の段階（7歳より9歳まで）	図式期
視覚的写実性（8、9歳ごろ〜）	写実主義の芽生え［ギャング・エイジ］（9歳より11歳まで）	前写実期
	擬似写実主義の段階［推理の段階］（11歳より13歳まで）	写実期
	決定の時期（13歳より17歳）	

表2　描画の発達過程における節目と発達段階区分

TAの描画の発達過程に見られる節目	発達段階区分
①なぐり描きの始まり（1歳頃）…………………………	なぐり描きの時期
②閉じた形の出現と最初の意味づけ（1歳10ヵ月頃）………	なぐり描きへの意味づけ期
③頭足人の出現（3歳頃）…………………………………	前図式期
④図式的な表現様式の定着（3歳9ヵ月頃〜）……………	図式期
⑤対象の客観的な視覚像に対する関心の芽生え（5歳6ヵ月頃）…	前写実期
⑥対象の視覚的写実表現への関心の高まり（小学校5年生〜）…	写実期

人の子ども（TA、男児）の描画を縦断的に取り上げ、描画の発達の道筋がどのようなものか具体的に跡づけてみたいと思う。

　残されている描画を時間的に辿ると、描画の発達過程には6つの節目が認められた。それを一般的な発達段階区分と対応させると表2のようになる。以下、これらの節目を手がかりに、「発達上の節目はどのように生じるのか？」「節目と節目に挟まれた時期の描画にはどのような特色や変化が見られるのか？」という2つの視点から、実際の描画を参照しながら発達の具体的な道筋を辿ることにする。

3-1　なぐり描きの時期―なぐり描きの始まりから最初の意味づけを経て、頭足人の出現まで―

3-1-1　なぐり描きの始まりから最初の意味づけまで

　最初のなぐり描きが何をきっかけに始まるかを特定することは不可能であろう。なぜなら、子どもがなぐり描きに必要な筆記具や紙などにふれる機会さえあれば、どんなことでもきっかけになるからである。むしろ、なぐり描きの始まりにとって重要なのは、子どもの心身の発達がなぐり描きを可能に

第 9 章　造形活動との出会いと発達

するレベルにまで達していることである。つまり、筆記具を手で掴み、それを紙の上に置き、適度な力で動かすことのできる運動や認知の機能が一定のレベルに達している必要がある。

TA の場合、日にちが確認できた最も古いなぐり描きは、1 歳 1 ヶ月頃のものである（図1）。鉛筆の線の上に、黒と一部赤のボールペンの線が重なっている。渦巻きになりきれていない渦巻き状の曲線（右回りと左回りが混在している）と曲がった棒状の線で構成されている。いずれも大雑把な描線であり、握りしめた筆記具を肩関節を軸にして上下左右に無意識に動かして描いたことが読み取れる。

図1　1歳1ヵ月

「初期のなぐり描きは、鉛筆やクレヨンをにぎって紙や手近なものをたたいたりしているうちに、点や短い線がかけるといったものである」（東山・東山, 1999）、あ

図2　1歳3ヵ月

るいは「描く活動は、1 歳（12 ヵ月）ころ、ものを手でつかんで振りまわし、打ちつける、という行為が、外界（画面）と出会うことによって生まれる『点々』からスタート」する（新見, 2010）という指摘にしたがえば、図1は最初期のものではなく、少し後のものということになる。このことから、なぐり描きとの

図3　1歳5ヵ月

最初の出会いの時期は、すこし遡って 1 歳頃と推測できる。

TA のなぐり描きは、1 歳 3 ヵ月頃になると肩関節を軸にした手の動きがなめらかになり、渦巻き状の描線と稲妻型の描線が重なり合い、その上に筆記具をたたきつけてできた点や跳ねた短い線が描かれるようになる（図2）。さらに、1 歳 5 ヵ月過ぎになると、手の動きが複雑かつ細やかになり（図3）、

図4　1歳5ヵ月

図5　1歳8ヵ月

図6　1歳8ヵ月

図7　1歳10ヵ月

上下、左右に手を往復させながら、特定の場所を塗りつぶすような動きがみられるようになる（図4）。

以後、日を追うごとに描線が変化に富んだものになり、動きもスムーズになっている（図5、6）。なぐり描きを構成する基本的な要素は、渦巻き状の曲線、左右・上下の往復運動から生まれる線、そのバリエーションとしての稲妻型の線であり、そこに気まぐれに引かれたような複雑な動きをする曲線や棒線が加わっている。

1歳8ヵ月頃になると、パンダとかストーブとか話しながら描くようになる。図5は「パンダかく、ヒコーキかく」といいながら描いたものである。何がパンダやヒコーキなのか、大人の目には分からない。また、発達段階の上から、計画的に描いたとは考えられないので、なぐり描きをしながら思いついた関心のあるものや身近なもののイメージが口をついて出たものと考えられる。

1歳10ヵ月頃になると、明らかに最初から意図してコントロールしながら描いたと思われる線描が出現する（図7）。さらに偶然にできたものであろうが、始点と終点にズレはあるものの一本の線が交わることで、閉じた形が現れるようになる（図8）。図8は「リンゴ」といいながら描いたものである。描線のコン

トロールがスムーズになっている。

この時期の描画についてまとめると、最初期のなぐり描きは、さまざまな手の動きの試みや、その手の動きに伴って現れる線や色に驚き、好奇心を刺激されてさらに描画を試みるといった感覚運動的な動因に主導されたものと考えられる。

それが1歳8ヵ月頃になると、なぐり描きをした線描に、関心のあるものや身近なもの（パンダやカエル、ストーブなど）を結び付けるようになっている。直接的

図8　1歳10ヵ月

なきっかけは、周囲の大人から何を描いているのか（描いたのか）尋ねられたことであろうが、その背景には言葉の発達がある。

言葉による名付けが行われるようになる以前のなぐり描きは、描く行為そのもののおもしろさやその行為が偶然に引き起こす結果に対する好奇心が主たる動因となって行われていたと考えられる。ローウェンフェルドが指摘しているように、感覚運動的な行為以上のものではないであろう。しかしそこに、なぐり描きを外部の何かのイメージと結び付けようとする意識が芽生えることによって、なぐり描きが徐々に感覚運動的なものから別のものを表したり指し示したりする象徴や記号としての役割を持つものへと、質的に変化しているのである。

3-1-2　閉じた形の出現から頭足人の登場まで

最初の意味づけは、周囲の大人の質問に対してとっさに答えた偶然的なものであり、すぐ後で同じなぐり描きにまったく異なる答えが返ってくることもある。しかし、周囲の大人との言葉によるやりとりを介して、徐々になぐり描きと身近な人や事物のイメージとの結び付きが強められる。その過程は、混沌としたなぐり描きの中にはっきりと分かる閉じた形が生まれ、独立していく過程と、多少の時間的なズレはあるものの、ほぼ重なり合っている。

図9　1歳10ヵ月

図10　1歳11ヵ月

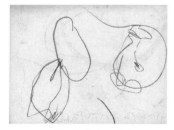

図11　2歳4ヵ月末

図12　2歳代半ば

　閉じた形が生まれるきっかけも、偶然によるものである（図8）。それは最初に閉じた形が現れた時から、閉じた形が安定的に描かれるようになるまで、後でふれるように6ヵ月ほどの時間を要していることによく示されている。

　最初の意味づけが行われた後、大小の渦巻きや長さの異なる直線、線による塗りつぶしなどのさまざまな試みを経て、やがて同じ画面に大小の渦巻きが混在するようになる（図9）。小さな渦巻きや丸を描くには、肘と手首をうまく協応させなければならない。それだけ手指の機能が発達し、動きが細やかになったことを示している。

　それから間もなく、小さな独立した渦巻きが並んで描かれ、始点と終点のハッキリした直線が描かれるようになる（図10）。その後さまざまな試行を経て、偶然による閉じた形の出現から6ヵ月ほど後に、一本の連続する線で描かれた閉じた形が出現する（図11）。それはまだたどたどしいが、やがて図12のような一本の滑らかな線で描かれた円に成長する。

　図12が描かれた正確な日付は確認できなかったが、2歳代半ばに描いたお絵かき帳に、1頁に一つずつ18頁にわたって繰り返し描かれた円の一つである。執拗に描かれていることから、この頃円を描くことに強い関心を抱いていたことがうかがえる。

3-2 前図式期―頭足人の出現から図式的な表現様式の定着まで―
3-2-1 頭足人の出現

3歳以前にも、人の目や口を連想させるような形は描かれていたが（図13）、明瞭に人の顔に見える形＝頭足人（頭に手や足が直接付いているように見えることからそう呼ばれる。英語ではtadpole）が出現するのは3歳を迎えた頃からである（図14）。頭足人の出現は、リュケの場合「出来損ないの写実性」の段階に、ローウェンフェルドでは「様式化前の段階」に位置付けられている。

目や口のついた人間の顔を連想させる形が出現してから後の描画には著しい変化が認められる。最初の変化は人物表現に見られる。図14では顔（頭部）と手のみであるが、図15では足が加わり、顔（頭部）も複雑になっている。それが図16になると描線に無駄がなく、顔の造作も整理され、汗まで描かれており、手には指が描き加えられている。なお、人物の表現はスタイル（型）がある程度確立してしまうと、その後あまり大きな変化は見られず、同じような表現が繰り返されている。人物そのものの表現よりも、それを使って描かれるテーマやモチーフの組み立てに関心が向けられている。

次に飛躍的な変化が現れるのは、3歳8ヵ月を過ぎた頃である（図17）。頭部には耳と眼鏡、

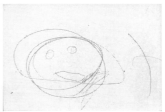

図13 2歳9ヵ月

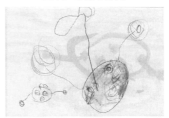

図14 3歳0ヵ月

図15 「TAととうもろこし」3歳2ヵ月

図16 「豆を料理するTA（顔から出ているのは汗）」3歳2ヵ月

図17 「ママと弟」3歳9ヵ月

その下に体幹と二本の線で厚みを表した腕が描かれている。頭足人型の人物表現から見ると、大きな進歩である。以後、安定した図式的表現が見られるようになり、次のステージへと移行していく。

3-2-2 描画対象の拡大と画面の複雑化

二つ目の変化は、絵に描かれるレパートリーが急速に拡がるとともに、画面に描き込まれるモチーフの数も増え、画面の構成が複雑になっていることである。

この時期に描かれている描画のモチーフやテーマは、日常生活の中で出会ったものや体験したこと、テレビや絵本を通して知ったことなど多岐にわたっており、興味を引かれたものを手当たり次第描いている。

図18 「おばあちゃんとかいものにいく」3歳3ヵ月

画面構成の点では、初めの頃は自分ととうもろこしのように限られたモチーフを並列的に並べて描いたものが多いが（図15）、モチーフが増えるにつれて、次第にそれらを相互に関連づけ、一つの場面に描き入れる複雑な構成に変わっている（図18）。

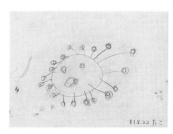

図19 「タコ」3歳2ヵ月

3-2-3 前図式期の表現の特色

ここで改めて、一般に「前図式期」と呼ばれるこの時期の描画の表現上の特色を確認しておきたい。その一つは、基本的な図式を応用してさまざまなものが描かれることである。図19は、頭足人の手足を増やして蛸を表したものである。

もう一つの特色は、画面を統一する空間的な秩序意識の希薄さである。図20では、モチーフ相互の空間的な関係は希薄であり、大人の目には、画面にさまざまなモチーフが無秩序に描かれているように見える。頭足人の出現から安定した図式的表現が確立するまでの間は、事物が画面上に相互の関連性を欠いた

図20 「ありじごく」3歳4ヵ月

まま雑然と描かれる例が多いことから、「羅列期」とか「カタログ期」と呼ばれることがある。

3-3 図式期―図式的な表現様式の定着から対象の客観的な視覚像に対する関心の芽生えまで―

3-3-1 図式期における描画の変化

一般に「図式期」あるいは「知的リアリズム期」と呼ばれる時期の描画の特色は、前図式期に試みられたさまざまな表現がその子独自のスタイル（図式）にまとまり、その図式を用いて日常的な経験が盛んに描かれることである。

TAの場合、図式期は表現の特色の上から前期・中期・後期の三つに分けられる。前期（3歳10ヵ月から4歳頃）には、胴体も加わり成長した人物表現を用いて、日常の経験を気軽にメモを取るように描いている（図21）。

中期（4歳1ヶ月ころから4歳7ヵ月頃）になると、図式的表現が定着し安定した表現が見られる一方で、パターンの繰り返しが目立つことである（図22）。画面

図21 「砧緑地への遠足」3歳11ヵ月

図22 「逗子の海での釣り」4歳4ヵ月

図23 「鳥を見ているとき蝶が」4歳9ヵ月

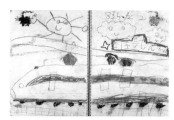

図24 「東北新幹線」4歳11ヵ月

からは、身に付けたスキルによって描きたいものは何でも描けるという自在さが感じられる一方、それまでに見られた絵を描くことに対する純粋な喜びが薄れ、一種のマンネリズムが感じられる。

後期(4歳8ヶ月以降5歳6ヵ月頃まで)は、中期のマンネリズムが乗り越えられ、再び描くことの喜びが感じられることや、人や物の表現がそれまでと比べ自然さが増していることである。

例えば、4歳後半の人や物の表現には、内容的な面からも、形態表現の面からも、ある種の成熟が感じられる(図23、24)。

しかしやがて、5歳を過ぎる頃になると、観察した対象を描こうとする意識が芽生え、身近な出来事を想起して描いた絵と並んで、対象の観察に基づく絵が描かれている。描画への関心が、記号的な表現から表象的な表現へと徐々に変化していることを示していると思われる。その意味で興味深いのは、図25である。バッタは観察して描いているが、家は記号化された図式表現のままであり、表象的な表現と記号的な表現が一枚の絵の中に同居している。

3-3-2 図式期の表現の特色

図式期(知的写実性の時期。知的リアリズム期ともいう)の描画の特色として挙げられるものに、重なりや隠蔽の回避、透明画法、擬鳥瞰図法、擬展開図描法、視点の混合、絵物語(異時同図法)、基底線、擬人化(アニミズム)、心理的遠近法(価値の遠近法とも呼ばれることもある。安齋(1986)は「情動的遠近法」と呼ぶ)などがある。それらはどのような形で現れているであろうか。

擬鳥瞰図法を含めた視点の混合は、図21のような形で認められる。水平視

（人物）と鳥瞰的な視点（人物の前の事物）が同一画面内に併存している。また、擬人化の例は、図24の太陽や雲の表現に認められる。透明画法の例として、海でボートに乗って釣りをした経験を描いた絵（図22）がある。

自分にとって大事なものを強調して描く心理的遠近法には、図22や図23に描かれた魚や小鳥のような例がある。人物と比べてその大きさが強調されている。

図25　5歳6ヵ月

基底線は、ローウェンフェルドが、それを知ることは子どもの自我が成長し、自分を世界の一部分として感ずるようになったことを物語るものであるとして重視しているものであるが、TAの場合、画面内部に描いた例は少なく（図18の画面下部に描かれたギザギザの線は基底線の一種）、画用紙の下辺を基底線に見立てたものの方が多く見られる（図23、25）。

図26　3歳11ヵ月

重なりや隠蔽の回避は、TAの描画ではほとんど見られなかった。図23のテーブルの向こう側の人物のように、見えない部分は描かれないか、図26のように、先に描いた線の上に別の線を重ねて描いている。同様に、絵物語もほとんど見られなかった。唯一それに近い表現と思われるのが、図27である。厳密には絵物語と言えないが、車で移動中に出会ったことが、文字の説明とともに描かれている。

図27　4歳7ヵ月

3-4　前写実期―対象の客観的な視覚像への関心の芽生えと高まり―

前写実期の特色は、図式的表現にあきたらなさを感じ、対象を観察して描

図28　5歳11ヵ月

図29　6歳9ヵ月

図30　7歳7ヵ月

図31　7歳4ヵ月

図32　9歳2ヵ月

くことに対する関心が芽生え、それが徐々に高まることである。

TAの場合、5歳半ばを過ぎるころから描画に対する関心が変化し、対象を観察して描くことに興味を抱き始めている（図28）。図28や図29では、まだ図式的な要素が色濃く残っているが、観察を通して対象の特徴を捉え、それらしく表現しようとする姿勢が芽生え、それが徐々に強まっていることが感じられる。それが図30になると、ぎこちなさはあるものの、観察を通して人物の特徴を捉えて描こうとする姿勢が一層強まっている。図29と図30の人物表現を比較すると両者の間に大きな質的相違があることが分かる。これらのことからTAの場合、7歳頃から前写実期に移行したと考えられる。

前写実期におけるTAの描画は、表現の傾向として見ると、低学年（前半）と中学年（後半）で明らかな違いが見られる。前半期は、対象を観察して描くことに関心が高まりつつある一方（図30）、身近な生活をテーマにした構想画などでは依然とし

て図式的な表現様式が見られる（図31）。

　後半期になると、観察による対象の描写はより的確になり（図32）、図式的な表現様式はすっかり姿を消している。

　以上のように、この時期の特徴は、図式的な表現様式を残しながらも、徐々に観察に基づいて対象の客観的視覚像を描写することに関心が強まることである。しかし、次の写実期に比べると、対象の全体像を部分と部分の関係に基づいて正確に捉えることができないため、表現に独特の稚拙さが残る。また同じ理由で、この時期に描画に対する苦手意識を抱き始める子どもも少なくない。

3-5　写実期―対象の客観的視覚像への関心の飽和化と自発的な描画の衰退―

　写実期は、対象の視覚像を忠実に描くことに一層強い関心を抱く時期である。それが可能になるためには遠近法や陰影法の技法を身に付ける必要があるが、それらの技法は心身の発達にしたがって自然に身に付くものではないため、この時期には描画に対する苦手意識を抱く子どもがさらに増えることになる。

図33　中学校1年

　TAの場合、幸い苦手意識を抱くことなく、この段階に移行できたようである（図33）。その大きな要因として、幼い頃から動物や生き物に関心を抱き、前写実期の頃には動物図鑑のイラストを模写したり、自宅で飼育している小動物を写生することを好んだこと、母親が日常的に絵画を制作していたこと、母親が開いていた絵画教室で年長の子どもの描画に接する機会に恵まれたことなどが

図34　中学校2年

考えられる。つまり、環境的な要因によって日常的に絵を描くことに親しみ、一定の描写力を育んでいたことである。

しかし、一定の描写力を身に付けながらも、この時期になるとTAの自発的な描画は激減している。小学校高学年から中学校に至る時代は、級友との交流や部活動など、活動の主要な場面が家庭外に大きく拡がる時期であり、この時期に子どもの生活に占める描画の割合が縮小するのは、至極当然のことである。確かにそのような要因も大きいが、さらに本質的な理由は、思春期の子どもにとっての自己表現の手段としての描画（絵画表現）の性質に求められる。

文学表現や音楽表現などと比較すると、造形表現は思想や感情の表出という点では抑制的であり、禁欲的である。一般に、思春期（青年前期）における表現活動は、ロマン主義的、表現主義的傾向が強い。それに対して、絵画（特に写実的表現）は、作者の思想や感情を直接的な形で表現するには不自由なメディアである。

この時期に、描画に対して苦手意識を抱く子どもが増えるのは、技術的な問題もさることながら、そうした描画そのものの自己表現のメディアとしての特質によるところが大きい。TAの場合、この時期に美術の授業を離れて熱心に取り組んだ描画は、図34のようなストーリー・マンガであり、またそれ以上に熱中して取り組んだのは音楽（中学校の部活動としての合唱）である。このことは、一定の描写力を身に付け、絵を描くことが日常化していた子どもにとってさえ、この時期には絵を描くことの意味が捉えにくくなっていたことを示唆している。

おわりに

本章では、なぐり描きの時期から写実期に至る子どもの描画の発達の道筋を、一人の子どもの描画と対照させながら概観した。描画の各発達段階への

移行の順序はどの子どもも変わらないが、各段階に移行する時期については個人差が大きい。例えば、図式期から前写実期への移行は、通例では小学校中学年頃とされるが、TAの場合、小学校入学後間もない時期に当たる。きわめて早熟と言えるが、それには持って生まれた資質に加え、幼少期からの環境要因が影響していると思われる。

　ところで、描画の発達過程を概括的に明らかにしようとする研究は、子どもの描画を対象とする研究としては古典的なものである。それは、20世紀後半以降、絵の描き順に着目した研究（Goodnow, 1977）やパーソナル・コンピュータを活用した研究（Wallon et al 1990）など、テーマを絞った個別的な課題の追究に研究の重点が移っていることによく示されている。

　しかし、図画工作・美術教育の立場からすると、描画の発達過程に対する研究は依然として重要である。但しそれは、描画の発達の全体像を概括的に把握したところで終わるものではない。例えば、描画の指導では、子どもがどのような発達段階にあるのか、子どもの実態を具体に即して明らかにすることが必要であり、その上で適切な働きかけを行うことが求められる。

　とりわけ、図式期から写実期に至る描画の発達過程には、他には見られない重要な質的変化が内在している。マルロー（Malraux, 1948）は、この変化について、「児童画の領域から芸術の領域に至る継続（continuité）というものはない、あるものは変貌（métamorphose）である。児童画は少年期とともに滅びる」と述べているが、この質的変化の過程で、多くの子どもが自己表現としての描画を放棄するのである。

　このような危機に対して、図画工作・美術教育は何ができるのか。この問いは、100年あまり前に、子どもの自由な自己表現としての描画が発見され、さらにそれが教育的に価値あるものとして美術教育の中心に位置付けられて以来、図画工作・美術教育に突き付けられている古くて新しい課題である。

引用文献

Ariés, P. (1971). *Histoire des populations françaises de leurs attitudes devant la vie depuis le 18ᵉ siècle*. Paris: Seuil.（アリエス, P. 中内敏夫・森田信子（編訳）（1983）．〈教育〉の誕生　新評論）

安齋千鶴子（1986）　子どもの絵はなぜ面白いか　講談社

Goodnow, J. (1977). *Children's Drawing*. London Fontana/Open Books and Open Books Publishing Limited.（グッドナウ, J. 須賀哲夫（訳）（1979）．子どもの絵の世界　サイエンス社）

東山 明・東山直美（1999）．子どもの絵は何を語るか　日本放送出版協会

Lowenfeld, V. (1947). *Creative and Mental Growth*, 3rd edition. New York : The Macmillan Company.（ローウェンフェルド, V. 竹内 清・堀ノ内 敏・竹井勝雄（訳）（1963）．美術による人間形成　黎明書房）

Luquet, G.H. (1927). *Le Dessin Enfantin*. Paris: F.Alcan.（リュケ, J.H. 須賀哲夫（監訳）（1972）．子どもの絵　金子書房）

Macdonald, S. (1970). *The History and Philosophy of Art Education*. London: University Press Ltd.（マクドナルド, S. 中山修一・織田芳人（訳）（1990）．美術教育の歴史と哲学　玉川大学出版部）

Malraux, A. (1948). *Psychologie de L'Art.II: La Création Artistique*. Genève : Skira.（マルロー, A. 小松 清（訳）（1957）．東西美術論2──芸術的創造　新潮社）

新見俊昌（2010）　子どもの発達と描く活動　かもがわ出版

Thomas, G. V., & Silk, A. M. J. (1990). *An Introduction to The Psychology of Children's Drawings*. London: Harvester Wheatsheaf.（トーマス, G. V. & シルク, A. M. J. 中川作一（監訳）（1996）．子どもの描画心理学　法政大学出版局）

Wallon, P., Cambier, A., & Engelhart, D. (1990). *Le Dessin L'Enfant*, Paris: Presses Uiversitaires de France.（ワロン, P., カンビエ, A., エンゲラール, D. 加藤義信・日下正一（訳）（1995）．子どもの絵の心理学　名古屋大学出版会）

（新井哲夫）

第10章　運動との出会いと発達

はじめに

　2020年の東京オリンピック・パラリンピック開催が決まった。スポーツ関係者だけでなく、多くの日本人が期待と興味関心を持って5年後のスポーツの祭典を待ち望んでおり、貴重な「運動との出会い」の契機となるであろう。特に子ども達にとって、世界の一流選手の素晴らしいプレー、数多くの感動の場面を目の当たりにすることよる教育的効果は計り知れない。スポーツ・運動・体育ということがクローズアップされている時代なのである。しかし、今日の幼児・児童・生徒の体力・運動能力、運動習慣、体育授業に関する調査・研究からは、「体力・運動能力の低下」、「運動習慣の二極化」、「体罰問題」等の数多くの課題・問題が指摘されている。筆者自身も体育科教育の研究者・実践者として数多くの小中学校の現場に出向き、授業を参観し、時には自ら体育授業を行ってきた。その経験から言うと、学校の施設設備等の学習環境の格差、担当教師の体育授業に関する意識や知識・指導力の格差、それらの格差に起因した子どもの運動嫌いの増加や運動能力の低下を痛切に感じている。これらの問題はすぐには解決できるものではないが、このオリンピック・パラリンピック開催を契機に、学習環境や教師の指導力の格差が縮まり、子ども達が「運動との素晴らしい出会い」を経験することが解決の一歩になると思われる。

　この章では、「運動との出会いと発達」について論じる。まず、運動能力の捉え方と発達過程について年代別に特徴を記し、次に、日本の子ども達の運動に関する現状と課題について検討し、最後に、運動との出会いの場としては最大の機会である教育と運動の関係について、文部科学省の施策を中心に考える。

1 身体の発育と運動能力の発達

　人間は、誕生してから、その一生を通じて、様々な環境で多種多様な運動を経験し、その場にふさわしい運動動作を獲得していく。

図1　乳児のリーチング

　新生児が小さな手足を動かす動きは自然発生的で自らの意思による運動とは言えない。それが発達とともに、随意的な動きをするようになる。図1は乳児の生後7カ月で見られる安定したお座りと対象物に手を伸ばすリーチング(榊原, 2010)という随意的な動きである。このように身体機能の発達とともに自らの意思による手足の動きのバリエーションが広がり、全身的な身体の動きを生じさせるようになっていく。そして「遊び」という行為が出来るようになり、さらに「遊び」からルールやきまりを伴った「スポーツ」へと運動を進化させていく。

　例えば、「歩く」という直立二足歩行運動は、寝返り→腹這い→ハイハイ→四つ這いと運動を進化させて、つかまり立ちが出来るようになり、足で身体を支えて立てるようになって初めて、一人歩きができるようになるのである(図2)。また、これらの神経機能の著しい発達によって導かれる誕生してから歩くようになるまでの変化には順序性や普遍性があり、個人による違いはほとんどみられないと言われている(佐々木, 2014)。

　このように「歩く」という基本的な動作を身に付けた後、そのバリエーシ

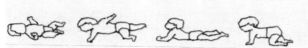

図2　新生児が歩くまでの発達過程

ョンを広げて「走る」、「追いかける」、「逃げる」といった遊びやスポーツの場面で使うことが出来る動作を獲得していくのである。

1-1　運動能力の捉え方

運動する時に働いている心と身体の力のことを運動能力という(杉原, 2014)。大人でも子どもでも一人一人の運動の仕方が異なりフォームや速さに大きな個人差がある。運動会の徒競争を見れば、足の速い子、遅い子がいる。きれいで無駄のないフォームの子もいれば、ドタバタと走る子もいる。ドッジボールをやらせれば、積極的にボールを捕って相手に当てる子もいれば、コートの隅に逃げ回るだけの子もいる。

なぜこのような個人差が生まれるかといえば、それは人によって運動能力が異なるからと考えることが出来る。

運動がどのくらい上手に出来るか(運動能力)は、運動に必要な身体的エネルギーを生産する能力(運動体力)と、身体を巧みにコントロールする能力(運動コントロール能力)という2つの能力で決まると言われている(杉原, 2014)。

1-2　運動体力

運動体力とは具体的には「筋力」、「瞬発力(パワー)」、「持久力」を指す。100mを全力で同じようなフォームで走ってもタイムは差が生じるのは、筋力や瞬発力の違いによるのである。

筋力とは筋肉が収縮する時に発揮する力のことであり、重い物を持ち上げたり、全力で押したり引いたりする時に関係してくる能力である。筋力は筋繊維の太さと数で決まってくる。幼児期から児童期にかけての発達は、例えば、握力の発達は幼児期から児童期にかけては年間1～2kgと安定していて男女差も少ない。しかし、女子では9歳ごろから、男子では11歳ごろから年間発育量が急増し、男女差も大きくなってくる。

瞬発力とは、瞬間的に筋肉を収縮させる大きな力を出す能力のことである。

立ち幅跳びや垂直跳び、短距離走の結果に大きく関係してくる。瞬発力の発達は、6、7歳くらいまでは緩慢であるが、思春期を迎える11歳頃から急増すると言われている。

持久力とは比較的強度の低い運動を継続して行う能力のことで、長距離走のように全身の多くの筋肉を活用する全身持久力と、ある一部分の筋肉だけが働く筋持久力がある。持久力は、呼吸によって取り入れられた酸素を、血管を通して全身の筋肉に供給するという肺や心臓などの循環系の働きが中心となる。その発達傾向は筋力や瞬発力と同様に思春期以降に急激に発達していく。

このように運動体力は主として筋肉や心臓、肺といった末梢の器官の機能である。従って、その成長は主に青年期の身体が急激に大きくなる時期と一致する。

1-3 運動コントロール能力

運動コントロール能力は、知覚を手掛りとして身体を自分の思うように巧みに制御（コントロール）する働きのことである。例えば、ダンスは音楽（聴覚）と運動の協応と考えることができる。

野球のバッティグで考えてみる。ボールを打つという運動は、まず相手ピッチャーの投球フォームと投げられたボールを見て（知覚）、そのボールのコース、スピードを予測し、適切な方向に適切なタイミングでバットを振り出し（意思決定）、適切な力加減でボールを打つ（動作）という一連の行為である。実際の試合では、それらにアウトカウント、得点差といった状況判断も必要になってくる。このように状況判断—知覚—予測—意思決定—動作という複雑な要素を持った運動コントロール能力は、高次の精神的な働きを司る大脳皮質を中心とした神経系の働きと言うこともできる。

有名なスキャモンの発達曲線にみられるように、神経系は、乳幼児期に急激に発達し、児童期には大人と同じレベルに近づく。同様に運動コントロー

ル能力も神経系の急激な発達に支えられて乳幼児期から児童期にかけて急激に発達する。

　この運動コントロール能力には3つの要素がある（杉原, 2014）。1つは身体のどの部分をどの方向に動かすかすかといった空間コントロール、2つめはどのような順序やタイミングで動かすかといった時間的コントロール、3つめは、どのくらいの力の入れ具合で動かすかという力量的コントロールである。この3つの要素の多様な組み合わせによって、走る、跳ぶ、投げる、蹴るといった様々な身体の動きが生み出される。

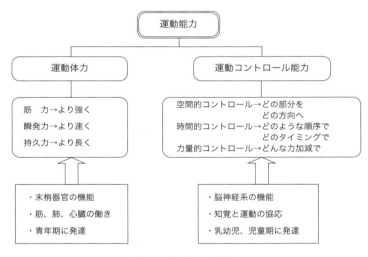

図3　運動能力の構造

1-4　運動パターン

　「走る」、「跳ぶ」、「投げる」、「蹴る」といった基本的な身体の動きは運動パターンと呼ばれている（杉原, 2014）。人間の持つ全ての運動パターンは乳幼児期から児童期に現れる。すなわち、運動パターンの数という点では、幼児期には成人と同じ水準に達するのである。

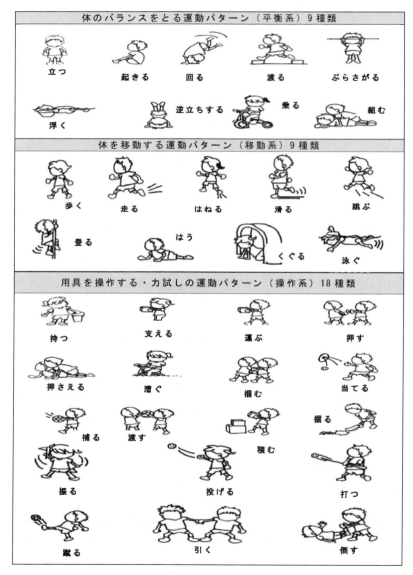

図4　36種類の運動パターン（中村, 2011から作成）

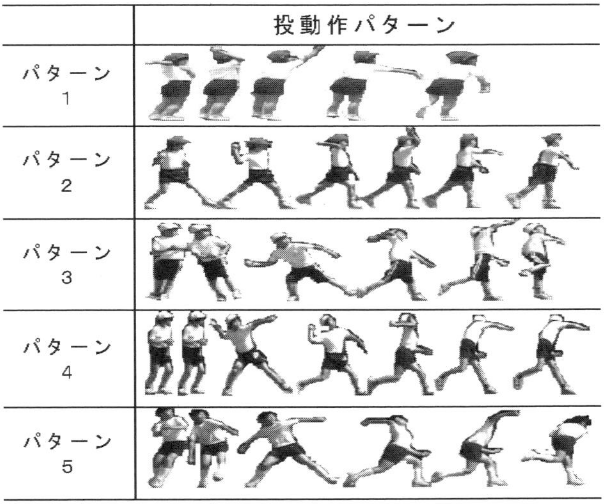

第 10 章　運動との出会いと発達

	投動作パターン
パターン1	
パターン2	
パターン3	
パターン4	
パターン5	

図 5　投動作のパターン（高本・出井・尾縣, 2003）

　この運動パターンの種類について中村（2011）は、立つ、起きる、回るといった「体のバランスをとる動き（平衡系）」、歩く、走る、はねるといった「体を移動する動き（移動系）」、持つ、支える、運ぶといった「用具を操作する動き・力試しの動き（操作系）」の 3 系列 36 種類の動きを示している（図 4）。
　さらに、その運動パターンには未熟で初歩的な段階から、成熟した無駄のない動きまでの発達段階がある。図 5 に示したのは「投げる」という運動パターンの成熟した段階をパターン 5、もっとも未熟な段階をパターン 1 として分類したものである。このように運動パターンをより成熟させていくことを洗練化という。
　また、「走る」という運動パターンには、短距離を全力で走る、長距離を自分のペースで走る、ドリブルをしながら走るといった様々なバリエーションがある。このように 1 つの運動パターンのバリエーションを増やすことを多様化という。数多くの運動パターンを獲得し、より目的に合った動きが出来

るように洗練させ、バリエーションを豊富にすることが、運動コントロール能力を高めることになる。バスケットボールやハンドボールでみられる「相手をかわしてゴールに投げる（シュート）」いう動きで考えると、シュートとは「投げる」という運動パターンをベースに、相手の動きとゴール位置を視覚で認識し、瞬時に、どの筋肉をどの方向に（空間的に）、どんな順序とタイミングで（時間的）、どのくらいの力加減で（力量的）動かすかという運動コントロール能力の3つの要素をフルに働かせる動きであると言える。

1-5 運動能力の発達

上記（図3）のように運動能力には運動体力と運動コントロール能力の2つの側面がある。乳幼児期から児童期にかけては運動コントロール能力の発達が著しい時期であることから、ここでは運動コントロール能力の発達を中心に論じていく。

運動パターンが未熟な時期では、その運動に力みやぎこちなさがみられるが、適切な運動経験を積むことによってその動きに適合した空間的、時間的、力量的コントロール能力が高まり、年齢とともに無駄な動きや過剰な動きが減少して動きが滑らかになっていく（動きの洗練化）。同様に年齢や経験とともに出来るようになる動きのバリエーションが増えてくる（動きの多様化）。運動コントロール能力の発達とは、多様な運動パターンの獲得（量）とその洗練化（質）と言うことができる。

年代別にみると、3歳から4歳の頃は、運動パターンが未熟な初期の段階から、日常生活や遊びを使った経験をもとに、次第に動きが上手になっていく時期である。走る、跳ぶ、投げる、捕るといった運動パターンの初期の状態がみられる。未熟ながらも基本的な動きが上手になっていき、家庭や幼稚園・保育所での生活や環境に適応しながら、次第に自分の身体の動きをコントロールしながら、より多くの運動パターンを獲得していく。

4歳から5歳にかけての時期は、これまでに経験した運動パターンが定着し

ていく時期である。友達と一緒に遊びを工夫しながら多くの動きを経験していく。特に全身のバランスをとる能力が発達し、身近にある用具を操作する動きも出てくる。

5歳から6歳にかけては、無駄な動きや力み等の過剰な動きが少なくなり、動きが洗練されていく時期である。全身で行う運動が巧みになり、全力で走ったり跳んだりすることを好むようになっていく。

6歳から9歳の児童期前期には、バランス系のコントロール能力が成人に近づき、バランス制御がほぼ自動化されるので、運動中の意識を走る、投げる、跳ぶといった運動パターンの洗練化に向けることができるようになってくると同時に、ボールを蹴りながら走る、ボールを捕ってすぐに投げる、といった運動パターンを組み合わせた動きができるようになってくる。

10歳から12歳の児童期後期には、神経系の発達がほぼ成人と同じレベルになる。自らの意思で様々な運きに挑戦してそれを獲得し、その動きをより洗練させることが出来るようになる。つまり、成熟した運動パターン、すなわちスマートで無駄のない動きを身に付けるようになる。

そして、思春期を迎えると、身体の発育とともに筋力、瞬発力、持久力も向上し、より速く、より力強く、より長い時間の運動が可能になり、様々なスポーツや運動場面に最適な動作（スキル）を身に付けていくのである。

1-6　この節のまとめ

松浦（2003）は、子どもの運動発達の特徴について次の3点を上げている。
① 未経験の運動様式が成就可能になることから、成就可能な運動様式レパートリーが増大する。この場合、成就可能になる運動様式の順序は全ての子どもに共通であるが、この順序の実現時期は個人によって異なる。
② 子どもの運動発達は神経―筋の協調性の発達に支えられている。従って運動発達の評価は"いかに速く"、"いかに遠く"、"いかに力強く"ではなく、"成就可能な運動様式の量"、"いかに安定しているか"、"いかに

安全か"の観点から行う必要がある。
　③　子どもにおける運動成就の優劣は調整力の優劣に依存するものであり、筋力、呼吸・循環器等のエネルギー発揮能力に依存するものではない。
　また、杉原他（2011）が全国の幼稚園・保育園児1万名余りを対象に運動パターンと運動能力の関係を観察調査した結果、運動能力の高い子ほど運動パターンの数が多く、また運動パターンを組み合わせた運動を数多く経験していることを明らかにしている。
　このことからも、乳幼児期から児童期にかけての「望ましい運動との出会い」とは、数多くの運動パターンを獲得し、その動きを安定して安全で無駄のない動きに洗練させていったり、2つ以上の運動パターンを組み合わせたりする経験をすることと言える。

2　日本の子どもの現状

　「てつぼうは全ぜんできないし、サッカーのルールも全ぜんわからないし、みんな先にいっちゃうのに、自分だけおいていかれちゃうし、体育の時間が一番きらいだった。」

　これは、ある小学校4年生女子児童（A）が書いた体育授業に関する作文の一部である。実際にこのAの体育授業を担当した経験から言うと、このAは体力・運動能力が平均よりも低いだけでなく、運動に対する自信も非常に低く、体育授業には消極的であった。このような児童は全国に数多く存在すると思われる。
　また、図6に示したのは、運動が苦手な女子大学生（M）のソフトボール投げの投球フォームである。このフォームは前節の図5で示した高本他（2003）の投動作パターンに当てはめるとパターン2であり、遠投距離では約8mと小学校2年生レベルであった。

図6　運動が苦手な女子大学生（M）の投球フォーム

　ボールを投げるという運動パターンは、腰―上体―肩関節―肘関節―手首関節などの円運動が順序良く時系列的に統合された運動（穐丸,2003）であり、このような複雑な運動の洗練化には繰り返しの学習が必要になってくる。したがって、Mは投げるという運動パターンを洗練させる機会を得ることが出来ないまま小中高時代を過ごしてきたと言える。実際にMは自身の運動経験について以下のように述べている。

　　私は体育という科目に苦手意識をもっていて、特に球技の種目は避けて通ってきました。なぜボール運動がこんなにも嫌いか自分でも考えてみたところ、「ボールの投げ方なんて教えてもらったことない」「ボール操作ができないのだからゲームをしても動けない」という理由があげられました。きっとボール運動が嫌いな子どもたちも皆同じ考えをもっていると思います。そこで私が気づいたことは、理想的なボールの投げ方さえ学習・練習して出来るようになれば、ボール運動に対しての苦手意識が減るのではないかということでした。

　ここに示したAやMは、幼児期・児童期に望ましい運動との出会いをしてこなかったとも言える。そこで、現在の幼児・児童の運動習慣や運動に対する意識、運動能力等の現状について検討していく。

2-1 子どもの運動習慣と運動に対する意識

　運動習慣の二極化が顕著になっている。特に中学 2 年生の女子では、体育授業を除いた 1 週間の総運動時間が 60 分未満の生徒が約 30% に達していることが報告されている（文部科学省, 2013）。1 日に換算するとわずか 8.5 分である。また、上記報告の運動に対する意識調査では、運動時間が少ないほど「苦手」「嫌い」「楽しくない」と答えており、さらに、運動時間と体力・運動能力テスト結果には密接な関係があることも報告されている。

　中学生女子にこのような結果をもたらせた原因は、児童期、あるいは幼児期に「望ましい運動との出会い」をしてこなかったからと考えられる。

　そこで、まず小学校 5 年生を対象とした体力・運動能力調査結果報告（文部科学省, 2013）から、特徴的な点を挙げていく。

　まず、1 週間の総運動時間が 60 分未満の児童が男子では 9%、女子では 21% もおり、しかも、その半数は運動時間が 0 分であった。つまり、小学校 5 年生男子の約 5%、女子の約 10% は、体育の時間以外は全く運動をしていないことが分かっている。

　次に、運動に対する意識では、「運動やスポーツが好きか嫌いか」という質問に対して、男子の 9%、女子では 19% が「やや嫌い」＋「嫌い」と答えている。また、「スポーツや運動が得意か不得意か」という質問に対しては、「やや苦手」＋「苦手」と答えた児童が男子では 18%、女子では 34% であった。

　さらに、運動やスポーツに対する意識の変化に関する質問に対して、男子の 5.5%、女子では 2 倍以上の 12.5% が「以前は好きだったが、今は嫌い」と回答をしている。

　これのことから、小学校 5 年生男子の 10 〜 20%、女子の 20 〜 35% は、運動やスポーツを「苦手」、「嫌い」と感じており、特に女子は学年が上がるにつれて運動やスポーツに対して消極的な姿勢を持つ傾向が明らかになっており、小学校 5 年生の段階で、運動習慣の二極化に合わせて、運動に対する意識の二極化も明らかになっている。

2-2　幼児の運動パターンの習得状況

　このような小学生の現状について、中村他（2011）は、幼児期における運動パターンの習得状況の停滞がその原因の1つであると指摘している。その報告では、1985年の幼児154名と2007年の幼児123名の運動パターンを観察的に比較した結果、2007年の幼児の運動パターンの習得状況は1985年と比べて著しく低い発達段階にとどまっており、2007年の年長児の習得状況は1985年の年少児と同レベルであることを明らかにしている。つまり運動パターンの発達が20年前と比べて2歳程度遅れているのである。このことは、運動能力の1つの要素である運動コントロール能力の低下を意味しており、今日の子どもは、運動パターンの多様化と洗練化が進まないまま幼児期から児童期を過ごしていると言える。

2-3　この節のまとめ

　中村他（2011）は、同じ報告の中で、運動パターンの習得状況の差異が年少児から認められることから、保育園・幼稚園入園以前からの家庭での生育環境の変化が運動パターン習得レベルの低下に影響をおよぼしていることも指摘している。このような幼少時からの運動パターンの習得状況レベルの低下とそれがもたらす運動能力の低下は、運動に対して否定的・消極的な態度を育てることにつながってくる。

　運動との望ましい出会いのためには、乳幼児が多様な運動パターンを習得できるような運動遊びの充実と日常生活での生活様式の見直しが必要である。また、幼児期・児童期においては幼稚園・保育園、小学校での運動習慣の形成や運動への肯定的・積極的な態度の育成、運動パターンの多様化と洗練化が求められている。次節では、今の子ども達の現状に対して教育はどう対応しているかを述べていく。

3 運動との出会いと教育

これまで述べてきた運動習慣の二極化、体力の低下、運動経験の不足といった子どもの運動に関する課題に対応するために、文部科学省（2008）は学習指導要領の改訂に際し、小中高の体育科・保健体育科の改善の基本方針として、学校段階の接続及び発達段階に応じた指導内容の整理と明確化を掲げている。また、2013年には「幼児運動指針」（文部科学省, 2013）という3歳から6歳までの小学校就学以前の子どもを対象にした運動遊びの活性化を促す方針を示した。

このことは、国として幼児・児童・生徒の体力・運動能力、運動習慣等の現状に危機感をもっていることと、それに対応するための一貫性のある方針と施策を示したと言える。

3-1 体育の学習指導要領の枠組み

体育科・保健体育科の学習指導要領では、発達段階に応じた指導内容の整理のために、小中高の12年間を4年（小1～小4）―4年（小5～中2）―4年（中3～高3）のまとまりと捉え、段階に応じた体育の楽しさを保障できる授業づくりを求めている（白旗, 2012）。初めの小1～4の段階は「基本的な動きに幅広く取り組む楽しさ」、小5～中2の段階は「全ての領域の特性や魅力に触れる楽しさ」、そして中3～高3の段階では「自分に合った運動を選び深める楽しさ」というように、その年代に合った運動の楽しさを経験すること、すなわち望ましい運動との出会いが、運動やスポーツへの肯定的・積極的態度を育む第一歩と考えられる。

また、この4年―4年―4年のまとまりは、運動能力の発達段階も考慮している。初めの小1～小4の段階は、動きの多様化・洗練化を中心に巧みさを伸ばす時期、小5～中2の段階は、粘り強さを中心に持久力を伸ばす時期、

校種	小学校			中学校		高等学校
学年	1・2年	3・4年	5・6年	1・2年	3年	1・2・3年
楽しさの質	基本的な動きに幅広く取り組む楽しさ		全ての領域の特性や魅力に触れる楽しさ		自分に合った運動を深める楽しさ	
発達の特性	動きの多様化・洗練化（巧みさ）		持久力の向上（粘り強さ）		筋力・瞬発力の向上（力強さ）	
体力系	体つくり運動			体つくり運動		体つくり運動
器械運動系	器械器具を使った運動遊び	器械運動	器械運動	器械運動	器械運動	器械運動
陸上系	走・跳の運動遊び	走・跳の運動	陸上運動	陸上競技	陸上競技	陸上競技
水泳系	水遊び	浮く・泳ぐ運動	水泳	水泳	水泳	水泳
表現系	表現・リズム遊び	表現運動	表現運動	ダンス	ダンス	ダンス
ボール運動系	ゲーム	ゲーム	ボール運動	球技	球技	球技
武道系				武道	武道	武道
保健知識			保健	体育理論 保健		体育理論

図7　小中高の12年間を見据えた学習指導要領の構成

そして中3〜高3の段階では筋力・瞬発力を中心に力強さを鍛える時期と位置付けられており、それに対応した運動の行い方、ルール、種目が系統的・段階的に例示されている。

さらに、幼児教育との円滑な接続を図るために、小学校低学年（1、2年）では、領域名を「器械器具を使っての運動遊び」「走・跳の運動遊び」というように「〇〇遊び」とすることで、遊びの感覚を持って楽しく運動をしながら、多様な運動パターンを身に付けさせるようにしている。

以上のことをまとめたものが図7である。

3-2　幼児運動指針の内容

　幼児運動指針（文部科学省, 2013）の冒頭には「幼児は様々な遊びを中心に、毎日、合計 60 分以上、楽しく体を動かすことが大切です！」というキャッチフレーズが掲げられている。そのポイントは、多様な動きが経験できるように様々な遊びを取り入れること、楽しく体を動かす時間を確保すること、発達の特性に応じた遊びを提供することである。

　この背景にあるのが、幼児を対象とした大規模な調査（文部科学省, 2010）から得られた以下のような結果である。

- より多くの友達と活発に遊びを楽しむ幼児ほど運動能力が高い
- 外遊びをする時間が長い幼児ほど体力が高いが、約 4 割の幼児は 1 日の外遊びの時間が 60 分未満であった
- 体力の高い幼児は、活発に体を動かし、戸外で多くの友達と遊んでいる

図 8　幼児運動指針に例示された運動遊び（文部科学省, 2013 より一部抜粋）

・運動遊びプログラムを経験した園児の運動能力は、未経験の園児よりも高く、小学校入学後もその傾向が続いた

これらの結果をもとに、運動パターンの獲得に適した時期という幼児期の発達特性を考慮し、夢中になって遊んでいるうちに結果的に多様な動き（運動パターン）を経験出来るような遊び方を推奨している。また、運動時間の目安はWHOをはじめ多くの国々で推奨されている世界的なスタンダードである「毎日60分」としてある。

幼児運動指針で例示されている運動遊びは、新聞紙やロープを使った運動や、鬼ごっこやマット遊びを中心に、日常的に家庭でも出来る遊び方の工夫を紹介（図8）している。

3-3 この節のまとめ

このように文部科学省は幼児期から小学校、中学校、高校という長いスパンを見据えて、「生涯にわたって健康を保持増進し、豊かなスポーツライフを実現する」という体育科・保健体育科の目標を実現しようとしている。そして、その基本方針は、「生涯にわたって運動に親しむことができるように、発達の段階のまとまりを考慮して、指導内容を整理し体系化を図る」という考えである。

この考えが幼稚園・保育園、小学校、中学校、高校といった教育現場で適切に反映された時に子ども達は運動との望ましい出会いを経験するであろう。

4 今後の課題─運動との望ましい出会いのために─

運動との望ましい出会いのために最も大切なことは「運動の楽しさ」に触れることである。そのためには運動を楽しむための最低限の運動技能が必要である。

4-1　最低限の運動技能の保障

　例えば、ボールを投げる・捕ることが出来なければドッジボールを楽しむことは出来ないであろう。その運動を楽しむために必要な最低限の運動技能を保障する工夫と努力が指導者には求められている。

　2-1で示したように、今の子ども達の中には一定の割合で運動嫌いの子どもが存在している。以下の発言は、大学での体育実技、サッカーの授業時のある女子学生の一言である（出井・千木良, 2014）。

　　「サッカーいやだ。だってボールの蹴り方なんて教えてもらったことないもん」

　サッカーが嫌い、苦手と思っている女子学生は多い。彼女らのほとんどは小中高時代にサッカーの授業は受けていても、ボールの蹴り方は教えてもらっていないことが多い。つまり教えてもらっていないことをやりなさい、最低限の技能も身に付いていないのにその運動に取り組みなさい、と言われているのである。

　体育が苦手、体育授業が嫌いという児童生徒の多くが、教師から運動を楽しむための最低限の技能を身に付けるための適切な指導を受けていない→運動が出来ない→周りから非難される→その運動が嫌いになりより消極的になる、という負のスパイラルを形成しているのである。児童生徒の運動パターン習得状況の個人差もあるが、指導者側の問題も大きいのである（出井, 2012）。

　ここで、第2節で紹介した運動が苦手な女子学生（M）のその後について、報告しておく。投動作の習熟をねらいとする「構え投げ」「振り子投げ」と呼ばれる簡単なトレーニング（2014, 出井）を実施したところ、その運動パターンの洗練化が認められた（図9）。教えるべきことをきちんと教えれば最低限の運動技能の保障は出来るようになるのである。以下、Mの感想である。

図9　運動が苦手な女子学生（M）の練習前後のフォームの比較（側方・後方）
　　　　上段：練習前　　　下段：練習後

　今回、私は初めてボールの投げ方についての指導を受けました。まず1投目で自分の感覚で投げたときは、自分のフォームのどこが悪いのか、どのようなフォームが理想なのかすら、分かっていませんでした。ですが、構え投げやボルト投げを練習しているうちに、ボールの握り方や肩の引き方、上体のひねり方まで自然と覚えることができ、フォームの改善だけでなく飛距離も伸びました。これだけで、今まで苦手だったボール運動に対しても達成感を味わうことができ、楽しいと感じることができました。このように、リズムをつけて楽しく、わかりやすく、望ましいボールの投げ方を指導できれば、ボール操作が苦手な子どもも減るのではないかと強く感じました。

　このMの運動パターンの変化や感想から分かるように、指導者は運動を楽しむために最低限の運動技能を保障するための指導方法を身に付け、子ども達が「運動が楽しい」と思える工夫をしなければならないのである。
　しかし、幼児期の子どもに「構え投げ」や「振り子投げ」といった指導方法は言葉が難しいだけに適切ではない。幼児期から小学校低学年の時期には運動そのものを遊び感覚で楽しんでいるうちに必要とされる運動技能が自然

に身に付くような工夫が必要である。また、小学校中・高学年では、必要とされる技能について、未熟な動き方から成熟したより望ましい動き方をまでを段階的・視覚的に伝えることで、子ども自身が具体的な目標を持って運動に取り組むことができるような指導が有効である。さらに中学生・高校生の年代には「なぜこの練習が必要なのか」、「この練習によって何が出来るようになるのか」ということを理解させた上で指導することが必要になってくる。このように年代に応じた指導が以下に示す「運動の楽しさに触れる」ことにつながってくる。

4-2　運動の楽しさを経験させる

　このことについて体育科教育の先駆者である高田典衛は以下に示す「高田4原則」を提言している（吉野, 2010）。

①動く楽しさ（精一杯運動した楽しさ）
②出来る楽しさ（技ができるようになったり、力が伸びたりする楽しさ）
③集う楽しさ（仲間と協力して運動する楽しさ）
④分かる楽しさ（何か新しい発見や理解がある楽しさ）

　保育や体育授業に関わる指導者はこの4つをいつも念頭において指導にあたりたい。

　子ども達が「運動との望ましい出会い」を経験できるように、発達段階を考慮しながら、環境を整え、指導方法を工夫して最低限の運動技能を保障し、運動が楽しいと思える場を数多く作っていくことが、生涯にわたって運動に親しむ資質や能力を育てることにつながるのである。

引用文献

穐丸武臣（2003）．幼児の体格・運動能力の30年間の推移とその問題　子どもと発育発達　Vol.1, 128-132.
出井雄二（2012）．これじゃダメだよ　体育授業パートⅡ　体育授業研究, **15**, 28-34.
出井雄二（2014）．投動作の習熟を目指した教材の紹介―投げることが苦手な小学

生を対象に— 女子体育 第 57 巻 12・1 月号 pp.30-35.
出井雄二・千木良 厚（2014）．運動が苦手な子は、何を考えてプレーしているのか？—ネット型ゲームにおける大学生の不可解な行動からみえること— 第 18 回体育授業研究会岩手大会発表資料
小林寛道（2009）．子どものからだと運動・遊び・スポーツ 体育の科学 Vol.59, 300-301.
小林寛動（2014）．幼児期の運動発達の特性 日本発育発達学会編 幼児期運動指針実践ガイド 杏林書院 pp.7-9.
松浦義行（2003）．子どもの運動発達 子どもと発育発達 Vol.1, 104-107.
文部科学省（2008）．小学校学習指導要領解説体育編 東洋館出版社 pp.3-19.
文部科学省（2010）．体力向上の基礎を培うための幼児期における実践活動の在り方に関する調査研究報告書 pp.5-6.
文部科学省（2013）．平成 25 年度全国体力・運動能力 運動習慣調査結果報告, **29-42**, 168-169.
文部科学省（2013）．幼児運動指針ガイドブック サンライフ企画 pp.6-8.
中村和彦・武長理栄・川路昌寛・川添公仁・篠原俊明・山本敏之・山縣然太朗・宮丸凱史（2011）．観察的評価法による幼児の基本的動作様式の発達 発育発達学研究, **51**, 1-18.
中村和彦（2011）．子どもが夢中になる！楽しい運動遊び 学研教育みらい pp.18-19.
榊原洋一（2010）．子どもの動作発達のスタンダード 子どもと発育発達 Vol.4, 218-223.
佐々木玲子（2014）．乳幼児の動作習得と習熟 子どもと発育発達 Vol.11, 213-217.
白旗和也（2012）．これだけは知っておきたい体育の基本 東洋館出版社 pp.30-35.
杉原 隆・吉田伊津美・森 司朗・中本浩揮・筒井清次郎・鈴木康弘・近藤充夫（2011）．幼児の運動能力と基礎的運動パターンとの関係 体育の科学 Vol.61, 455-461.
杉原 隆（2014）．幼児期の運動能力、体力の捉え方 杉原 隆・河辺貴子（編） 幼児期における運動発達と運動遊びの指導—遊びのなかで子どもは育つ— ミネルヴァ書房 pp.7-10.
高本恵美・出井雄二・尾縣 貢（2003）．小学校児童における走、跳および投動作の発達 スポーツ教育学研究, **23**, 1-15.
吉野 聡（2010）．体育の授業評価 高橋健夫・岡出美則・友添秀則・岩田 靖（編） 体育科教育学入門 大修館書店 p.84.

（出井雄二）

第Ⅲ部

障害児の生活と発達

第 11 章　障害児の発達と学校における支援

はじめに

　障害の有無にかかわらず、全ての子どもは自分のペースで発達し、各自が得意・不得意な部分を持って成長する。それが個性であり、特性である。しかし、その特性が原因となって、子どもが生活している環境の中で生きにくさを感じていたり、親子関係がうまくいかなくなったり、同世代の仲間との関係作りがうまくいかないようなときには特別な支援が必要となる。個性としてとらえるだけでは十分な支援は実施されない。家族の中で安心して生活できること、学校に自分の居場所があり、新しい知識を習得できること、そして社会の中で自分の力を発揮できること、これらのうちどこかで一つでも阻害されるようなときには子どもあるいはその環境に対しての支援を行うことが求められているのである。

　本章では、幼児期から学齢期までのそれぞれの時期に求められる支援の内容について、特に学校という場で行われている支援を中心に述べていく。しかしながら、前述したようにそれぞれの子どもが必要としている支援は一人ひとり異なるものである。したがって、個のニーズを正確に把握できること、個に合わせた支援を実行し、効果を評価する力を有していることが支援者には求められている。

1 乳幼児期の気づきと支援

1-1 保護者への支援

　生後すぐに気づかれる障害がある。視覚障害、聴覚障害、脳性まひ等の肢体不自由、ダウン症等である。また、1歳過ぎて、歩き始めが遅い、ことばが遅い等の様子から発達の問題に気づくこともある。さらに、就学後に学習につまずいたり、集団行動に適応できなかったりして支援の必要性に気づかれることもある。保護者が「何か気になる」と感じて専門機関を訪ねて相談することもあるが、初めての子育てであるような場合は、1歳半健診や3歳児健診で発達の問題を指摘されて気づくことも多い。ある自閉症児の母親は、2歳になるまでに抱いていた不安感を以下のように述べている――「11か月で歩き始めると、途端に目も手も離せなくなりました。公園へでかけても遊具には全く興味を示さず、ゴミ箱のふたをパタパタさせているか、標識や看板を見続けているだけです。電車に乗ればドアが開くたびに降りたがり、体をよじって嫌がる息子を、私はいつも捕まえていなければなりませんでした。1歳半ころから型はめやパズルに夢中になり、2歳近くなると、数字のカードを1から10まで並べていたり……何か違う？という不安を持ちながらも、いやわが子は大物かもしれないと、いつも心の中で葛藤していました。」(pp.96-97)(和賀, 2008)。保護者が不安と期待が混在する気持ちの中で子育てを行っていることがうかがえる記述である。子どもの標準的な発達や特別な支援の必要性に関する専門的な知識を有しているわけではなく、相談機関に関する情報も持ち合わせていない保護者は、このような不安感を抱きながら毎日を送っているのである。

　生後すぐに障害がわかる場合も、1歳過ぎてから発達の問題を指摘される場合も、支援を必要としているのは第一に保護者である。子ども本人は子どもなりの成長をしているわけであり、他の子どもと自分自身を比較したりす

ることもない。しかし、保護者は障害の状態や同年齢の他の子どもとの発達の違いに気づき不安になり、育て方に関する知識もない状態で途方に暮れている時期なのである。したがって、この時期に最も支援を必要としているのは保護者である。同時に、最も活動しなくてはならないのも保護者なのである。障害に合わせた育て方に関する知識を得たり、子どもの発達に伴う変化について見通しをたてたり、療育機関を選択して通所したりしなくてはならない。

　子どもを持つまでは、障害に関する知識も関心もほとんど持っていなかったであろう保護者が、突然、障害のある、あるいはその可能性のある子どもの親になるのである。子どもの状態をありのままに受け入れることが難しいのは想像に難くない。また、わかりにくい、見えにくい障害の場合は子どもの状態を理解することがより一層難しくなる。自閉症スペクトラム障害のような見えにくい障害のある子どもを持つ保護者について、玉井 (2009) は『特に、二歳過ぎあたりから音声言語が出てきた場合には、専門的な知識をもちあわせていない多くの親にとって、子どもの発達にどんな異変が起こっているのかを理解することは非常に難しい。「子どもが異常なのか」「私のやり方がいけないのか」「考えすぎなのか」……親は、そうした迷いの中で何年間もの育児を重ねなければならなくなる。』(p.42) と述べている。

　それでは、この時期の保護者はどのような支援を必要としているのだろうか。障害があるからと言って困ることばかりではないことを時間をかけて伝えていくことである。皆成長し、自分の道を見つけ、毎日を充実して過ごしていること、そしてそれは幼少期から適切な支援を受けてきた結果であることを「情報として」伝えることが必要である。次に、子どもの成長の様子を客観的な視点とことばで伝えることである。子どもはいつまでも同じ状態でいるわけではなく、「変化していく」ことを実感してもらうためである。そして、その実感は、具体的で客観的な表現で伝えられてこそ確かなものとなるのである。

もう一つ有効な支援は「親の会」を紹介することである。同じニーズのある保護者同士で情報交換をしたり相談し合ったりできる組織に所属することによって本音で語り合い、必要な情報を得て安心感が得られるであろう。また、同じ障害のある子どもを育てた経験のある保護者から、療育機関や学校の情報や、教師や医師との連携の方法について教えてもらうことができる場でもある。福祉制度に関する講演会を開催するなど子どもたちが将来必要とするであろう支援制度についての情報を得るための活動も行われている。

1-2　幼稚園における気づきと支援

　幼稚園に入園し、集団活動への参加が求められるようになると、子どもの行動面あるいは対人面の特性が顕著になる。たとえば、自閉症スペクトラム障害の子どもであれば、他児と遊ばない、ことばが少ない、常同的な行動や活動内容に関わりなく自分の興味があるものを見に行く等の特徴がみられる。また、注意欠陥多動性障害の子どもであれば、園内を歩き回る、集団活動に参加しない、時には行方がわからなくなる等の行動が目立つようになる。多くの子どもを見ている幼稚園の教員はこのような特徴に早くから気づくものである。園によっては、専門家による巡回相談が行われていたり、特別支援教育コーディネーターが指名されていたりするため個に応じた支援が実施されている。また、支援員が配置される地域もある。

　幼稚園の教員が支援の必要性に気づき、療育機関に紹介することができれば幼児期から必要な支援を受けることができ、その結果、特別な支援の意義について保護者が早い時期から理解することができる。保護者が特別支援教育の意義を理解していることは、小学校への移行やその後の成長にも大きな意味をもっている。しかし、保護者にとっては、幼児期に見られる特性だからこそ「まだ小さいから」、「個性が強いだけ」、「治るはず」、「他の保護者に変わった子と見られたくない」といった気持から、特別な支援を望まないこともある。このような保護者の心情を理解し、時間をかけて子どもの状態を

保護者が受け入れることができるように接していくことが重要である。子どもの得意な部分、本人が困っていると思われる部分、周囲が困っていることを観察資料などの客観的なデータに基づいて伝え、対応方法を一緒に考えていくという立ち位置に立って接していかなくてはならない。

　幼稚園は子どもが毎日過ごす場所である。したがって、教員からの日々の関わり方が毎日積み重ねられ、子どもの発達の大きな支えとなる。たとえば、ことばが少ない子どもに、日常生活の中で起こる様々な機会をとらえて適切な言語表現を示すことができる。場面とその場に必要なことばが子どもの中で結び付く機会を数多く提供できるのである。何も関わりを持つことをせずに子どもが自由に活動しているだけではこのような機会を得ることはできない。子どもがことばを習得する機会を数多く設けることを意識して関わるからこそ必要な学習機会を提供できるのである。これが特別な支援である。

　このような支援はことばに限ることではない。運動面、他児とのかかわりかた、食事や着替え等の日常生活に必要なスキルの習得についても同様である。すなわち、子どもに何を習得してほしいのか、そのためにはどのように教員がかかわることが有効なのかを工夫し、日々意識して接することが重要なのである。

1-3　就学相談と支援

　幼稚園から小学校への移行は支援を必要とする子どもとその家族にとって大きな出来事である。最も大きな問題は進路の選択である。現在、特別な支援を必要とする子どもの就学先は特別支援学校小学部、小学校通常の学級、小学校特別支援学級がある。従来は子どもの特性に合わせ、最も適した教育を受けることができると考えられる場が就学先として決定されていた。その決定は『就学基準』によって行われていた。しかし、たとえば、特別支援学校が入学先として適切であるとの判断がなされたとしても、幼稚園時代を共に過ごした仲間と離れて、一人一時間近くスクールバスに乗って学区から離

れた場所にある特別支援学校に通学することを選択しない保護者もいる。地域の中で成長する機会が失われることを危惧するからである。また、同年齢の様々な特性を持つ子どもたちと一緒に過ごすことの意義を大切にする保護者もいる。小学校低学年の間は通常の学級で学び、学習内容についていくことが難しくなった時に改めて就学先を考えようとする保護者もいる。

　以上のような多様な考え方があることも背景とした、2012年7月に公表された中央教育審議会初等中等教育分科会報告「共生社会の形成に向けたインクルーシブ教育システム構築のための特別支援教育の推進」の提言を受け、学校教育法施行令が2013年9月に改正された。この改正は、上記報告の中にある「就学基準に該当する障害のある子どもは特別支援学校に原則就学するという従来の就学先決定の仕組みを改め、障害の状態、本人の教育的ニーズ、本人・保護者の意見、教育学、医学、心理学等専門的見地からの意見、学校や地域の状況等を踏まえた総合的な観点から就学先を決定する仕組みとすることが適当である。』との提言に基づいている。また、この改正に伴い、従来から市町村教育委員会に設置されている「就学指導委員会」については、早期からの教育相談・支援や就学先決定だけではなく、就学している間の一環した支援についても助言を行うことが求められており、名称を「教育支援委員会」（仮称）等の名称に変えていくことが勧められている。

　このように、保護者や本人の意見が重視されるようになったということは、保護者が十分な情報を得て就学先を選択しなければならないということでもある。しかし、6歳の時点で小学校の就学先を選択することは容易なことではない。子どもに最も適した進学先を選択するためには、それぞれの教育機関で提供できる教育の内容とその場で過ごすことによるメリットとデメリットを知らなければならない。すなわち、子どもの状態を正確に把握し、最も適した環境を選択することができるような支援が必要とされているのである。また、この時点で「特別支援教育」の意義について正確に理解していることも必要である。他の子どもたちと異なる教育を受けることは不平等なことで

はなく、どの子どもも、その子どもの状態に合った教育を受けることが平等な教育を受ける権利であることを理解していることも適切な選択をするためには必要である。

2 児童期における気づきと支援

2-1 学習面の発達と支援
2-1-1 読み書きのつまずきと支援

　学習指導要領では、小学校の第1学年及び第2学年の国語の内容として、平仮名及び片仮名の読み書きができ、長音、拗音、促音、撥音などの表記ができることとされている。また第1学年で配当されている漢字80字、第2学年で配当されている160字の漢字が読め、漸次書き、文や文章の中で使うことができるようになるように学習することとなっている。しかし、保育所や幼稚園ではすでに持ち物に氏名をひらがなで書いた名札を付けている。七夕の短冊に願い事を自力で書く活動を行っている幼稚園や保育園も多い。すなわち、多くの子どもたちは小学校に入学し、1学期が終わる頃にはほとんどのひらがなの読み書きができるようになっている。朝顔の種を蒔き、その成長を記録した1年生の観察記録を見ると、特殊音節や助詞も含めて正確に書くことができるようになっている児童がほとんどである。この頃であれば、教師が少し赤ペンで訂正する箇所があっても問題はない、学習の途上であるとみなすことができる。

　しかし、2年生の後半、あるいは3年生になった時点でひらがな50音を正確に書くことができない、特殊音節や助詞の表記に誤りがあるような場合は、ていねいなアセスメントとその結果に基づいた特別な支援を必要としているとみなすことが重要である。書字に表れる特徴はわかり易く、教師が気づかなければならない特徴である。遅くとも2年生の時期に書くことの困難さを持っていることに気づいて対応することができれば、子どもの学習への意欲

低減や授業中に感じる不安感を最小限にとどめることができるであろう。そして、このような特徴に気づくためには以下のような知識を有していることが必要である：①書くことに困難さをもつ子どもがいることを知っている、②そのような困難さは子どもが学習を怠けているわけではなく、固有に持っている不器用さや視知覚の問題、あるいは記憶の問題等に起因するものである、③子どもの発達は皆同じではないが、『いつか自然にできるようになるはず』と思って放置しておくことは、子どもの自信低下や意欲の喪失につながる恐れがあり、二次障害に結びつく可能性もある。

　書くことはできるが、文章として自分の考えをまとめることに困難さがある子どももいる。単元の終わりに行うテストでは問題が見られないのに、作文を書く課題になると数行しか書けない子どもがいる。会話する場合でも、伝えたいことはたくさんあると推測できるが、うまくことばで表現できないために聞き手が質問をするなどしてていねいに聞き出さないと相手がわかるように話すことができないという特徴がみられる。このような子どもが抱える困難さは、子どもとゆっくり付き合って初めてわかる特徴であるといえる。作文につまずいているような場合には、一対一で会話をしながら、一つ一つ書く内容について質問をして聞き出し、それを文字で記述してあげることが有効な支援となる。記述したメモをつなげることによって作文が完成する、という経験を積むことによって、考えや経験したこと、感じたことなどを文章として表現する方法を学習することができるのである。

　文字を書くことの困難さに比べ、読みの困難さは発見が難しい場合もある。授業で学んでいる単元の場合、何度も読んだり聞いたりしているうちに文章を覚えてしまい、音読が正確にできるように見える場合がある。したがって、子どもにとって全く新しい文章を用いて音読する様子を観察したり、読解力を調べることによって読みの困難さの有無を把握することが必要である。

　知的発達の遅れは見られないものの、知的発達の水準に見合わない読み能力の困難さを示す子どもがいる。読字障害（ディスレクシア）は、学習の中核

である読みに困難さを示す状態であり、主なつまずきの領域としては、「語の正確な読み」、「流暢性」、「読解」が挙げられている（一般社団法人日本LD学会, 2011）。「語の正確な読み」におけるつまずきは、具体的には、逐次読みになる、読み間違えが多い、特殊音節や漢字が読めないことといった現れ方をする。その背景としては、文字を見てその文字が表わす音を結びつけることの難しさが想定される。また、「流暢性」のつまずきは、読むことに一生懸命になるので内容理解が難しく、読解の困難となり、結果として学習全体の困難さにつながるつまずきである。また、視機能に障害があり、文字がゆがんで見えたり、行を飛ばして読んでしまったりするような困難さを示す子どももいる。読むことにつまずきを示す子どもがいるときには、小学生の読み書きスクリーニング検査やTK式読み能力検査等を実施することも、つまずきの領域と支援方法を考えるために役立つものである。

2-1-2 算数のつまずきと支援

熊谷（2008）は、算数のつまずきは他の教科とは異なり、唯一の答えを出す必要があり、それができないことは特に自尊感情の低下に結びつくことを指摘している。また、算数で必要とされる認知処理様式としては継次処理・同時処理のいずれの能力も必要とされることも明らかとなっている。継次処理様式とは、情報を一つずつ時間的な順序によって処理する様式であり、同時処理様式とは、複数の情報をその関連性に着目して全体的に処理する様式である。これら二つの認知処理様式にアンバランスがある場合には数学的スキルを完全な状態で理解することが難しいことが指摘されている。たとえば、計算の遂行手順を把握するためには継次処理能力を必要とする。しかし、文章題を読んでその内容を把握して式を立てる場合には同時処理能力も必要とされる。したがって、継次処理優位な子どもは、計算の遂行手順を把握することが得意であるにもかかわらず、意味内容の把握には困難を示すことがあり、逆に同時処理優位な子どもは、意味内容を把握する力はあるのに、計算

等の遂行手順どおりに計算を行うことを苦手としていることが多い。したがって、これらの能力にアンバランスがある場合には、一方の弱い能力に引っぱられて理解や実際の計算ができにくくなるため、不完全な状態ではあっても、得意な方の能力を使ってできることを増やしていくことが必要とされている (熊谷, 2008)。また、学習や課題解決には注意力やプランニングの力も必要とされる。得意な認知処理能力を把握し、苦手な部分を育てたり補ったりするためにはていねいなアセスメントが必要となる。

2-2 行動面の発達と支援

2-2-1 学校で問題となる行動について

小学校に入学するころには、集団で授業を受けることができ、教師のことばによる指示に応じることができる子どもが多くなる。しかし、中には行動のコントロールが難しく、授業中に座っていることができない、衝動的に発言をしてしまう等行動面で支援を必要とする子どももいる。このような状態にある子どもの背景としては、以下のようなものが考えられる：①授業内容がわからない、②注意の集中が難しい、③多動性。いずれも子ども本人の力だけで解決できるものではない。授業内容がわからずに困っていたり退屈したりしていることを訴えるために、あるいは教師の援助を求めるために机の下にもぐったり、教室内を歩き回ったり、他の児童に不適切なはたらきかけをしてしまうのである。また、注意を集中させたり維持することが困難であったり多動のために行動をコントロールすることができない注意欠陥多動性障害をもつ子どももいる。学習障害と重複している場合もある。子どもは教師を困らせるために動きまわっているわけではないことを理解し、専門家と協力してアセスメントを実施したり医療機関に紹介したりすることが必要である。

すぐに特別な支援や医療的な対応に結びつかないケースも多い。保護者が子どもの状態を受け入れることは難しく、子どもに必要な支援について了解

することができないからである。保護者が子どもの状態を受け入れ、特別な支援の必要性について了解するまでには、時間とていねいな支援の継続が必要なのである。しかし、注意の集中と持続に支援を必要とする子どものために学校ですぐにできることもたくさんある。

2-2-2 支援の方法

　実際に小中学校で実施されている支援としては次のようなものがある。

　先ず、注意が散漫になることを防ぐためには教室内にある刺激を減らすことが有効であるゆえに、特に黒板の周囲には時間割や給食のメニュー等を掲示しない。作文や絵画などの作品も、教室の後方の壁面か廊下に掲示する。さらに対象となる児童の座席は一番前の教師の近くに設定する。どうしても手足が動いてしまう多動の子どもの場合は、それを止めるのではなく、授業を受けながら足を動かすことができるように椅子にゴムロープを張ることも有効である。

　教材についても配慮が必要である。もともと注意の集中が短いのであるから、たくさんの問題をやらなければならないプリントを最後まで完成させることは難しい。したがって、対象児の集中できる時間に合わせた問題数を記載したプリントを用意することが必要である。多くの場合、問題数を通常の三分の一程度に減らすことにより最後まで集中して取り組めるようである。

　クラス全体が静かに話を聞かなくてはならないような場面でも衝動的に発言してしまう子どももいる。また、突然立ち上がって教室から出ていったり、他の児童のノートに落書きをしてしまったりする子どももいる。子ども本人にはそのような行動をしてしまう理由があるので、その行動だけを減らすように注意するだけでは効果はない。最終的には子ども自身が自分の行動をコントロールできるように支援することが必要なのであり、そのためには、望ましい行動と望ましくない行動の区別ができることが基本となる。子どもの意欲や自尊心、学級への所属感、担任教師との良好な関係を維持するために

は、望ましくない行動を注意するのではなく、望ましい行動を褒めたり認めたりすることが有効な方法である。着席しているべき時間に着席しているとき、課題を行うべき時に課題に取り組んでいればそれを認めるのである。特別なことをしたときではなく、学級の中で通常しなければならない普通の行動を子どもが意識化できるように支援するのである。

　子どもによっては、興奮してしまいすぐには気持ちを静めることができない状態になることもある。このような子どもには一人になって気持ちを静めることができる場を校内に用意しておくことも一つの方法である。保健室や図書室など決まった場所に用意されていると子どもも教員も安心できるであろう。

　以上のような取り組みを継続することによって、気持ちの赴くままに行動していた子どもが場面や状況によって自分の行動をコントロールできるようになっていく。数年という期間を要する場合もある。しかしそれはその子どもにとって必要な時間なのである。もし適切な対応が実施されなければ、子どもの状態は変わらないばかりか、より問題が重篤になり、さらに子どもと教師の関係も形成されないで大人への不信感だけが積み重なることになる。このような事態を避けるためには、子どもが支援を必要としていることに気づいた時に、その気づきを大切にして、限られた条件下でも実施できる支援を開始することが重要なのである。その結果、子どもの問題が改善すれば、その変化が保護者の理解を促すきっかけとなることもある。

2-3　コミュニケーションの発達と支援

　特別な支援を必要とする子どもたちのことばとコミュニケーション能力には大きな幅がある。はなしことばが全くない状態にある子どももいれば非常にゆたかな表現力を持つ子どももいる。また、ことばは出ていてもコミュニケーションの手段として使用しない子どももいる。このようにことばとコミュニケーション能力の状態は多様であり、多面的なアセスメントを要する領

域である。

2-3-1 はなしことばの問題について

　小学校に入学後も発音に問題を持つ子どもがいる。たとえば「椅子」が「いちゅ」になったり、「ライオン」が「ダイオン」になるような特定の音を正しく発音できない状態である。幼児期にはこのような構音の未熟さは多くの子どもにみられるが、小学校入学後にも見られる場合は各地域の小学校に設置されている「ことばの教室（難聴言語）」に通級して指導を受けることで改善できるものである。吃音についてもことばの教室の対象である。

　非常に分かりにくいことばの問題を持っている子どももいる。何も問題なく会話をすることができているが、当然知っていると思われることばを習得できていない子どもである。たとえば「毎日」の「毎」の意味がわからないと言った子どももいる。毎日着ている「パーカー」がわからず母親が驚いた例もある。このような子どもはことばには問題がないように思われてしまうが、実際には他者が話している内容を完全に理解できていないこともある。学習にも当然影響を及ぼす困難さである。このような普段の会話の中では把握しにくい困難さが想定できる場合には、絵画語彙発達検査等の言語発達を把握するための検査や、WISC －Ⅳ等の知能検査を実施することも支援につながる実態把握の方法である。

2-3-2　コミュニケーションの問題について

　はなしことばを使用できない段階にある子どもは、感情や意志を身振りや行動で伝えようとする。たとえば不快な出来事に対してことばで気持ちを伝えられない段階にある幼児は他者にかみつくことで意思を伝えることはしばしばみられる行動である。同様に、小学生になってもことばで意思を伝えられない言語力の子どもはかみついたり蹴ったりする等の行動で意思を表していることもある。したがって、問題と思われる行動について検討するときに

は、その行動がコミュニケーションとしての機能を果たしている場合があること（藤原, 1999）を考慮に入れて検討することも非常に重要である。

　通常の学級に在籍し、よく話す子どもたちの中にもコミュニケーションに独自の困難さを持っている子どもがいる。知的発達に遅れのない自閉症スペクトラム障害の子どもがその一例である。ことばを文脈との関連ではなく字義通りにとらえてしまいクラスメイトとのトラブルを起こしてしまうことがある。たとえば、クラスメイトに借りた文具を壊してしまい、相手に謝った自閉症の子どもに対し、クラスメイトが「ばかだなー、そんなに気にしなくていいんだよ」と言った場面があった。クラスメイトは気遣ってこのように言ったのであるが、自閉症の子どもは「ばかだなー」ということばだけを真に受けて、自分のことがばかにされたと思い、クラスメイトを蹴り、悔し泣きをしていた。また、他者の気持ちを汲むことができずに、たとえば、婉曲な断りを承諾と受け取ってしまうこともある。自分の気持ちを表現することができずに暴力等の表し方をしてしまうこともある。他児とのトラブルが多い子どもへの対応を考えるときには、このようなコミュニケーション面の特性を持っている子どもがいることを考慮しなければならない。

　以上のようなコミュニケーションの面で課題を持つ子どもたちへの対応はあらゆる機会をとらえて行うことが必要であるし、個別あるいは小集団という学習場面を設定して行うことも必要である。他児とのトラブルがコミュニケーションのすれ違いから生じたような場合は、状況を文字や図で示してトラブルの原因と誤解が生じた経過、そして解決法を示すことが有効である。また、自分の気持ちを表現することが難しい子どもについては、個別指導場面で様々な感情の種類やそれに対応したことばを教えていくことが必要となる。小集団場面では、他者とのやり取りをしなければならない場面を設定し、他者に言ってもよいことば、言ってはいけないことばを区別して習得できるような指導が求められる。たとえば勝敗のあるゲーム場面で仲間を応援することばを指導したり、負ける原因となった仲間を責めるのではなく頑張った

ことをたたえることばをかけることの意味を指導したりするのである。このような指導は小集団場面で指導目標を明確に設定して行うことが有効である。このような指導を、子どもの状態に合わせて計画して一つ一つ積み重ねていくことが必要である。子どもの状態に合わせた適切な指導は、時間はかかるものの必ず子どもの中に蓄積されていくものである。

3　今後の課題

3-1　二次障害の予防

　二次障害とは、発達の障害と関連したストレス状況を背景として生じている情緒・行動・精神面の問題をさしている。その内容としては、自尊心の低下、心身症（過敏性腸症候群や緊張性頭痛）、行動障害（不登校や反社会的行動など）、精神障害（不安障害や強迫性障害）などがあるとされている（一般社団法人日本LD学会, 2011）。特に知的な遅れを伴わない発達障害は、周囲の大人が気付きにくいため、他の子どもと同じように行動したり学習成果を上げることが求められてしまう。しかし、本人の力だけでは行動を制御したり、知的能力から想定されるような学習成果を上げることができず、保護者や教師から注意されたり叱責されたり、怠けているとみなされることが続くことになる。行動面に支援を必要とする子どもの場合は幼児期から学齢期にわたり注意や叱責を受け続けることもある。学習面に支援を必要とする子どもの場合は、小学校入学後早い時期から努力しても報われない経験を重ねることになる。このような状態が日々続くことはストレス状態が続くことであり、その結果として情緒・行動・精神面に新たな障害（二次障害）が生じてしまうのである。さらにこのような状態が継続すると、引きこもりや家族への暴言・暴力が発現することもある。

　二次障害は、周囲の者が子どもの特性を理解し、その特性に合った支援や対応をしていれば防ぐことができるものもある。できるだけ早期に適切な対

応を始めるためにも、周囲の大人の気づきが重要な役割を果たしているのである。

3-2　貧困と養育

「子どもの貧困率」は年々上昇傾向にあり、2012年には16.3％と過去最高となっている。「子どもの貧困率」とは、平均的な所得（正式には等価可処分所得）の半分以下の所得で生活する世帯の子どもの割合である。6人に1人の子どもがこのような家庭で養育されていることになる。また、貧困は大人が2人以上いる世帯に比べ、大人が1人で子どもを養育している世帯の割合が多く、全体の50％を超えるという実態がある（厚生労働省, 2014）。

このような家庭で育つ子どもの中には障害のある子どももいる。保護者が仕事で忙しいために就学時健診を受けないまま入学する場合もある。そのため就学前の情報がなく、入学直後は十分な対応ができないこともある。また、保護者が1人で子どもを養育している場合には特に保護者会への参加が少ない、面談の時間調整が難しい、子どもの体調が悪くてもすぐに迎えに行くことができない等の時間の制約による課題が生じ易い。

虫歯が治療されていない、乾いていない衣類を着て登校する、毎日同じ洋服を着てくる、上履きが足のサイズに合っていない、授業で使用する教材を持ってこない等は家庭での養育の困難さを示すサインである。特に特別な支援を必要とする子どもの場合、子どもの力でこのような状態に対応していくことは難しいと思われる。また、子どもの特別な教育的ニーズに気づいていても、保護者は対応する余裕がないことが多い。このような保護者の状態を踏まえた上で、どのように子どもへの支援を実行していくのか、未だ決定的な方策は見出されていない。現在の大きな課題である。

3-3　「障害者の権利に関する条約」と合理的配慮について

「障害者の権利に関する条約」は、2006年12月に国連総会で採択された条

約である。2007年には日本も条約に署名し、条約の内容を実現するために日本国内の法整備が進められてきた。2012年6月に「障害者総合支援法」が成立し、2013年6月には「障害者差別解消法」が成立した。また、同時期に「障害者雇用促進法」が改正された。これらの法整備を受け、2014年1月に日本は「障害者権利条約」を締結し、2月から効力が発生した。したがって、この条約に基づき、教育や労働等における障害者の権利が保障されることとなった。

障害者の権利に関する条約第24条では、教育に関して、障害者を差別することなく、かつ機会の均等を実現するために、インクルーシブな教育制度を確保し、個人に必要とされる合理的配慮の提供を確保することの必要性が記載されている。

合理的配慮とは、「障害者が他の者と平等にすべての人権及び基本的自由を享有し、または行使することを確保するための必要かつ適当な変更および調整であって、特定の場合において必要とされるものであり、かつ、均衡を失したまたは過度の負担を課さないものをいう」と障害者の権利に関する条約で定義されている。この内容を、学校現場で実現するためには、具体的には、①教員、支援員等の確保、②施設・設備の整備、③個別の教育支援計画や個別の指導計画に対応した柔軟な教育課程の編成や教材等の配慮が求められる（文部科学省, 2014）。これらの実現のためには、学校全体及び学校を管轄する教育委員会や地方自治体の合理的配慮に関する共通認識も必要である。また、全ての教員が、専門家の力を借りながらであっても、個別の教育支援計画や個別の指導計画を作成し支援を実行するための知識や技能を有していることが求められることになる。

引用文献

藤原義博（1999）．コミュニケーションに関する援助　小林重雄（監修）　発達障害の理解と援助　コレール社　pp.83-124.

一般社団法人日本LD学会（編）（2011）．LD・ADHD等関連用語集（第3版）　日本文化科学社

厚生労働省（2014）．国民生活基礎調査

熊谷恵子（2008）．認知処理様式を生かす算数・数学の指導の基礎理論　藤田和弘（監修）　長所活用型指導で子どもが変わる Part 3－認知処理様式を活かす各教科・ソーシャルスキルの指導―　図書文化社　pp. 46-77.

文部科学省（2008）．小学校学習指導要領　東京書籍

文部科学省（2014）．特別支援教育の在り方に関する特別委員会（第3回）配布資料　http://www.mext.go.jp/b_menu/shingi/chukyo/chukyo3/044/siryo/1297408.htm

玉井邦雄（2009）．特別支援教育のプロとして子ども虐待を学ぶ　学習研究社　p. 42.

和賀真理（2008）．子どもの可能性を信じて　遠藤千恵子他（著）　子育て日記―わが子の「困り感」に寄り添って　学習研究社　pp.96-97.

（緒方明子）

第12章　障害児の病理と特別支援教育

はじめに

　すべての子どもにとって、教育を受けることは、人として成長し、社会で生きていく力を身につけるために極めて重要である。しかし、子どもたちの特性や育ちの環境は一人一人異なる。生まれながらにして重い障害のある子どももいれば、年齢とともに発達の障害が明らかになる子どももいる。慢性疾患にかかり長期療養を余儀なくされる子どもや、学校生活に不適応を生じる子どももいる。劣悪な養育環境の中で、虐待を受けている子どももいる。教育に関する彼らのニーズは一人一人異なり、学ぶ内容も方法もさまざまである。彼らが十分に学べるかは、そうした個別のニーズに対応した教育を受けることができるかどうかが鍵となる。子どもに障害があるということは、その子どもは特別な教育的ニーズとともに、健康支援に関する特別なニーズをもっていることを意味する。彼らが十分な教育を受けるには健康を維持する手立てが整っている必要があり、彼らの健康状態を考慮せずに教育を進めることはできない。本章では、発達小児科学、障害児病理の視点から障害のある子どもの教育と健康支援について学習する。

1　特別支援教育と小児医療

1-1　特別支援教育の推進と体制整備

　わが国では2005年に発達障害者支援法が施行され、発達障害の早期発見、発達支援、学校教育における支援、就労支援などが進められている。2006年

には学校教育法施行規則が一部改正になり、通級による指導の対象に学習障害、注意欠陥多動性障害の児童生徒が加わり、自閉症が従前の情緒障害と区別され明示された。これにより特別支援教育の対象が知的障害のない発達障害にまで広げられた。通級による指導を受けている児童生徒数は、2005年度には小学校34,717人、中学校1,604人であったが、学習障害、注意欠陥多動性障害、自閉症、情緒障害の児童生徒が年々増加し、2013年度にはそれぞれ70,924人、6,958人となっている（文部科学省, 2014a）。さらに2007年には学校教育法が改正され、法的に特別支援教育が位置付けられるとともに、すべての幼稚園、小学校、中学校、高等学校、中等教育学校、特別支援学校で特別支援教育を行うことが定められた。特別支援学校は、専門的な知識、技能を生かして、地域における特別支援教育のセンターとして他の学校・園を支援する役割も担うこととなった。一方で特別支援学校に在籍する児童・生徒の障害の重複化は顕著であり、2013年度には肢体不自由特別支援学校小中学部に在籍する児童生徒の80.6%が他の障害を重複しており、同様に知的障害特別支援学校では26.4%、病弱特別支援学校32.7%、視覚障害特別支援学校46.7%、聴覚障害特別支援学校20.2%（いずれも小中学部）の児童生徒が他の障害を重複している（文部科学省, 2014b）。さらに肢体不自由特別支援学校においては、後述する通り、医療的ケアを必要とする重い障害のある子どもの在籍数が増加している。このように特別支援教育の対象となる児童生徒の障害の程度が、より軽度からより重度まで幅が広がっている。

　こうした中、特別支援教育を推進するための体制の整備が進められ（文部科学省, 2007）、2013年度時点で、全国のほぼすべての公立学校・園に特別支援教育に関する校内委員会が設置され（幼稚園93.4%、小学校、中学校99.9%、高等学校99.4%）、発達障害を含む障害のある幼児児童生徒の実態把握や支援方策の検討などが行われている。また特別支援教育コーディネーターがほぼすべての学校・園で指名され（幼稚園95.1%、小学校、中学校、高等学校99.9%）、支援に関する学校内外の関係者、関係機関との連絡調整を担い、保護者に対

する学校の窓口となっている。特別支援教育コーディネーターを学級担任や教科担任を持たない専任とする学校・園も出てきている（文部科学省, 2014c）。特別支援教育の推進に伴い、学校や教員に期待される役割や機能が拡大し、変わりつつある。

1-2 特別支援教育を支える小児医療

　特別支援教育の推進のためには、学校内外の人材の活用と関係機関との連携協力が必要とされているが（中央教育審議会, 2005）、とりわけ小児医療との関係は密接である。特別支援教育を受けている子どもの中で、就学前に病院、療育センター診療所の発達小児科、小児神経科、発達精神科、児童精神科などを受診し、医学的に診断され、療育を受けてきた子どもも少なくない。ちなみに療育は、児童福祉施設である児童発達支援センター（旧知的障害児通園施設、難聴幼児通園施設）および医療型児童発達支援センター（旧肢体不自由児通園施設）（これらが一般に療育センターと呼ばれる）、児童発達支援事業所（旧児童デイサービス、重症心身障害児者通園事業）で行われている。障害のある子どもの就学先決定にかかわる就学支援委員会に、委員として参加している小児科医、精神科医も少なくない。通級による指導の対象とするかどうかの判断も、専門医による診断に基づき、教育学、医学、心理学等の観点から総合的に行うこととされている。また小中学校に設置されている病弱・身体虚弱特別支援学級のおよそ2割は、慢性疾患を診療している医療機関内に院内学級という形で置かれている（滝川・西牧・植木田, 2011）。

　小児医療の目指すものは、すべての子どもの健康であり、彼らのいきいきとした生活を支えることにある。障害のある子どもは心身両面で健康に関する支援ニーズが高く、特に合併症の早期発見、早期治療、予防、健康増進を図る必要がある。彼らが健康な状態を維持したまま授業に参加できるよう、健康管理、安全確保という点で学校生活を支える医療が求められる。学校生活が充実していれば障害のある子どもの心の健康状態は良好であり、彼らが

十分に学べるように工夫され準備された教育が彼らの生活を健やかにする。小児医療は特別支援教育を支えることで、子どもの健康の維持、増進を図ることができる。

2 障害のある子どもの医療

2-1 子どもの病気の経過

　一般に子どもの病気は、どのような経過をたどるだろうか。発熱、痛みなど何らかの症状が出現し、医療機関を受診する。例えば感染症などと診断され、治療を受ける。多くの場合、数日後には治癒して元の健康な状態に戻る。すなわち、治るという経過をたどる。しかし、中には状態が悪化して亡くなるという場合もある。入院した翌日には亡くなってしまうという場合もあれば、数年間の闘病生活の後に亡くなるという場合もある。最初にかかった病気は治癒したものの、後遺症を残すという場合もある。例えば、急性脳炎にかかり、治癒したものの、手足のまひや知的な障害を残すという場合などがこれにあたる。診察を受けてどんな病気かわかり、治療を始めたものの治るかどうかわからないという場合もある。慢性疾患と診断され、長期にわたる療養が必要という場合がこれにあたる。さらにどんな病気かはわかったが、根本的な治療法がないという場合もある。このような場合には、その子どもの生活を支えるケアが必要となる。先天異常、自閉症スペクトラム障害などの発達障害、進行性筋ジストロフィー症などがこれにあたる。

　これらのうち、個々の子どもの状態に合わせて教育面、発達面、心理面の支援を特に必要とするのは、病気の後遺症としての障害をもつ場合、慢性疾患で長期療養を必要とする場合、病気を治す方法がない場合であろう。

2-2 障害と疾病

　世界保健機関（WHO）は、1980年に国際障害分類（ICIDH：International

Classification of Impairments, Disabilities, and Handicaps)を発表し、障害があるという状態を機能障害(impairment)、能力障害(disability)、社会的不利(Handicap)の3つの次元で捉えることを提唱した。疾病のために本来あるべき機能が障害され、その結果として日常生活に必要な能力に障害が生じ、社会的に不利な状況におかれるという、生物学的レベル、日常生活レベル、社会生活レベルで障害をそれぞれ捉えた。例えば、脳性まひのために足にまひがあるという場合、本来動くべき足が動かないという点で機能障害があり、その結果、移動することができないという能力障害を生じ、移動のために車いすを使えてもスロープがないため教室や職場に出向くことができないという社会的不利な状況におかれる。機能障害は疾病が原因で生じるが、神経疾患の場合、機能障害が疾病の症状そのものという場合も少なくない。

ICIDHは障害の階層性を示した点で画期的とされたが、障害のある人の心に生じる主観的な障害を付け加える必要性、障害者のもつプラスの側面に注目することの重要性、環境の重要性などの点で批判がなされた(上田, 2002)。このような批判をもとに検討がなされ、2001年に国際生活機能分類(ICF: International Classification of Functioning, Disability and Health)が発表され、現在も使用されている。障害は、個人の健康状態と社会的文脈(外的な環境要因と内的な個人要因)の相互作用の結果生じるものであり、心身の機能と構造の問題(機能障害)、日常生活の制限、社会参加の制約の3つの次元で捉えることを示している(WHO, 2002)(図1)。疾病は個人の健康状態の一つであり、障害の3つの次元にそれぞれ相互に作用するものとされた。つまり、脳性まひという疾病をもつ個人は、さまざまな程度の足の機能障害を生じる可能性があり、その人の生活環境や年齢によっては日常生活に制限が生じたり、社会参加に制約が生じたりする。機能障害の程度は年齢によって変化し、日常生活の制限や社会参加の制約の度合いが変化することもある。機能障害の程度が同じであっても、青年期には日常生活の制限が生じなかった環境が、中高年になり制限が生じる環境となる場合もある。

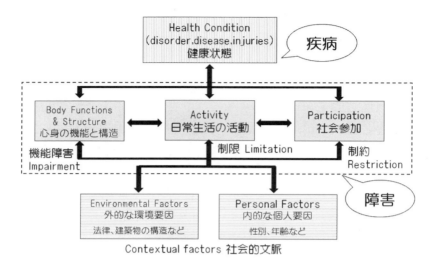

図1 国際生活機能分類における疾病と障害の関係（WHO, 2002 より引用一部改変）

　医学的に診断するのは、個人の健康状態である疾病であり、機能障害の程度である。しかし、知的発達障害、自閉症スペクトラム障害など、精神発達の障害を来す疾患には障害（disorder）という語が用いられており、ICFでいう障害と混同しやすい。2013年にアメリカ精神医学会の精神疾患の診断・統計マニュアル第5版（DSM-5）が発表されたことを受けて、日本精神医学会などでは障害という語を用いず、知的発達症、自閉スペクトラム症、注意欠如・多動症などと呼ぶことを提唱している（American Psychiatric Association, 2013）。但し、世界保健機関の国際疾病分類第11版（ICD-11）が現在改訂作業中であることから、疾患名の表記はまだ定まっておらず、従来の障害を用いた疾患名も併記されている。本稿では特に断らない限り、障害は個人の健康状態である疾病のうち、何らかの機能障害を生じているものを指す。

2-3　子どもの生活を支える医療

　一般に医療には病気を治すこと（キュア Cure）を期待されるが、障害のある

子どもの医療には生活を支えるケア Care が求められる。こうした医療は、診察室の中だけでケアを完結することができない。教育、福祉などの関連機関と連携して、子どもの生活の場でケアを提供する必要がある。

　このような医療を実践するには、疾病と生活環境、年齢などが個人の日常生活や社会参加にどのように影響するかを検討する必要がある。子どもの年齢に応じて、家庭、学校、職場の環境調整を図ることもそうした医療の重要な役割となる。どの疾病も重度から軽度まで症状の程度には幅があり、重度のものより軽度のものの方が圧倒的に多い。障害は個人の健康状態と社会的文脈の相互作用の結果生じるが、疾患によって重篤な日常生活の制限を常に生じさせるものもあれば、ある場面では日常生活の制限が目立たず、別の場面では問題となるようなものもある。前者の方が子どもに疾病があることが認識されやすく、後者の方が認識されにくい。また同じ疾病でも重度の子どもの方が認識されやすく、軽度になるほど認識されにくい。その結果、疾病としては軽度であっても、必要な支援を受ける環境が整わず、日常生活の制限や社会参加の制約が顕著になる場合もある。逆に疾病としては重度だが、環境が良く調整され、十分な支援を受けることで日常生活の制限が少なく、社会参加が促進されるという場合もある。子どもの生活を支えるには、認識されにくい疾患に注意を払い、子どもにとって適切な環境や支援を見極めることが大切になる。

3　子どもに生じる障害

　子どもに生じる障害には、大別して、発達の障害、重症心身障害、小児慢性疾患、視覚障害、聴覚障害などがある。発達の障害には、運動発達の障害と精神発達の障害があり、後者を狭義の発達障害と呼ぶ。2005年に施行された発達障害者支援法では、発達障害を自閉症、アスペルガー症候群、学習障害、注意欠陥多動性障害などとしており、知的発達障害を含めていない。し

かし、医学的には、発達障害は成長すれば自然と身に付いてくるはずの脳の機能がなかなか伸びてこないという疾患であり、DSM-5 では神経発達障害という疾患カテゴリーが設けられている。自閉症スペクトラム障害、限局性学習障害、注意欠如・多動性障害のほか、知的発達障害もここに含まれる (American Psychiatric Association, 2013)。

　知的発達障害は、知的機能と適応機能の障害が発達期に生じる疾患であり、脳の形成異常、染色体異常（ダウン症候群など）、先天代謝異常など多様な原因により生じる。適応機能は日常生活のさまざまな場面に適応していく機能であり、知的発達障害の場合、幼児期には日常生活スキルの獲得に困難を生じ、学齢期には学業不振、社会生活に必要なさまざまな力の獲得に困難を生じる（小林, 2014）。自閉症スペクトラム障害は、社会性の発達障害であり、これまで自閉症とアスペルガー症候群と区別してとらえていたが、両者を典型例としつつ、その間に位置するものを含めて一つのまとまりとしてとらえるようになった（清水, 2014；本田, 2014）。人付き合いの力が身に付きにくく、他者の意見や場の状況に折り合いを付けることがなかなかできない。限局性学習障害は、学習能力の発達障害であり、読み、書字表出、算数といった学習スキルの使用や学習に困難を生じる。中核となる読みの障害は、文字を音に変換することの困難であり、読字の誤りが多く、時間がかかる。このタイプはディスレクシアとも呼ばれる。注意欠如・多動性障害は、行動コントロールの発達障害であり、不注意、多動、衝動性を呈する。注意を持続しなければいけないとわかっている場面で注意が途切れ、目先の刺激についつい反応してしまい、自分の行動を抑制することが難しい。

　運動発達の障害は、脳、脊髄、末梢神経、筋肉、骨、関節の異常により生じる。代表的な疾患として、脳性まひ、二分脊椎、進行性筋ジストロフィー症などがある。重症心身障害は、重度の知的障害と重度の肢体不自由を併せ持つ状態であり、呼吸障害、嚥下障害をしばしば合併する。小児慢性疾患は長期療養を必要とする疾患の総称で、11 疾患群 514 疾病（悪性新生物、慢性腎

疾患、慢性呼吸器疾患、慢性心疾患、内分泌疾患、膠原病、糖尿病、先天性代謝異常、血友病等血液・免疫疾患、神経・筋疾患、慢性消化器疾患）が小児慢性特定疾患として医療費公費負担の対象とされ、2011年度には全国で約12万人が登録された。2015年1月からは制度が変更になり、染色体又は遺伝子に変化を伴う症候群、皮膚症候群などを加えた14疾患群704疾病が小児慢性特定疾病として新たに認定されている。小児慢性特定疾病は身体疾患を対象にしているが、長期療養を必要とする疾患という意味では、小児慢性疾患に小児心身症を含めて捉えると良い。

わが国の特別支援教育において、知的発達障害や知的発達障害を伴う自閉症スペクトラム障害は知的障害特別支援学校、知的障害特別支援学級、自閉症・情緒障害特別支援学級における教育の対象となる。同様に、運動発達障害や重症心身障害は肢体不自由特別支援学校、肢体不自由特別支援学級の対象となり、小児慢性疾患は病弱特別支援学校、病弱・身体虚弱特別支援学級の対象となる。また知的発達障害を伴わない自閉症スペクトラム障害、限局性学習障害、注意欠如・多動性障害は通級による指導の対象となる。

4 障害のある子どもの教育と健康支援

4-1 発達障害の子どもと心の健康支援

2012年に文部科学省が実施した「通常の学級に在籍する発達障害の可能性のある特別な教育的支援を必要とする児童生徒に関する調査」によれば、知的発達に遅れはないものの学習面又は行動面で著しい困難を有する児童生徒の割合が6.5%であることが示された（文部科学省, 2012a）。2002年に行った同様の調査で、学習面又は行動面で著しい困難を有する児童生徒の割合は6.3%であり、10年間で著変を認めなかった。学年別には、小学校1年生では9.8%であり、学年が長じるに従ってその割合は低下していた（表1）。学年が上がり特別支援学級に転級する児童生徒もおり、このことは必ずしも困難自体が

表1　知的発達に遅れはないものの、学習面、行動面で著しい困難を示す児童生徒の割合

小学校	学習面又は行動面で著しい困難	学習面で著しい困難	不注意または多動-衝動性の問題が著しい	対人関係やこだわり等の問題が著しい
1年	9.8%	7.3%	4.5%	1.5%
2年	8.2%	6.3%	3.8%	1.5%
3年	7.5%	5.5%	3.3%	1.0%
4年	7.8%	5.8%	3.5%	1.2%
5年	6.7%	4.9%	3.1%	1.1%
6年	6.3%	4.4%	2.7%	1.3%
中学校				
1年	4.8%	2.7%	2.9%	0.8%
2年	4.1%	1.9%	2.7%	1.0%
3年	3.2%	1.4%	1.8%	0.9%

（文部科学省（2012）通常の学級に在籍する発達障害の可能性のある特別な教育的支援を必要とする児童生徒に関する調査結果　を引用して作表）

消失したことを示しているとはいえない。この調査では、学習障害を想定して、学習面の困難として「聞く」「話す」「読む」「書く」「計算する」「推論する」領域をあげている。また注意欠陥多動性障害を想定して、行動面の困難として「不注意」「多動性―衝動性」をあげ、高機能自閉症を想定して、行動面の困難として「対人関係やこだわり」をあげている。つまり通常の学級で支援を必要としている発達障害（DSM-5の疾患名でいえば、限局性学習障害、注意欠如・多動性障害、自閉症スペクトラム障害）の子どもの割合を示しているといえる。

　しかし、見方を変えれば、担任教師から見て学習面又は行動面で著しい困難を示している児童生徒は、学習意欲、自尊感情が低下し、心理的に不適応な状態を示している児童生徒といえるかも知れない。発達障害の子どもの健康支援という視点では、彼らを心の健康問題のハイリスク群あるいはすでに心の健康問題を生じている一群と捉える必要がある。通級による指導を受けている発達障害児は年々増加しているが、この調査で学習面又は行動面で著

第 12 章　障害児の病理と特別支援教育　　251

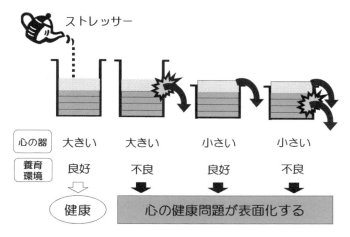

図 2　ストレスに対処する心の器

しい困難を示した児童生徒のうち、現在支援がなされているのは 55.1％で、通級による指導を受けているのは 3.9％に止まった。受けていた支援も授業時間内に教室内で個別の配慮や支援を受けているものが最も多かった。子どもにとって学校で勉強がわからないという状況は強いストレスになる。発達障害の子どもに心身症や不登校など心の健康問題が生じやすいことは以前から指摘されており（小枝, 2001）、子どもに過度なストレスを与えないような対応が求められる。

　発達障害の子どもは授業に参加することや学習することに困難があり、学習課題の難度が高すぎると不適応を生じやすい。しかし学校でこそ学べる内容もあり、学習と心の健康のバランスに留意する必要がある。子どもが学校生活の何にどれくらいストレスを感じているかを検討することが重要になる。その際、子どもにはそれぞれストレスに対処する心の器のようなものがあると考えると良い（図2）。器が大きい子どもはストレスが加わっても心の健康問題を生じることはないが、器の小さい子どもはストレスが加わると容易に容量を超えてしまい、心の健康問題を生じる。発達障害の子どもはもともと

心の器が小さく、心の健康問題を生じやすい。加えて発達障害があることを理解されず、叱責され続けたりして劣悪な環境におかれれば器に穴が開いてしまう。もともと器が小さい上に穴が開いてしまうと、わずかなストレスでも心の健康問題を生じる。子どもの心の器の大きさを量ることはできないが、心の器の容量を超えてストレスがかかっていないか、子どもの行動を観察すると良い。また単にストレスの量を調整するだけでなく、特に自閉症スペクトラム障害の子どもには、クールダウンやギブアップ、誰かに相談して問題を解決するなど自分の気持ちをコントロールする方法を積極的に教えることが重要である。

4-2 知的障害特別支援学校における健康支援

　知的障害特別支援学校に在籍する子どもには、てんかん、肥満、先天性心疾患、眼科疾患の合併が多く、一般の小中学校に比べてその割合が著しく高いことが知られている（小林, 2000）。彼らは、特別な教育的支援とともに、しばしば心身両面で健康支援を必要とする。

　てんかんは代表的な脳の慢性疾患であり、大脳神経細胞が発作的に過剰放電を繰り返すことで神経ネットワークに異常信号が伝わり、意識障害やけいれんなどのてんかん発作を生じる。てんかんも知的発達障害もどちらも脳の異常に起因することから、重度の知的発達障害を有する場合はてんかんを合併する割合が高い。てんかん発作は教室での授業中や校外学習の最中にも突然生じる。重度の知的発達障害に伴うてんかんは難治性の場合が多く、てんかん発作を頻回に生じることから、転倒に伴うケガの発生に注意して授業を計画する必要がある。

　肥満は高血圧、糖尿病などの生活習慣病を生じるリスク要因である。知的発達障害があるということは、社会生活に必要なさまざまな力の獲得に困難があるということであり、その中には疾病の予防や体調不良時の対処といった健康管理に関する力も含まれる（小林, 2014）。肥満の予防や治療には、食事、

運動の量、質のコントロール、体重の管理などが必要だが、その効果をすぐには実感しにくく、取り組みの意欲をどう高め、維持するかが課題となる。知的発達障害の子どもにとって、肥満と生活習慣病の関係を理解し、それらを予防したり治療したりする必要性を理解することはなかなか難しい。知的障害特別支援学校に在籍する子どもの場合、小学部での肥満の割合は健常児と同程度であるが、成長とともに増加し、中学部、高等部では健常児よりも高い割合となる。さらに学年があがるにつれて高度肥満の割合が高くなる（中・小谷, 2003）。肥満により生活習慣病を発症するとその治療のために医療機関を受診する必要が生じるが、知的発達障害のある子ども・成人にとって医療機関を受診することも容易なことではない。彼らが生涯にわたって健康に暮らしていけるよう、適切な生活習慣や健康管理の方法を学習課題に取り入れる必要がある。

　また知的障害特別支援学校にはダウン症候群の子どもが多数在籍しているが、ダウン症候群の約半数に先天性心疾患を合併することから（高野, 2010）、特別支援学校在籍児における心疾患の合併率も高くなる。ダウン症候群では、先天性心疾患の他にも、十二指腸閉鎖や鎖肛などの消化管異常、難聴、第1第2頸椎の異常（環軸椎亜脱臼）などを合併するため、学校生活全般にわたって健康管理、安全の確保に留意する必要がある。

　さらに心の健康について支援を必要としている子どもも少なくない。前述した通り、学習課題の難易度が高すぎると発達障害の子どもに不適応を生じやすいが、このことは知的発達障害の子どもも同様である。ストレスマネジメントの方法を習得することにも困難があり、各国で知的発達障害の子どもに精神疾患の合併が多いことが報告されている（Einfeld, S.L., Ellis, L.A. and Emerson, E, 2011）。また知的障害特別支援学校の教師が担当する子どもについて、発達障害に伴う行動上の問題、自閉症スペクトラム障害の基本症状、心身症、精神症状を示す児童・生徒への指導に関して、精神科校医にコンサルテーションを求めていることが報告されている（小林, 2002）。特に知的障害を

伴う自閉症スペクトラム障害の子どもでは、激しいかんしゃくや自傷などの強度行動障害（Challenging Behaviour）が問題になる場合もあり、薬物療法とともに、情緒のコントロールや学校における課題設定、指導の構造化などが重要となる。

4-3 重症心身障害の子どもと医療的ケア

特別支援学校に在籍する医療的ケアを必要とする幼児児童生徒数が増加している。2006年度には全国の特別支援学校に5,901名が在籍していたが、2013年度には7,842名（在籍者の6.1%）まで増加した。2013年度在籍児の約半数（3952名）は小学部に在籍しており、小学部在籍者の10.8%に達した。さらに小学校に675名（通常の学級257名、特別支援学級418名）、中学校に138名（通常の学級46名、特別支援学級92名）在籍していた（文部科学省, 2014d）。

医療的ケアとは、痰の吸引、経鼻経管栄養など本来は医療機関で行う医療行為を、在宅で家族が日常的に介護行為として行っているものを指す（作田, 2012）。1988年に東京都教育委員会が医療的ケアを必要とする子どもが通学する場合には保護者の付き添いを求めたことから、医療的ケアの問題が顕在化し、以降1990年代に各地で対応が模索された（下川, 2012）。医療的ケアとされる行為は本来医療行為であるため、医療資格のない教員が医療的ケアを行うと医師法に違反することが問題となった。しかし、医療的ケアを必要とする子どもが通学してくれば教員が対応せざるを得ず、保護者に付き添いを依頼すれば、体調不良などで保護者が付き添えない時には子どもは通学することができず、子どもの教育を受ける権利が保障できない。このようなジレンマの中で議論が重ねられ、2004年には厚生労働省通知により、学校に配置した看護師を中心に医療的ケアを行うこととなり、条件が満たされれば教員によるたんの吸引等を盲・聾・養護学校全体に許容することはやむを得ないとされた。これ以降、肢体不自由特別支援学校、小中学校に配置される看護師が増え、教員とともに子どもの学校生活を支えるようになっている（文部科学省,

2014d；清水, 2014)。さらに2011年に社会福祉士及び介護福祉士法が一部改正され、一定の研修を受けた介護職員等は一定の条件の下に痰の吸引等の医療的ケアができるようになり、特別支援学校の教員も、法律にもとづいて医療的ケアを行うことが可能になった。現在は、同法に基づき、特別支援学校が登録特定行為事業者となり、特定行為（口腔内、鼻腔内、気管カニューレ内部の喀痰吸引、胃ろう又は腸ろうによる経管栄養、経鼻経管栄養）について研修を受け認定されたものが認定特定行為業務従事者として実施している。2013年度には、全国の特別支援学校615校に看護師が1,354名配置され、3,493名の教員が認定特定行為業務従事者として医療的ケアを行っている。

　このように学校で医療的ケアが行われるようになってきたが、何より大切なのは重い障害のある子どもにどのような教育を行うかということである。重症心身障害の子どもにとって、毎日通学し、家族以外の教員や看護師からケアを受け、健康を維持することは社会で生きていくために重要な経験である。教員は子どもとかかわる中で健康状態や刺激に対する反応などの実態を把握し、信頼関係のもとで指導を進める必要がある。医療的ケアが看護師任せになり、教員の健康管理・健康指導能力の低下が危惧されるという指摘もある（下川, 2012）。重症心身障害の子どもを教える場合に求められる教員の専門性について整理し、教員の養成、育成に活かす必要がある。

4-4　慢性疾患の子どもの教育と健康支援

　2011年度の小児慢性特定疾患登録患者数は119,370名であり、同じ年度の病弱特別支援学校138校の在籍幼児児童生徒は19,589名、病弱・身体虚弱特別支援学級1,271学級の在籍児童生徒は2,270名であった（文部科学省, 2012b）。小児慢性特定疾患患者数には就学前の乳幼児が含まれていることから単純に比較することはできないが、慢性疾患の子どもの多くが通常の学級に在籍しているものと推測される。慢性疾患の子どもは病弱・身体虚弱教育の対象となるが、多くの子どもがそうした教育を受けることのないまま成長している。

慢性疾患の子どものニーズに応じた教育を届ける必要はないのだろうか。

　2012年に食物アレルギーの子どもが学校給食後にアナフィラキシーショックの疑いで亡くなるという痛ましい事故が発生した。これを受けて文部科学省は「今後の学校給食における食物アレルギー対応について（通知）」を示し、学校のアレルギー疾患に対する取り組みガイドラインや学校生活管理指導表に基づく対応を求めている。しかし、このことに迅速に対応できる学校や教職員はどれだけいるだろうか。小中学校で通常の学級を担任する教師の58.3％が慢性疾患の子どもとかかわった経験を有していたものの、学校生活管理指導表は活用されていなかったことが指摘されている（河合・津田・岡田他, 2014）。学校生活管理指導表は、慢性疾患の種類ごとに学校生活上の制限や留意点を示したもので、主治医が個々の子どもの病状に合わせて記載するものである。医療と連携した慢性疾患の子どもに対する健康教育や急変時の対応が通常の学級で求められている。

　一方、病弱・身体虚弱特別支援学級のうち、小中学校の本校内に設置される学級は、いわゆる院内学級よりも数が多く、数が増加していることが報告されている（滝川・西牧・植木田, 2011）。この報告によれば、小学校・小学部では、てんかんなどの神経系の疾患が最も多く、新生物（小児がん）、精神および行動の障害の順であった。中学校・中学部では、精神および行動の障害が最も多く、次いで神経系の疾患、新生物の順であった。また2008年度に全国の病弱特別支援学校に在籍していた児童生徒5,415名のうち、精神疾患等の児童生徒は1,600名（29.5％）であったと報告されている（八島・栃真賀・植木田他, 2013）。このうち不登校経験のある児童生徒の医学的診断名は心身症13.2％が最も多く、次いで広汎性発達障害、適応障害、アスペルガー症候群の順であった。精神疾患等の児童生徒に対する指導法や指導内容などの情報が蓄積されていないことが指摘されており（滝川・西牧・植木田, 2011）、対策が急がれる。

　病弱・身体虚弱教育は、長期入院や頻回の通院を余儀なくされる慢性疾患

の子どもに学習機会を保障し、学習空白を生じさせないためにも重要だが、彼らが社会でいきいきと生活するためには、自身の健康をマネージメントする力、自身の健康に関係する情報を読み解く力（ヘルスリテラシー）を育て、あわせてクラスメイトに慢性疾患について正しく理解してもらう健康教育が極めて重要である。

5　今後の課題

　神経発達障害、重症心身障害、小児慢性疾患の医療は、子どもの生活を支える医療である。学齢期の子どもに対しては、特別支援教育を支えることを通じて、彼らの健康を支援する。学校は知的障害、発達障害（神経発達障害）、重度重複障害（重症心身障害）、病弱・身体虚弱（小児慢性疾患）の児童生徒の特別な教育的ニーズに応えるため、児童生徒の実態把握、安全確保、健康管理などを目的として医療との連携を必要としている。医療は彼らが健康に学校生活を送り、意欲的に教育に参加できるよう教育と連携する必要がある。教育と健康の特別なニーズを有する子どもたちを支援するため、教育と医療の双方向の連携が求められている。

　しかし、どのような連携が教育支援、健康支援のニーズに応えることができるのか検討が必要である。知的障害特別支援学校の学校医（小林, 2002）、医療的ケアにかかわる肢体不自由特別支援学校等の看護師や臨床指導医、就学支援委員などの活動は医療が行う特別支援教育との連携の形である。特別支援学校に理学療法士、作業療法士、言語聴覚士、心理職が配置され、特別支援学校の教育課程の特徴である自立活動の指導への指導助言、教育相談などを行っている地域もある（神奈川県教育委員会, 2013）。学校組織の一員として医療職が特別支援教育を支える形といえる。また横浜市では、発達障害の児童に対する教員の対応を支援するため、地域療育センターの専従スタッフが学校を訪問して、教員の研修やコンサルテーションを行う事業を行っている

(小川, 2009)。就学前の支援と学校教育をつなぐ支援であり、学校を支える地域のシステムといえる。

　子どもの健康を守ることは、生じてしまった疾患を治療することだけではない。子どもの健康状態を維持し、生じやすい健康問題を予防することも重要な手立てである。しかし、こうした予防的介入は従来の医療の枠組みを超え、特別支援教育との連携を通じて、子どもの生活の場で行うよう計画する必要がある。障害のある子ども、慢性疾患の子どもにとって、生じやすい健康問題を予防することは、そのための健康マネージメントの方法を学ぶことでもある。こうした教育を担う人材の養成、育成が今後の大きな課題である。

文献

American Psychiatric Association (2013). *The Diagnostic and Statistical Manual of Mental Disorders*. Fifth Edition. Arlington: American Psychiatric Publishing.（アメリカ精神医学会　日本精神神経学会監修, 髙橋三郎・大野　裕（監訳）(2014)．DSM-5 精神疾患の診断・統計マニュアル　医学書院）

中　佳久・小谷裕実（2003）．近畿地方における知的障害児の肥満実態調査および肥満指導に関する一考察　―第一報―　小児保健研究, **62**（**1**), 17-25.

中央教育審議会（2005）．特別支援教育を推進するための制度の在り方について（答申）．

Einfeld, S.L., Ellis, L.A. and Emerson, E (2011). Comorbidity of intellectual disability and mental disorder in children and adolescents: A systematic review. *Journal of Intellectual & Developmental Disability*, **36**, 137-143.

本田秀夫（2014）．「アスペルガー症候群」はどこへ行く？　こころの科学, **174**, 29-35.

神奈川県教育委員会（2013）．神奈川県特別支援教育推進協議会～県教育委員会への提言～．

河合洋子・津田聡子・岡田朋彦・大見サキエ・中塚志麻・横田雅史（2014）．慢性疾患児の学校生活管理指導表の活用状況調査　小児保健研究, **73**（**1**), 38-42.

小枝達也（2001）．発達面からみた心身症および学校不適応の病態　日本小児科学会雑誌, **105**（**12**), 1332-1335.

小林潤一郎（2000）．知的障害養護学校における健康管理と Educational Medicine の重要性　明治学院論叢 No.649 心理学紀要, No.10, 7-15.

小林潤一郎（2002）． 学校医は特殊教育を支援する―知的障害養護学校での活動記録　明治学院論叢 No.681 心理学紀要, No.12, 47-53.
小林潤一郎（2014）． 知的障害　1．概念、症候、診断基準　精神科治療学, **29**, 385-388.
文部科学省（2007）． 特別支援教育の推進について（通知）.
文部科学省（2012a）． 通常の学級に在籍する発達障害の可能性のある特別な教育的支援を必要とする児童生徒に関する調査結果.
文部科学省（2012b）． 特別支援教育資料（平成23年度）.
文部科学省（2014a）． 平成25年度通級による指導実施状況調査結果.
文部科学省（2014b）． 特別支援教育資料（平成25年度）.
文部科学省（2014c）． 平成25年度特別支援教育体制整備状況調査結果.
文部科学省（2014d）． 平成25年度特別支援学校等の医療的ケアに関する調査結果.
小川淳（2009）．〈療育から教育へ〉横浜市における学校支援事業の取り組み　ノーマライゼーション, **29**（**12**）, 20-23.
作田亮一（2012）． 医療的ケアの必要な子どもへの支援：医療の立場から　小児保健研究, **71**（**5**）, 630-636.
清水史恵（2014）． 通常学校において医療的ケアに関わる看護師の配置や雇用状況の全国調査―教育委員会を対象として―　小児保健研究, **73**（**2**）, 360-366.
清水康夫（2014）． 自閉症スペクトラム障害とは？　こころの科学, **174**, 10-14.
下川和洋（2012）． 学校教育における医療的ケアの到達点と課題　障害者問題研究, **40**（**1**）, 36-43.
髙野貴子（2010）． ダウン症児の健康と医療的支援　発達障害研究, **32**（**4**）, 362-369.
滝川国芳・西牧謙吾・植木田 潤（2011）． 日本の病弱・身体虚弱教育における特別支援教育体制の現状と課題―全国都道府県・政令指定都市を対象とした全数調査から―　小児保健研究, **70**（**4**）, 515-522.
上田 敏（2002）． 国際障害分類初版（ICIDH）から国際生活機能分類（ICF）へ―改定の経過・趣旨・内容・特徴―　ノーマライゼーション, **22**（**6**）, 9-14.
World Health Organization (2002). Towards a Common Language for Functioning, Disability and Health: ICF. Geneva.
八島 猛・栃真賀 透・植木田 潤・滝川国芳・西牧謙吾（2013）． 病弱・身体虚弱教育における精神疾患等の児童生徒の現状と教育的課題―全国の特別支援学校（病弱）を対象とした調査に基づく検討―　小児保健研究, **72**（**4**）, 514-524.

（小林潤一郎）

第13章　障害児の発達と教育制度

はじめに

　教育発達学は、心理学、教育学、障害科学の三分野から構成される。「障害科学」とは、人間存在の在り様の一つの形として存在する「障害」という状態を、その原因や背景、成長・発達、そして支援との関係において科学的に論じようという分野である。

　「障害」は、有史以来の人類の長い歴史にあって、常にその生命や存在を脅かす難題であったことは想像に難くない。古代人の遺跡から、発育不良や欠損の痕跡をもつ人骨が発見されているという。成人のものとみられる骨もあることから、何らかの障害をかかえながらも生きながらえていたと推察され、その時代の社会に「福祉」の存在を指摘する説もある。

　時は移り、社会や国が変わり、人々の生活と制度、そしてその中での障害のある人々の「処遇」も時代とともに変わっていくことになる。

　この障害のある人々の発達、すなわち自己実現とより豊かな生活を可能にするために、教育はどのような役割を担い果たしているのだろうか。教育、とりわけ学校教育においてそれを担っているのが、特別支援教育である。

　本章では、障害児に対する教育的なかかわりの変遷と今後の課題について学んでいく。

1 教育発達学における特別支援教育学

1-1 障害者処遇の変遷と障害児教育の誕生

　人類の歴史の中で、障害のある人々に対する処遇としては排除と差別の時代が長かったといえる。産業革命以後の近代社会においても、人はその生産性によって評価され、障害のある人々は慈悲と憐みの対象でしかなかった。しかし、18世紀末のフランス革命に象徴される自由と人権を重んじる文化の中で、障害のある子どもたちへの学校教育の試みが聾唖学校、盲学校の誕生として顕在化してくるのである。さらにフランスの医師イタール（Itard, J.M.G.）による「アヴェロンの野生児」の教育実践は、科学的根拠のある支援によって発達の遅れなどの状態の改善に可能性があることを証明して見せた（中野善達・他, 1978）。この実践はその弟子であるセガン（Seguin, E.O.）によって受け継がれ、米国の障害者施設の中に開設された知的障害児のための学校を生み出すことになる。その後、世界各地に障害種別ごとの特別な学校が広まっていった。

　セガンが開設したニューヨークの学校を訪問した石井亮一が、1891（明治24）年、わが国最初の知的障害児入所施設「滝乃川学園」を設立し、子どもたちの保護と同時に教育的取り組みを始めた。イタールやセガンが工夫した指導法や教材が日本に導入され、それらは今なお教育現場で生きている。

1-2 日本の障害児教育

　日本では、ペリー来航後の1860（万延元）年に出発した遣米使節一行は、「盲人学校」「唖学校」なども見学してその見聞を伝え、1861（文久元）年の遣欧使節団に加わっていた福沢諭吉は後に「西洋事情」の中で「貧院」「唖院」などについて記述している。

　1872（明治5）年に頒布された「学制」では、「必ス邑ニ不学ノ戸ナク、家

ニ不学ノ人ナカラシメンコトヲ期ス」と国民皆学を打ち出すとともに、その中で「廃人学校アルヘシ」との記述で障害児への教育に言及している。その後、1878（明治11）年、京都盲唖院が設立され、我が国の障害児教育の発祥とされている。続く1880（明治13）年には、東京築地に楽善会訓盲院が設立された。この学校では、明治学院大学とゆかりがあり、ヘボン式ローマ字で知られる、アメリカ人宣教師ヘボンの訳による聖書のローマ字表記の凸字本が教科書として使われたという（大川原, 1990）。我が国最初の障害児教育での教科書である。

　1886（明治19）年に小学校令が出され、就学率が50%を超えるようになると、一斉授業についていけない学業成績の悪い子どもへの対策が必要になってきた。特に強力な勧学政策をとっていた長野県では公教育の普及は全国に先駆けて進んでおり、教育先進県として知られていた。そうした中で、1890（明治23）年長野県松本尋常小学校に、「落第生学級」が設置され、1896（明治29）年には同じく長野県の長野尋常小学校に「晩熟生学級」が置かれている。これらの取り組みは、学力問題から発生した特別学級ではあるが、我が国知的障害児教育の初期の実践として位置付けられている。しかし、個別的支援の提供という積極的側面と同時に、一部の児童の排除による一斉授業の効率化という、今日にもつながる特別支援教育の二面性という問題を孕んでいた。

　また、これらの特別学級への入級に際しては、周囲からの差別や偏見との闘いを強いられることにもなり、これもまた現在でも払拭しきれていない大きな課題である。

1-3　第二次大戦後の特殊教育体制

　戦後の日本国憲法は、その第26条で、教育を受ける権利と受けさせる義務について規定した。さらに教育基本法、学校教育法によって、障害のある子どもについても義務教育の対象とし、盲学校、聾学校、養護学校（精神薄弱、肢体不自由、病弱）、及び特殊学級の設置が促進されることになる。しかし、

養護学校については、その設置が間に合わず、就学義務が猶予または免除されるという措置がとられていた。障害のある子どもについては、教育を受ける権利が奪われている状態に置かれていたのである。

1979（昭和54）年、ようやく養護学校教育の義務制が完全実施となった。障害のない子どもたちから30年以上遅れて、教育権の保障という悲願が達成されたことになる。しかしこの歴史的な出来事は他の側面を持っていた。学校教育法施行令では、障害の種類と程度によって就学すべき学校を規定している。すなわち当事者による就学する学校の主体的選択が規定上は困難となったことになる。この状況は、世界的なインクルージョンを目指す潮流の高まりによって、2012（平成24）年、就学の手続きが見直されるまで続くことになるのである。

2 特別支援教育制度の構築

2-1 障害種に応じた教育制度

前述のように、学校教育法では障害種別と程度に応じて、教育の場を用意している。2007（平成19）年の学校教育法改正を経て、これまでの特殊教育は特別支援教育と変更になり、盲学校、聾学校、養護学校の名称は、特別支援学校として統一された。また、特殊学級は、特別支援学級と変更された。学校教育法施行令22条の3では、特別支援学校の対象となる障害の種類と程度について、表1のように規定している。

それぞれの教育の場に就学している児童生徒の数を、図1に示す。少子化によって義務教育年齢の児童生徒の総数は減少しているが、特別支援教育を利用する子どもの数は増加している。

2-2 教育課程の編成

障害のある児童生徒を教育する場合の教育課程について、学習指導要領に

第13章　障害児の発達と教育制度

表1　学校教育法施行令　第2章　視覚障害者の等の障がいの程度

第22条の3　法第75条の政令で定める視覚障害者、聴覚障害者、知的障害者、肢体不自由者又は病弱者の障害の程度は、次の表に掲げるとおりとする。

区分	障害の程度
視覚障害者	両眼の視力がおおむね0.3未満のもの又は視力以外の視機能障害が高度のもののうち、拡大鏡等の使用によつても通常の文字、図形等の視覚による認識が不可能又は著しく困難な程度のもの
聴覚障害者	両耳の聴力レベルがおおむね60デシベル以上のもののうち、補聴器等の使用によつても通常の話声を解することが不可能又は著しく困難な程度のもの
知的障害者	1.　知的発達の遅滞があり、他人との意思疎通が困難で日常生活を営むのに頻繁に援助を必要とする程度のもの 2.　知的発達の遅滞の程度が前号に掲げる程度に達しないもののうち、社会生活への適応が著しく困難なもの
肢体不自由者	1.　肢体不自由の状態が補装具の使用によつても歩行、筆記等日常生活における基本的な動作が不可能又は困難な程度のもの 2.　肢体不自由の状態が前号に掲げる程度に達しないもののうち、常時の医学的観察指導を必要とする程度のもの
病弱者	1.　慢性の呼吸器疾患、腎臓疾患及び神経疾患、悪性新生物その他の疾患の状態が継続して医療又は生活規制を必要とする程度のもの 2.　身体虚弱の状態が継続して生活規制を必要とする程度のもの

備考
一　視力の測定は、万国式試視力表によるものとし、屈折異常があるものについては、矯正視力によつて測定する。
二　聴力の測定は、日本工業規格によるオージオメータによる。

よってその編成の基準が示されているのは、通常の教育と同様である。領域・教科の大枠を通常の教育と共通にしてあるのは、教育の連続性を担保するためでもある。ただし、障害による特殊性に配慮した指導を可能にするために、学習指導要領を構成する領域の一つとして「自立活動」を加えている。また、知的障害のある児童生徒を教育する場合に、領域・教科を合わせて教育することができるとされている。

　この合わせた指導の具体的な指導形態として、学習指導要領の解説では、「日常生活の指導」「遊びの指導」「生活単元学習」「作業学習」をあげている。

266　第Ⅲ部　障害児の生活と発達

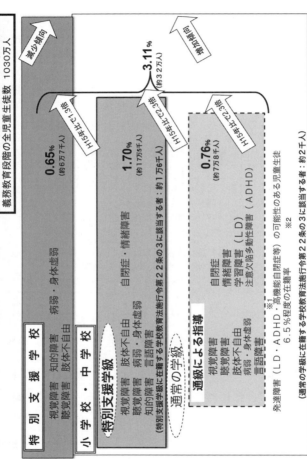

図1　特別支援教育の現状〜特別支援教育の対象の概念図（義務教育段階）〜
文部科学省HP（http://www.mext.go.jp/a_menu/shotou/tokubetu/002/）から改変

なお、特別支援学級においては、小・中学校の学習指導要領を基準としつつ、特別支援学校のものを参考にすることができるとされている。

2-3 個別の教育支援計画

2002（平成14）年の新・障害者基本計画において、障害者を支援する場合にその生涯にわたって個別の支援計画を作成することが定められている。学校における教育的支援については、「個別の教育支援計画」を作成することになっており、さらに学習指導要領では、特別な教育的支援を必要とする児童生徒の教育に際しては「個別指導計画」の策定を義務づけている。

これらの計画については、対象となる児童生徒の障害の程度や発達段階について発達検査などのアセスメントを実施するとともに、行動観察、家庭での生活の実際の聴取など、十分な情報収集を行い、さらに保護者と連携して作成することになっている。また、PDCAサイクルの考え方に基づき、定期的に見直すことが大切である。

このような一人ひとりのニーズに合わせたきめ細かな特別支援教育の充実によって、子どもたちの発達の可能性が十分に引き出され、将来の社会参加と自立へと一歩ずつ近づいている。就学の場として特別支援学校や特別支援学級を選択する者が増加していることの原因の一つである。

こうして充実してきた特別支援教育の制度と内容は、近年の障害者をめぐる世界的ムーブメントの中で、さらに変化することが求められている。

3 特別支援教育からユニバーサルデザインへ

3-1 インクルーシブ教育システムの構築をめざして

障害のある人々の処遇は、排除から隔離、保護という歴史をたどり、近世においては一般社会を障害者から守るという社会防衛的観点もあり、大規模施設への収容という形をとることが一般的であった。学校教育においては、

障害のない子どもと分離したうえで障害種別と程度によるいわゆる分類処遇が行われていた。

ところが、20世紀半ばの北欧に始まる、障害のある人々も一般社会の中で暮らすというノーマライゼーションの取り組みは、施設から地域へという脱施設化のムーブメントとなって世界中に広まっていった。たとえ障害があっても、地域社会の中で、障害のない人々とともに学び、働き、暮らすことが、個人の権利を保障しその生活の質（QOL）を高めることを実現するというのである。ノーマライゼーション、インテグレーション、メインストリーミングなど、理念と方法に若干の違いはあるが、ユネスコによるサラマンカ声明（1994）で用いられた用語であるインクルージョンに統合されていくことになる。

3-2 障害概念の変化

人の障害の原因は様々である。遺伝的疾患、母親の胎内での何らかの生物学的、化学的原因による形成不全、周産期の障害、出生後の疾病など、主に病理学的観点からの障害規定が、障害理解の根拠になっている。従って、障害への支援、障害の改善へのアプローチはこの病理学的障害概念から出発している。それゆえ、医療、リハビリテーションが主となり、障害当事者はそれに応えて自らの障害の治療とリハビリに汗を流すことが求められてきた。隔離された環境は、そのアプローチには都合が良かったかもしれない。

しかし、脱施設化のムーブメントを受けて、地域社会の中で暮らし地域の人々と触れ合い共に活動することによって、障害の改善がありうることが気付かれてくる。個人と環境との相互作用によって障害を捉えようという障害概念への変容である。

国連の下部機関である世界保健機関（WHO）は、国際生活機能分類（ICF, 2001）を提案し、障害を病理学的側面からのみ捉えるのではなく、環境との相互作用で捉える障害観を提唱した。医学的障害観と社会的障害観の統合で

第13章 障害児の発達と教育制度

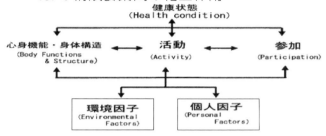

図2 国際生活機能分類（ICF） WHO 2001
国際生活機能分類（International Classification of Functioning, Disability and Health, ICF）
厚生労働省HP（http://www.mhlw.go.jp/houdou/2002/08/h0805-1.html）から改変

ある。(図2) この図の意義については、第12章でも説明されているので参照されたい。

この新しい障害観によれば、個人に対する治療や訓練によってその人の障害が変容するのみではなく、環境としての社会が変容し、活動や参加の状況が変わり、相互作用が変わることで、障害の在り様が変わることになる。教育によって個人の成長発達を促し障害の改善を図るのみではなく、教育が環境を変化させ相互作用の結果として個人の成長発達を実現するということである。

この社会変革を意図して取り組まれたのが、国連による「障害者の権利に関する条約」である。

3-3 障害者の権利に関する条約

国連は障害のある人々の社会参加の推進に関連して、様々な政策を展開してきた。1981（昭和56）年には、「国際障害者年」として、「完全参加と平等」をテーマにした取り組みを加盟国に呼びかけ、その後、「国連障害者の10年」、「アジア太平洋障害者の10年」、「障害者の機会均等化に関する基準規則」などの取り組みが継続された。いずれも障害者の人権を尊重し、その主体的な

自己決定による一般社会への参加を促進し、当事者の自己実現と生活の質（QOL）の向上を目指そうというものである。

これらの取り組みの集大成として、2006（平成18）年12月、「障害者の権利に関する条約」が国連総会において満場一致で採択された。前文と50条の本文からなるこの条約の第1条には、目的として次のように述べられている。
（「障害者の権利に関する条約」日本政府公定訳、2014年1月20日公布）

第1条　目的
　この条約は、全ての障害者によるあらゆる人権及び基本的自由の完全かつ平等な享有を促進し、保護し、及び確保すること並びに障害者の固有の尊厳の尊重を促進することを目的とする。
　障害者には、長期的な身体的、精神的、知的又は感覚的な機能障害であって、様々な障壁との相互作用により他の者との平等を基礎として社会に完全かつ効果的に参加することを妨げ得るものを有する者を含む。

国連の条約は、加盟国においてその国の憲法と同等の効力を持つ。すなわち、憲法以下のすべての国内法の上位に位置づけられ、国内法との齟齬、矛盾は許されない。そのため日本政府は7年という長い時間をかけて国内法の改正、整備を行い、2014（平成26）年1月の条約批准を迎えたのである。

4　共生社会をめざした教育改革

4-1　学校制度の見直し

1872（明治5）年の学制以来、日本の学校教育制度は、障害のない者と障害のある者とを分け、さらに障害の種類と程度によって異なる教育の場を整えてきた。そのことによって、一人ひとりの障害や発達の状態に応じたきめ細かな教育的支援が可能になり、一定の成果を上げてきた。しかしその一方で、

第13章　障害児の発達と教育制度

障害のない者とある者の相互の理解が阻害され、障害者の社会参加を推進する上での障壁の一因となっていることも否定できない。

前述のように国連は障害者の社会参加の促進を目的として、様々な取り組みを全世界に向けて呼びかけ、日本においても、それらを受けつつ福祉、医療、労働、教育など様々な分野での法整備が進められた。

2007（平成19）年に学校教育法が改正され、これまでの「特殊教育」を「特別支援教育」と改めた。障害種別によって盲学校、聾学校、養護学校に分けられていたものを、特別支援学校として名称を統一し、種別を超えた教育を可能とした。さらに、通常の小中学校においても、特別な支援を必要とする児童生徒に対し、特別支援教育を提供することが可能になるなど、教育の場を前提とした支援から、個々のニーズに応じた支援が目指されるようになった。

それに先立って1993（平成5）年に国の制度としてスタートした「通級による指導」は、通常の学級に在籍しながら一定時間、特別の場で必要な教育を受けることができる制度であり、近年急速にその利用者が増加している。

1993（平成5）年、障害者の自立と社会参加をめざすことを明記した障害者基本法が成立し、2004（平成16）年のその改正では、学校における「交流及び共同学習」が規定された。障害のある人々の社会参加を実現するには、学校教育の段階から障害のある者とない者とが共に活動したり学習するなどによって、相互理解を促すことが大切であるという認識に基づいている。この趣旨は学習指導要領にも盛り込まれ、文部科学省も各都道府県教育委員会や学校に指示をしている。これによって学校間交流が盛んに行われるようになり、一部の地域では、自宅の近くの学校との居住地校交流にも取り組まれるようになった。

これをさらに進め、特別支援学校に在籍する児童生徒が、居住地の小中学校にも副次的な籍を持つというという取り組みも始められている。埼玉県の支援籍、東京都の副籍などが制度化され、他の地域にも広がりつつある。特別支援学校に通う児童生徒が、自宅のある地域の中で同年代の子どもたちと

知り合いになるなど、一定の成果が報告されている。しかし、具体的な触れ合いの内容や方法の検討とその評価などについては、今後の課題として残されている。

4-2　就学支援の見直し

　障害の種類と程度に応じて構築されてきた日本の障害児教育は、就学の時点での教育の場の選択が前提であった。学校教育法施行令 22 条の 3 では、障害の種類と程度に応じて、就学すべき学校が規定されていた。この手続きが、「障害者の権利に関する条約」でいう「可能な限り同じ場での教育」と、「当事者の主体的選択」の趣旨に矛盾するのではないかとの観点から、見直しの検討が時間をかけて行われた。

　その結果、2012 (平成 24) 年 7 月、中央教育審議会の報告では、次のように述べられている。

　「就学基準に該当する障害のある子どもは特別支援学校に原則就学するという従来の就学先決定の仕組みを改め、障害の状態、本人の教育的ニーズ、本人・保護者の意見、教育学、医学、心理学等専門的見地からの意見、学校や地域の状況等を踏まえた総合的な観点から就学先を決定する仕組みとすることが適当である。」

　また、この過程では、本人・保護者に対して十分な情報提供を行いつつ、本人・保護者の意見を最大限尊重し合意形成を行うことを原則とする、としている。

　就学先の決定は容易なことではないが、早期からの支援と就学相談、柔軟で継続的な教育相談によって、より適切な支援を実現したい。

4-3　合理的配慮と今後の特別支援教育

　「障害者の権利に関する条約」では、「合理的配慮」について、次のように定義している。

第2条定義

(前略)「合理的配慮」とは、障害者が他のものと平等にすべての人権及び基本的自由を享有し、または行使することを確保するための必要かつ適当な変更及び調整であって、特定の場合において必要とされるものであり、かつ、均衡を失した過度の負担を課さないものをいう。(後略)

「均衡を失した」、「過度の負担」については、各学校の設置者及び学校が体制面、財政面をも勘案して、個別に判断することとされている。

この合理的配慮をしないことは、「障害を理由とする差別」とされること、「障害者差別解消法」（2016年4月施行）に規定されている義務違反になることにも留意しなければならない。

以上見てきたように、障害のある児童生徒の望ましい発達を保障するための特別支援教育の制度は、国際的動向の影響を受けつつ時代とともに変化してきた。しかし今なお発展途上であり、また、制度が改善されても実態が伴わないことも少なくない。

特別支援教育は、教育の原点であるといわれる。特別支援の対象となる児童生徒だけでなく、すべての子どもたちにとって楽しい学校生活となり、共生社会の実現を可能とする学校教育の構築のためには、さらなる実践と研究が求められている。

引用文献

中央教育審議会（2013）．共生社会の形成に向けたインクルーシブ教育システム構築のための特別支援教育の推進（報告）　文部科学省

Itard, J.M.G. (1894). *Rapports et mémoires sur le savvage de l'aveyron*. Paris: Publications du progres medical.（イタール，J.M.G.　中野善達・松田　清（訳）（1978）．新訳アヴェロンの野生児―ヴィクトールの発達と教育　福村出版）

大川原　潔（1990）．特殊教育の発展とその経緯―行政とのかかわりを背景に―　第一法規

（金子　健）

第Ⅳ部

教員養成の新たなスタンダードをめざして

循環型教育システムによる学び

　心理学部教育発達学科における教育課程の特徴である「循環型教育システム」が、どのように創出されてきたのか、学科基幹科目である「教育発達学方法論（体験活動）A・B」（発足当時は「体験活動方法論」）の取り組みを中心に、ここで振り返ってみたい。

　教育発達学科は小学校教諭免許状を基礎として幼稚園教諭あるいは特別支援学校教諭のいずれか2校種の教員免許状を取得できる学科として2010年4月に心理学部のなかに設置認可された。本学科は「こころを探り、人を支える」という心理学部の教育理念のもと、心理学を基盤としながら教育学（初等教育）と障害科学を融合した教育発達学の構築を目指している。学科の教育課程には、それまで心理学部心理学科で培われてきた教育方法を包含し、さらに子どもの心を理解し、支援することのできる人材、すなわち「心理支援力」、「発達支援力」、そして「教育実践力」を身に付けた人材を養成するためのより適切な教育システムの構築に向けて、繰り返し、その改善を図っている。

　本学科の設置認可の準備当時、心理学部心理学科では基幹科目に「心理支援論」を位置づけていた。「心理支援論」は、「心理学部で何を学んだか」という問いに応えるため、学部教育理念に即して、一般企業、就学前から小中高等学校や特別支援学校などの教育現場、クリニックや病院、障害児療育施設や福祉作業所、一般家庭などさまざまな場において支援を必要とする人々に必要な支援を行うことのできる人材の養成を具現化した科目群であった。これらを配置した教育課程を通して、心理支援力、すなわち、①自己理解力、

②他者理解力、③自己コントロール力、④関係形成力、⑤他者支援力の5つの力を、1年次から4年次までに段階的に培うことをねらいとした新しい心理学教育の試みであった。

　こうした心理学科での取り組みは、2008年度文部科学省「質の高い大学教育推進プログラム（教育GP）」に3年間のプログラムとして採択され、さらにその後の3年間は大学の助成を受けて、「心理支援論」に関する一連の授業を展開した。そこでは1・2年次における「心理支援論」の講義8単位と並行して、正規のカリキュラム以外に学外での多様な現場での体験活動を行うことを学生に義務づけた。この活動をサポートするため、体験活動サポート室を学部内に開設し、専任の助手を配置した。同室では体験活動の受入機関を募ってバンクを設立し、学生が自ら希望する活動先をバンクから選択できるようにした。実際の活動内容により学生にポイントを付与する制度を導入し、規定ポイントの取得を3年次以降の心理支援論（総合）の履修前提条件とした。学生は自身の体験活動の経験を踏まえて、3〜4年次にグループ活動を行い、心理支援について理解を深めた。こうした心理学科の取り組みの詳細は『心理支援論―心理学教育の新スタンダード』（井上・山崎・藤﨑, 2011）を参照されたい。

　教育発達学科における「循環型教育システム」の起源はこの「心理支援論」にある。もともと「循環型教育システム」とは、大学内での学びである講義を中心とした座学で得た知識と、学外でのさまざまな現場における体験活動とを関連づけて、各自の学びをより確かなものとする教育システムである。このような循環型教育システムを教育課程に位置づけた点が、「心理支援論」の取り組みを一歩推し進めたものであり、本学科の大きな特徴である。

　教育発達学科の教育課程に、この循環型教育システムを組み入れた2015年度からの4年間の学びの流れは図1に示されている通りである。以下、循環

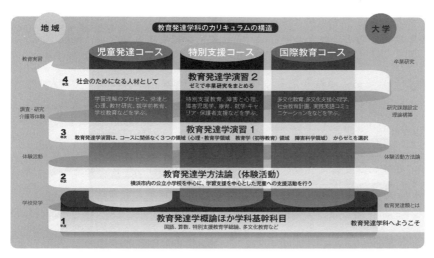

図1　2015年度からの教育発達学科のカリキュラムの特徴

型教育システムの概要をみていこう。

　学科発足当時は1年次の春学期半期必修科目であった「教育発達学概論」を、2014年度から「教育発達学概論A・B」とし、通年4単位の必修科目として配置した。学生は27―28人のグループに分かれ、まず大学生としての主体的学びの基礎となる文献検索の方法からレポートの書き方などの「アカデミックリテラシー」について講義と実習を通して学ぶ。その上で、心理学、教育学（初等教育）、障害科学の各分野からみた教育発達学について、1分野につき3回連続で、①各分野のトピックスに関する講義、②各自が興味・関心をもった課題調べと話し合い、③興味・関心に即した共通テーマのグループ発表を行うことによって、学生が教育発達学のイメージをもち、自分自身の興味・関心とのつながりを意識化するようにしている。こうした3分野の基本を学びつつ、順次、グループごとに横浜市内の私立幼稚園、公立小学校、国公私立特別支援学校の3校種における教育実践の見学を半日実施した。見学に関する事前指導では各校種での各自の見学目的を明確にし、事後指導で

はその目的と実際を振り返ることから各現場の現状について知ることとなる。1年次のうちに、たとえ半日ではあっても学校現場を見学した経験は大きな意味をもっていると考える。そして、秋学期の終わりには、2年次での学科基幹科目である「教育発達学方法論A・B（体験活動）」に関するオリエンテーションを行い、2年次4月からの主に学校現場における体験活動に対する自覚を促すようにしている。

2年次の基幹科目「教育発達学方法論（体験活動）A・B」（発足当時「体験活動方法論A・B」）は通年4単位の必修科目として配置し、循環型教育システムの中心に位置づけ、実施にあたっては横浜市教育委員会と大学との間で覚え書きをかわしている。その内容の概要は、①教育発達学科2年次生を学習支援のアシスタントとして横浜市立小学校が受入れ、②その曜時限は毎週木曜日の午前8時30分～午後3時30分までとし、③1校につき1名の学生を1年間にわたり受入れ、担任などの指導のもとに学生は学習支援を実践する、というものである。また、横浜市教育委員会は全市立小学校341校に学習支援のアシスタントの受入希望を尋ね、希望する場合には学習支援を必要とする児童の支援方針などの事前の提出を求めている。その上で、学生の学習支援のアシスタントとしての活動趣旨を共有するために、全受入校に対して横浜市教育委員会と学科が共同で説明会を開催し、その後、学生の居住地などを配慮して各校1名の受け入れをお願いしている。

受入校での体験活動と並行して、大学内において年に3回の報告会を行っている。第1回目は、体験活動への不安や戸惑い、また活動先での取り組みの内容を共有することを目的に、4回目の活動終了後の6月に行っている。第2回報告会は秋学期に実施し、あらかじめ設定されたテーマからグループごとにテーマを選択し、グループ討論をした結果を発表する、という内容である。最終報告会では、これまでの体験活動を通じての学習成果をまとめる

ほか、改めて「心理支援」という観点から各自の活動や学校教育、そして子どもの発達や支援を再考する内容となっている。このような学内での報告会には、横浜市教育委員会特別支援教育課担当指導主事や授業担当者以外の教員も適宜参加し、指導に加わっている。

体験活動を開始した当初、多くの学生は不安や戸惑いを感じるものの、試行錯誤しながら夏休み前後にはクラスの子どもたちに受け入れられてきたと感じるようになっていく。担任教師との何気ない話などから、子どもとのかかわりや、クラスのなかでの自分自身の立ち位置、そして自分自身の課題についても振り返ることができるようになっていく、といった変化がみられ、こうしたプロセスを大切に考えている。

また、体験活動を通したこのような学びをサポートするために、学科発足当時は心理学科と共同の体験活動サポート室に担当の助手を配置し、学生の不安や困り感（例えば、学校やクラスのなかでの子どもとのかかわり、学習支援の進め方など）に対して、随時アドバイスできる体勢を整え、その体勢を維持してきている。さらに、専任教員が分担して年に1回、主に学生の活動日に全受入校を訪問し、学生の参加態度や児童への支援の様子のほか、大学の指導に対する受入校の意見や要望などについても把握するようにしている。

一方、受入校の担当者には、学生の参加態度、および学生の児童への支援の様子に関するアンケートへの回答を春・秋学期末の2回求めている。春学期末の回答内容については、第2回中間報告会において学生に伝え、その後の体験活動への取り組みに活かせるようにしている。秋学期末の回答については、春学期末での回答内容も含めて、次年度の「教育発達学方法論A・B」に関する事前指導の折りに、本授業科目の意義や循環型教育システムのあり方を示す内容として学生に提示している。

さらに、2年次11月には、小学校の教員免許状の取得をめざす学生には、3年次での特別支援学校（2日間）と社会福祉施設（5日間）での介護等体験に向けて、その意義等についてオリエンテーションを行うこととなる。

3年次では「子ども理解」から「子ども支援」に関する授業科目を学びつつ、「教育発達学演習1」、4年次での「教育発達学演習2」、すなわち、原則2年間にわたるゼミでの学びへと進むことになる。学生にとって、ゼミ選択は自分自身の専門の方向性を見出し、さらには卒業後の進路にもつながっていく意味をもっている。また、前述の介護等体験に加えて、3校種の教育実習に向けた事前指導（3年次から）・本実習（4年次から）・事後指導が展開していくことになる。4年次の教育実習では、各学生の進路を考慮して春・秋学期での実習校を決定するとともに、教育現場の管理職経験者である特命教授による実践指導にも力をいれている。

こうした4年間の大学内での学びと、学外のさまざまな現場での体験活動や介護等体験、さらに教育実習による学びの集大成として卒業研究やゼミ研究をまとめることになる。

以上、これまで述べてきた循環型教育システムの構築は、教育発達学を基礎として、現代の子どもをめぐる心理的課題に対処でき、また、子どもや保護者への適切な対応を行うための各自の課題を自覚し自主的に学び続けることができる、新しい人材を養成しようとする教育発達学科の挑戦である。

本学科の学生には、教育発達学科の4つのディプロマ・ポリシーである、

① 自己理解力、自己コントロール力、他者理解力、関係形成力、他者支援力からなる心理支援力

② 生涯発達プロセスや障害に関する十分な知識を持ち、それを子ども支援に活用できる力

③ 生涯発達における学校との接点を実践的に理解し、有効な教育方法について分析的・科学的に探求する力、および教科指導力、コーディネート力

④ 子どもや保護者に適切に対応するために学ぶべき事柄を認識し、自主的に学び続ける姿勢

を身に付けて、それぞれの進路において、本学科卒業生ならではの活躍を期

待するところである。

　以下、体験活動を通した学びは第 14 章、幼稚園・小学校での教育実習を通した学びは第 15 章、特別支援学校での教育実習を通した学びは第 16 章、そして 4 年間の学びと進路選択は第 17 章で詳細を述べることとする。

（藤﨑眞知代・小林潤一郎）

| 学生の学び |

第14章　体験活動を通した学び

はじめに

　本章では体験活動の仕組みと学修内容について述べる。特に体験活動で重視している循環型の学修とはどのようなものであり、またそれらを通して学生がどのようなことを学ぶのかについて述べる。

1　体験活動とは

1-1　体験活動の位置づけ

　体験活動とは、学生が小学校の現場にサービス・ラーニング（以下SLと略記。意味は後述）として実際に参加する学修活動であり、本学科2年次の通年の必修科目「教育発達学方法論（体験活動）」を通じて行われる。体験活動は学校現場での学習支援活動を通じて、子どもについて実感的に理解し、教育発達学の基礎的な学びを得ることを学修目標としている。教育発達学の基礎的な学びとは、具体的には心理支援力の育成を主たる目的としながら教育発達学の理論を学校現場での実際の経験に結びつけ、その経験の中から大学での学びのテーマを学生自らが発見して深め、学生自身の興味関心や適性について知ることである。また体験活動を2年次に実施することにより、比較的

早い時期から実感的理解を基にしながら学ぶという学修を経験し、自身の興味関心や適性性の理解を学修や進路選択に早期に反映させることができる。

1-2 「教育発達学方法論（体験活動）」の概要

「教育発達学方法論（体験活動）」は学校現場での体験活動を行いながら前述の学修目標を達成できるよう構成された学修プログラムである。大学で学んだことを体験活動に活かし、活動を通じて学んだことを大学に持ち帰り、講義やグループ学習の場で共有し、それぞれの学びをより深く理解するための循環型の学びを意図したプログラム構成となっている。

「教育発達学方法論（体験活動）」は教育発達学科2年次生約100名が通年の必修科目として履修する。この授業は体験活動開始前のガイダンスや事前指導などの体験活動参加に向けての準備と、全24回の体験活動および全3回の報告会から構成される。体験活動の活動先は主に公立（横浜市）の小学校であり、1校につき1名の学生が活動を行う。活動は大学授業期間（春学期：4月〜7月／秋学期：9月〜1月）であり、毎週木曜日にほぼ終日にわたって行われる（図1）。

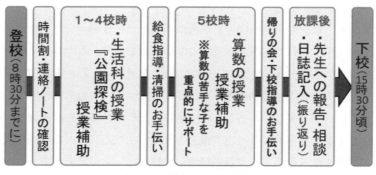

図1　体験活動の一日の例

第 14 章　体験活動を通した学び

図 2　「教育発達学方法論（体験活動）」実施スケジュール

1-3　「教育発達学方法論（体験活動）」の実施スケジュール

「教育発達学方法論（体験活動）」の実施スケジュールを図 2 に示した。

「教育発達学方法論（体験活動）」は 2 年次の通年科目であり、体験活動は春・秋学期を通して行われる。また 1 年次の秋学期にガイダンス等により事前の説明や準備が行われる。活動期間中も体験活動での経験を学修へ結びつけるための報告会等が実施される。

このほか受入校全校を対象として「受入校説明会」を自治体の教育委員会と学科が共同で開催し、活動先との活動趣旨の共有を図っている。活動期間中には学科教員による活動先全校への学校訪問を行い、学生の活動状況の把握と活動先との情報交換、学生へのフィードバック等を行っている。

1-4　「教育発達学方法論（体験活動）」のプログラム

図 2 の主な項目を以下に説明する。

〈1 年次秋学期〉

・ガイダンス①②：学生への体験活動の主旨の説明、参加に向けての心構え、体験活動のスケジュールおよび手続きの説明を行う。

・最終報告会参観：体験活動を行った前年度生（2 年次生）が 1 年間の体験活動の学修成果について発表する最終報告会に、次年度体験活動に参加する学生（1 年次生）が参観する。次年度活動に参加する学生は前年度生の報告を聞くことにより、体験活動の場の様子や活動の内容、どのようなことに困難さ

や手応えを感じ、またどのようなことを学ぶのかについて理解を深める。
・校長面接：体験活動先の学校長と面接を行い体験活動参加の許可を得る。学生は事前に小学校へ面接のアポイントを取り、履歴書と個人情報および守秘義務に関する誓約書を持参し面接を受ける。アポイントの取り方や履歴書等の書き方等については、前述のガイダンス①②を通じて学生へ指導が行われる。

〈2年次春学期〉
・事前指導：体験活動を受け入れる自治体の教育委員会と学科が共同で実施している。教室における児童への学習支援の実際や、学校という組織の中でどのような心構えで、どのように行動すべきかについて指導が行われる。
・グループミーティング：活動開始直後の学生の戸惑い、不安を共有することを目的としたプログラムであり、4回目の活動終了後（6月）に行われる。各自の活動状況を学生同士で共有し、活動初期の不安の低減と学生の活動状況の把握を図る。
・第一回中間報告会：活動状況の共有と各自の学修テーマを明確にすることを目的として、10名程度のグループで各自の活動状況を共有し、共通した関心事について討議し発表を行う（例：子どもとどのような距離感で関わるべきか？）。また今後の体験活動での学修目標を各自でワークシートにまとめ、活動先の小学校へ提出する。

〈2年次秋学期〉
・第二回中間報告会：これまで行ってきた体験活動の振り返りを通してより広い学修視点を持つ事を目的とし、あらかじめ設定されたテーマからグループごとにテーマを選択し討議と発表を行う（例：子どもは小学校で何を学ぶのか？／教師―児童の間の立場だからこそ出来る事は？等）。また各自で報告会での学修をワークシートにまとめる。
・最終報告会：これまでの体験活動を通じての学修成果をまとめるとともに、改めて心理支援という観点から自身の活動や学校教育、子どもの発達や支援

を再考する。各自の活動について振り返りワークシートにまとめ、それをもとにグループディスカッションを行う。討議はグループごとに異なった関心事について、心理支援の観点から考察し議論する（例：『〇〇から考える子どもへの心理支援』〇〇部分は各グループで自由に設定）。この時の発表は、次年度体験活動に参加する1年次生が参加する。

・学校アンケート（体験活動評価）：春学期、秋学期末に体験活動の受入校を対象としたアンケート調査を実施している。参加した学生の参加態度や子どもへの関わりの様子について、体験活動受入先の小学校の担当者が回答する内容となっている。アンケートの集計結果は、学生の活動状況の把握のほか、中間報告会などを通じて学生の学修のための資料として活用される。

1-5 体験活動サポート室

体験活動先および体験活動に関する学生の手続きや連絡窓口として体験活動サポート室を開設している。また体験活動サポート室では、学生の「小学校という場にどのように関わり馴染んでいくか」、「子どもとどのように関わり、どのように学習支援をすすめていくか」といった疑問や相談に対応し、学生が体験活動に継続的に参加し、積極的に学修をすすめていくために必要なサポートを行っている。体験活動サポート室では、「教育発達学方法論（体験活動）」に関わる教員が学生または活動先からの連絡や相談に応じて、必要な調整や対応を行っている。

2 体験活動を通した学び

2-1 体験活動の学修構造

冒頭で述べたように、体験活動はSLとして循環型の学修プログラムである「教育発達学方法論（体験活動）」の授業の枠組みの中で行われる。

一般的なSLの目的や学習過程は次の通りである。SLの目的として佐々木

(2003) は「学生がボランティア活動の経験を授業内容に連結させ学習効果を高めるとともに、責任ある社会人を育てる事を目的とする」(pp.357-358) としている。またSLの学習過程について小林 (2007) は「学生は、授業の一環として地域社会に赴き、あくまでもそこにあるニーズにそって人々・コミュニティに奉仕する (サービス)。そして大学サイドでの教育活動 (授業者の講義、授業中の討論、レポート課題など) を通して自らのサービス体験をリフレクションしながら、授業内容についての理解を深めていく (ラーニング)。サービスとラーニングが車の車輪のように連動する活動、それがSLなのである。したがって、SLは、インターンシップやフィールドワークでもなければ、単なるボランティア体験学習でもない」(p.150) として他の類似した学習形態と区別し、「大学における心理学教育の可能性を拡張するプログラムの一つ」(p.149) として紹介している。またその課題として一授業の活動としてではなくカリキュラム全体の中での位置づけを検討する必要があるとしている。

　この点において、本学科の体験活動の学習過程は2年次の「教育発達学方法論(体験活動)」の授業内で完結するものとして構成されているものではなく、1年次の学科基幹科目「教育発達学概論」との連続性を持って構成されており、また「教育発達学方法論 (体験活動)」の中でも他の学科科目との関連性について報告会や体験活動サポート室で適宜説明や助言を行い、学生が講義などでの学修内容とのつながりを意識できるよう配慮されている。

2-2 報告会での学び

　体験活動に参加する学生は、前述の3回の報告会 (第一回中間報告会、第二回中間報告会、最終報告会) を通して活動を振り返り学修を深める。

　第一回中間報告会の時期には、多くの学生が自身の取り組みに不安を持ち、他の学生がどのように活動しているかに非常に関心が高い。グループで活動状況を共有することを通して、他の学生が同様の困難さや悩みを抱えていることを知り安心する様子が多く見受けられる。そのような共有を経て初めて

共通の関心事や困難についてどのように考えるべきかという議論へと進むことができる。第一回中間報告会の時期は活動を通して学ぶことを始める時期であると言うことができ、体験活動における循環型の学修はこの時点からスタートしている。

　第二回中間報告会の時期には、学生は活動に慣れ自身の取り組みがどのように役に立っているのか、またどのように評価されているのかについての関心がより高まる。また普段の活動の様子などから活動先の教員等との連携や情報交換の方法などについても模索している様子がうかがえる。またそのような活動先との意思疎通などが活動の充実や活動先からの評価等の差に影響を及ぼしている様子も見られる。第二回中間報告会では、このような点について議論したり、普段の活動の振り返りの材料とするために学校アンケートの結果を学生に示すことなども取り入れている。第二回中間報告会の討議および発表のテーマは、普段の活動での経験をもとに、より広い視点から学校教育や学習支援、特別支援教育等の意義について議論できるよう設定している。

　最終報告会の時期には、学生は1年間の活動を振り返りながら自身の活動を総括する。最終報告会の討議は心理支援という視点からこれまでの活動を振り返ることをテーマとしている。学習支援の成果や教師に求められる力量という観点から活動を振り返るだけでは、自身の活動を厳しく評価することに終始してしまいがちである。広義の心理支援という視点から自身の体験活動を振り返ることで、体験活動の意義をより広くとらえることが可能となり、また学校教育の現場を広い視点からとらえ直す機会ともなると考えられる。

2-3　学校アンケートを用いた振り返り視点の例

　1-4で述べたように、中間報告会では学校アンケートの結果を学生の振り返りの材料として提示している。その内容を学生の学びの内容の一例として紹介する。

学校アンケートは「学生の参加態度」と「学生の児童への支援の様子」の2つのカテゴリーについて、それぞれ4つと5つの質問項目（4件法）および自由記述欄からなる。

「学生の参加態度」のカテゴリーの質問項目は、①前向きに取り組めている、②適切な身なり（服装・頭髪等）で参加している、③適切な言葉遣いができている、④適切な報告・連絡・相談を行っている、⑤学校の教職員（スタッフ）の一員であるという意識がある、である。また「学生の児童への支援の様子」のカテゴリーの質問項目は、①対象児童に必要な支援について理解している、②対象児童への関わり方について工夫している、③対象児童との適切な関係が築けている、④他の児童との適切な関係が築けている、である。その他「学生の活動の様子について」「本学へのご意見ご要望等」の自由記述欄が設けられている。この学校アンケートは体験活動先全校を対象に春学期末および秋学期末のそれぞれに回答を依頼している。

第二回中間報告会では、春学期末のアンケート結果について学生に提示している。学生へ提示したスライドの例（抜粋）を以下に示す（図4～図6）。図4では具体的な質問項目とその結果の件数を示している。ここでは「優れている」「十分」の評価をポジティブな評価とし、「やや不十分」「不十分」をネガティブな評価としてまとめて件数を示し、学生がポジティブな評価が多いことを端的に理解できるようにしている。

図5では考察を示した。ポジティブな評価が多いという点は、学生に特に伝えたい結果である。学校訪問等で聞く体験活動先の学生への評価は概ね高いものであるが、学生自身は自分の活動状況への評価をやや低く見積もる傾向がある。

またポジティブな評価が多い一方でネガティブな評価が存在するのも事実である。学生はどのような行動がそのような評価の違いにつながるのかについて関心がある。この違いを自由記述の内容から確認する。

図6では、ネガティブな評価の多かった群とポジティブな評価の多かった

第14章 体験活動を通した学び

I. 学生の活動参加態度について
1. 前向きに取り組めているか
2. 適切な身なり（服装・頭髪 等）で参加しているか
3. 適切な言葉づかいができているか
4. 適切な報告・連絡・相談を行っているか
5. 学校の教職員（スタッフ）の一員であるという意識があるか

→ 優れている / 十分 / やや不十分 / 不十分

II. 学生の学習支援の様子について
1. 対象児童に必要な支援を理解しているか
2. 対象児童への関わり方を工夫しているか
3. 対象児童との適切な関係が築けているか
4. 他の児童との適切な関係が築けているか

→ 優れている / 十分 / やや不十分 / 不十分

I. 学生の活動参加態度について
1. 前向きな姿勢で参加できているか … 71 / 12
2. 適切な身なりで参加できているか … 80 / 3
3. 適切な言葉づかいができているか … 78 / 5
4. 適切な報告・連絡・相談ができているか … 64 / 19
5. 学校のスタッフとしての意識を持てているか … 58 / 25

II. 学生の学習支援の様子について
1. 対象児童に必要な支援を理解しているか … 61 / 22
2. 対象児童への関わり方を工夫しているか … 62 / 21
3. 対象児童との適切な関係が築けているか … 66 / 17
4. 他の児童との適切な関係が築けているか … 71 / 12

図4　質問項目と結果

考察①
- 概ね良い（ポジティブ）な評価と言える
- 学校の一員の意識は持ちにくい
- コミュニケーションは難しい
- 子どもと良い関係になれるが、必要な支援は分かりにくい。
  ⇒どんな考え方や学修が必要か？？

- ポジティブな評価を受ける場合と、ネガティブな評価を受ける場合とでは、学生の行動はどうちがうのか？
  ⇒自由記述を見てみよう。

図5　学生の活動参加態度・学修支援に関する考察

群との間で自由記述のコメント内容を比較した結果が示されている。ここではコミュニケーションの重要性と活動への積極性が重要であることが示されている。またコミュニケーションの問題は学生側のみの問題ではないことを

```
┌─────────────────────────────────┬─────────────────────────────────┐
│ ・優れている    ⇒ ＋2          │   ネガティブ評価の群のコメント    │
│ ・十分         ⇒ ＋1           │ ・非常にまじめに取り組んでくれているが、│
│ ・やや不十分   ⇒ －1           │            積極性・自発性に乏しい │
│ ・不十分       ⇒ －2           │ ・自分で考えすすんで子どもと関わってほしい│
│ （全9問、総合＋18点～－18点）   │ ・指示をそのまま行うだけになってしまっている│
│ ⇒合計得点で並び替え            │ ・職員にどんどん質問したり報告してほしい│
│ 評価の高い群と低い群で、        │ ・相談する時間があまり取れなくて、│
│ コメントの内容はどう違うか？    │      学生さんには申し訳なく思っている│
├─────────────────────────────────┼─────────────────────────────────┤
│   ポジティブ評価の群のコメント   │ 考察②                          │
│ ・子どもの悩みをともに解決していこうとする姿が│ ポジティブ群とネガティブ群の違いはどこか？│
│   すばらしかった。              │ ・先生方とのコミュニケーションの重要性│
│ ・新鮮な目で子どもに接することができるため、先│ ・積極的な姿勢                   │
│   生の気付かないところなど、子どもと共有できる。│ ・必要なこと、自分にできることを考える姿勢│
│ ・いつも自分ができることはないかを考え、進んで│                      …など     │
│   取り組んでいます。            │ 必ずしも学生個人の問題だけではない。│
│ ・分からないことは、自分で処理せずに教員にき│ 自分はどう行動しているか、振り返ってみよう。│
│   ちんと尋ねて確認しながら活動を進めている。当│                                 │
│   たり前のことであるが、学校として安心。│                                 │
│ ・初めての環境で、良くがんばっている│                                 │
└─────────────────────────────────┴─────────────────────────────────┘
```

図6　自由記述の分類と考察

体験活動先も理解していることが示されている。学生の多くは体験活動先の担当教員に活動での疑問点を質問したり、子どもへの関わり方や自分で判断したことが正しかったのかどうかを確認したいなどのニーズを持っている。しかし担当教員が忙しそうに働いている様子を見ると遠慮したり、またコミュニケーションを取るつもりがないと学生が誤解をしてしまうケースも少なくない。そのため担当教員が忙しそうにしていても遠慮なく声をかけてほしい等のコメントはコミュニケーションを取りづらく感じている学生には視点を変える貴重なコメントとなる。

　またアンケートの結果で、消極的または言われたことを受け身的に行うだけと評価される学生の中には、指示に正確に従うべきだと考えていたり、勝手な判断で動いてはいけないと考え、のびのびと動けないでいる学生もいる。このような学生にとっては、相談をしながら積極的に動いてほしいといった

学校のコメントがあることは、自身の判断を再考するきっかけとなるようである。これらの結果は体験活動において自己評価の低くなりがちな学生にはぜひ伝えたい内容であり、これまでの活動を振り返り今後の活動においてどのように行動すると良いかを具体的に検討する貴重な手がかりとなりうる。

　このような内容は学生に事前指導等を通して伝えているものの、実際には活動を始めてからでないと理解しにくいことも多い。また大学の教員から同様の内容を伝えられるよりも、一定期間体験活動を行った後の活動先からのアンケート結果として示すことで、学生により伝わりやすいと言える。そのためアンケートの結果を中間報告会の際に学生にフィードバックすることは大変重要である。

2-4　学生の学び

　これまで述べたように、学生は体験活動での経験を大学へ持ち帰り、報告会等の機会を通じて振り返りや討議を行いながら学修を進めていく。学生にとって体験活動として小学校の現場に入っていくことは負荷のかかる活動である。学生が教職員に近い立場で小学校という社会に入っていくことや、支援をする側の立場で子どもの学習支援に携わることの戸惑いも大きい。そのような中で学生が子どもへの関わり方や学校での支援者としての行動などについて様々に試行錯誤する経験は、学生自身が社会の一員であるという意識をより高める。またそのような意識は、実社会と連続性のあるものとして教育発達学を学び、家庭・学校・地域へ活かせる力である心理支援力・発達支援力・教育実践力を身につけることにもつながる。

　学生のワークシート等の記述から、多くの学生は体験活動に割く労力は大きいとしながらも、大学の授業だけでは得られない学びが得られたととらえていることが示された。活動を積み重ね、学校や活動内容に慣れるにしたがって、休み時間等も積極的に子どもと関わったり、自発的に工夫や相談をしながら活動するなどの積極性が見られるようになってきた。また自身の活動

をポジティブに振り返り、良い意味を見いだそうとする姿勢が見られた。

　さらに活動を通して自己理解を深め、教職などの進路について適性や選択を再検討する機会となっていると同時に、今後の学生生活で何を学べば良いかを具体的に見いだしている様子もうかがえた。具体的には体験活動を通して入学時と異なる進路選択をしたり、体験活動後に自分に不足していると考える知識や視点、経験などを補うための今後の目標設定を行ったりする様子などが見られた。また体験や実感をもとに考察した経験から循環型の学びの意義を感じ、体験活動終了後も引き続き体験活動先の小学校において学校ボランティアや学習支援員などの形で継続的に現場に参加する学生が例年多く見られる。今後も体験活動を通した学びのスタイルが、教育発達学の学びの特徴的な方法として定着し積み重ねられていくことが期待される。

引用文献

小林敬一（2007）．サービス体験を通して心理学を学ぶ―大学の心理学教育におけるサービス・ラーニング―　教育心理学年報, **46**, 149-155.

佐々木正道（2003）．アメリカの大学におけるサービス・ラーニング　佐々木正道（編著）　大学生とボランティアに関する実証的研究　ミネルヴァ書房　pp.355-367.

参考文献

伊藤武彦（2007）．エンパワーメント評価　井上孝代（編著）　エンパワーメントのカウンセリング　マクロカウンセリング実践シリーズ5　川島書店　pp.245-261.

Kolb, D. (1984). *Experimental learning: experience as the source of learning and development*. Englewood Cliffs: Prentice Hall

Kraft, R. J. (2006). "Service Learning: An Introduction to Its theory, Practice, and Effects," *Education and Urban Society*, **28**, 131-159.

黒沢幸子・日髙潤子・張替裕子・田島佐登史（2008）．学校教育支援ボランティアを体験した学生の変化・成長―その様相とキャリア教育の観点からの考察―　目白大学心理学研究, **4**, 11-23.

日本学術会議　心理学・教育学委員会心理学教育プログラム検討分科会　対外報告

第14章　体験活動を通した学び

心理学・教育学委員会健康・医療と心理学分科会（2008）．学士課程における心理学教育の質的向上とキャリアパス確立に向けて

佐々木正道（編著）（2003）．大学生とボランティアに関する実証的研究　ミネルヴァ書房

明治学院大学心理学部（2014）．教育 GP 最終報告書（2008 年度〜 2013 年度）心理支援論：心理学教育の新スタンダード―コミュニティ資源を活用した体験活動および循環型教育システムの導入と評価―

（川渕竜也・緒方明子・溝川　藍）

◆資料　「教育発達学方法論（体験活動）」報告会ワークシート◆

中間報告会①ワークシート

中間報告会②ワークシート

最終報告会ワークシート

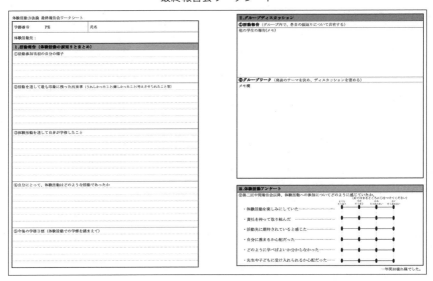

第15章　幼稚園・小学校での教育実習を通して

はじめに

　この章では、学生が幼稚園・小学校教育実習までの間に大学・学外での実習等でどのようなことを学習し、また幼稚園・小学校教育実習を通してどのようなことを学んだのかを検討していく。

1　幼稚園教育実習を通した学び

1-1　幼稚園教育実習までの学びについて

　4年次に行われる幼稚園教育実習に向けて、学生は1年次から、幼稚園教諭免許状取得に必要な科目に加えて、表1に示した事前指導や学外での実習等を通して、教育実習生としての意識や態度、及び保育に関わる実践的な技能を身につけていくこととなる。

　1年次では、教職の意義等に関する科目である「教職概論」、教育の基礎理論に関する科目として「教育原論」、教育課程に関する科目として「教育課程編成論」を学習する。教職を志望する学生にとっては、これまで漠然と考えていた教師という職業について、より具体的にその仕事内容について学んでいくこととなる。

　また1年次では、必修科目である「教育発達学概論A・B」の講義を通して、幼稚園における保育の見学を行うこととなる。この機会を通して、幼稚園現場の実際を肌で感じ、教師の役割などを学び、今後のより能動的な学びに活かしていくこととなる。

表1 幼稚園教育実習に関わる主な事前・事後指導及び学外での実習等

年次	主な事前・事後指導及び学外での実習等
1学年	「教育発達学概論A・B」において学校施設の見学
2学年	「教育発達学方法論A・B」（旧．「体験活動方法論A・B」）において小学校での体験活動
3学年	「保育内容研究」 幼稚園教育実習オリエンテーション
4学年	「教育実習2」（幼稚園教育実習事前・事後指導含む）の履修 幼稚園教育実習（2週間）、「教職実践演習」の履修

　2年次では、必修科目である「教育発達学方法論A・B」（旧「体験活動方法論A・B」）を履修し、1年間、通常学期中の毎週木曜日に小学校現場へ赴き、子どもの一日の学習・生活現場を知ることとなる。幼稚園教員志望者にとっては、希望する学校種とは異なる現場で体験活動を行うこととなるが、その体験は貴重なものである。なぜならば、これまで学生の立場から見ていた教師という職について、実際に教育現場で活動することにより、初めて教師としての立場から物事を捉えられるようになるからである。また近年、幼小連携の重要性が強調されており、幼児教育と小学校教育を滑らかにつなぐことが期待されている。この観点からも小学校での子どもの様子を観察し、子どもの実態を把握することは、これから幼児教育を学ぶものにとって意義あることである。1年間を通して教育現場に携わることは、時には苦しく、辛いこともあるかも知れないが、子どもと一緒に学ぶ喜びや感動をも体験し、教職への具体的な動機づけがより強固になる契機にもなるのである。

　3年次では、幼稚園教育実習予定学生にとっては、より専門的・実践的な学習が展開されていく。講義では各領域の保育内容の授業が一斉に始まり、幼児理解に着眼しつつ幼児の指導法を学習していくこととなる。

　また、幼稚園教育実習に向けて「保育内容研究」の講義が始まる。幼稚園教育実習予定の学生は、秋学期にグループに分かれて幼稚園の保育観察実習

に参加することになる。保育観察実習後に各学生は保育実習日誌を記述する。学生が記した実習日誌は、保育観察実習事後指導にて、講義・グループワークを通じて、より良い実習日誌の書き方について学びを深めていく。また事後指導では再現指導案の書き方も学び、幼児の学齢を反映した再現指導案の作成の方法を学ぶ。

そして2月には、幼稚園教育実習オリエンテーションが行われ、幼稚園教育実習の意義と目的について改めて理解を深めた上で、各学生の実習園の発表、実習園への挨拶訪問の流れなどについて指導を受ける。

4年次に始まる「教育実習2」では、「保育内容研究」で学習した「ピアノの弾き歌い」、「絵本の読み聞かせ」、「造形」等に関する指導案をさらに具体的に実習する年齢に合わせて完成させた上で、学生を幼児に見立て模擬保育を行い、幼稚園教育実習に向けたより実践的な学習が展開される。また授業時以外にも、特命教授の指導を受けながら、各自でピアノを中心に音楽実技の練習や造形製作、各種指導案作成の為に教材開発センター、音楽実習室、造形表現室等を利用し、幼稚園教育実習までの間、各自研鑽を積んでいくのである。

1-2 幼稚園教育実習における学びについて

幼稚園教育実習予定学生は、1〜4年次まで様々な講義、学外での実習、教育実習オリエンテーションを通して、幼稚園教育実習で必要とされる知識、技能を学修した上で、幼稚園教育実習に臨むこととなる。

ここでは、実習生が幼稚園教育実習においてどのようなことが課題として残ったのかを検討し、幼稚園教育実習に臨む学生への指導の指標になればと考える。

幼稚園教育実習終了後に行われた「教育実習2」事後指導の授業で学生が記入した「幼稚園教育実習に関する自己評価」から検討していきたい（2014年度春学期に幼稚園教育実習に参加した13名中12名が対象）。

表2　実習を通した学生自身の課題

課題	人数（人）
子どもを指導する技術	7
子どもを理解すること	4
子どもへの適切な声かけ	4
子ども一人ひとりと全体の様子をバランス良く見ること	2
自信を持って保育をすること	1
意識していたことを実践に移すこと	1
障害児教育について理解を深めること	1
子どもの安全管理への配慮	1
指導案の作成	1

　2014年度春学期には、13名の学生が幼稚園教育実習を終了し、「教育実習2」の事後指導に参加した。実習生は、「幼稚園教育実習に関する自己評価」を記入し、「幼稚園教育実習を振り返って新たな自分自身の課題は何か」について自由記述で回答を求められた。記入された自由記述から「課題」に関する記述をすべて抽出した結果、22の記述が抽出された。この抽出された記述から、内容が類似したものをまとめて分類した（表2）。なお、抽出された記述を類似性に従って分類する手続きについては、複数回実施し結果が同様になることを確認した。

　自分自身の課題として一番多かった記述は「子どもを指導する技術」であった。具体的な記述を見てみると、「指導の技術において全体的に見ると結果が低かったように思います。絵本の読み聞かせやピアノの技術、造形においてのアイデアの少なさが、子どもの興味を惹いたり、楽しませるといった点で不足しているように感じました。ピアノがある時の方が子ども達は生き生きとしていたり、緊張感を持って歌うことができていました」等である。このような記述は他にも見られ、実習生が自分の持っている指導技術の引き出しの少なさから、部分実習や責任実習を担当する際に、必ずしも十分に子どもの興味・関心を呼び起こすような指導ができていなかった状況が推測された。また自分自身の課題への反省点としては、「ピアノの練習の積み重ねが

十分でなかった」、「絵本の読み聞かせの技術を実習前までに数多く学んでおけば良かった」との記述も見られた。幼稚園教育実習に向けて、講義や事前指導を通してピアノの弾き歌いや絵本の読み聞かせ、造形表現の一連の講義は学習するが、これらの講義を基礎にして、各自が自主的に講義内容を反芻し、しっかりと身につけること、また応用できるように準備しておく必要性があると言える。

　2番目に多かった記述は「子どもを理解すること」に関する記述であった。具体的な記述では、「子どものペースに合わせてピアノを弾くのが、とても難しくて失敗をしてしまったので、子どもと一緒に歌うことを想定しながらピアノを練習する必要がある」等である。幼児の実態を把握できていないままの状態で保育に臨んでは、たとえピアノを弾く練習をしても部分実習や責任実習においては活動に支障をきたす可能性がでてくるのである。部分実習や責任実習を任された場合、クラスの年齢はもとより、これまでの活動の流れを踏まえて季節に合った活動を取り入れる等の工夫をすることで、子どもの関心を惹きつけられる。幼稚園教育実習において実習生が難しいと感じるのは、幼稚園児の実態を把握することだが、これはボランティア等に自主的に参加している学生を除いては難しいと感じざるを得ない。何故なら、実習生が想像する園児像は、自分が幼少期に通った幼稚園や保育所などの影響を受けると考えられるからである。また、それは幼少期のものであるが故に明瞭な像として確立されず、幼稚園児像を歪めている可能性もある。そのため、どのように教師として行動して良いのかが分からないという状況に陥るのである。このことから、より有意義な教育実習にする為には、自分で積極的に機会を見つけて幼稚園への見学やボランティアをすることが求められる。

　3番目に多かった記述は「子どもへの適切な声かけ」に関する記述であった。具体的な記述では「実習中に子どもへの声かけが『すごい』等ありきたりなものになりがちだった。もっと一人ひとりにあった適切な声かけをできるようにしたい」等である。また一つの活動を区切る際、教師としてどのよ

うに子どもへ声かけをすれば、次の活動にスムーズな移行ができるのかを今後の課題としている学生も見受けられた。年齢に合った分かりやすい声かけをどのように行うべきかについては、実習中に現場の教師から学ぶ必要があるだろう。本学科の幼稚園の指導案は、「環境構成」「予想される幼児の活動」「教師の援助」の項目から構成されている。このことを意識しながら学外での実習では、ただ単に活動内容を日誌に書きとめるのではなく、教師がどのような働きかけをしているのか、そして子どもはそれを受けてどのように行動しているのかを詳細に観察し、記録する必要があるだろう。教育現場を見学する際、それらを意識するのとしないのでは、実習生の学びの深さに大きな差が生じるといえる。また教育実習以外でも、子どもと接する機会を多く持つ必要があるということはいうまでもない。

　幼稚園教育実習における課題解決の方法として、ボランティア等を通して、今後も継続的に幼稚園現場に参加していきたいと多くの学生が記述していた。幼稚園教育実習で学んだ課題を幼稚園現場に行き、各自の課題を積極的に解決していこうと考えている学生が多かったことは、教育実習での経験が学生としてのその後の進路選択やとるべき課題解決の方法にしっかり繋がっているものと考えられた。

　以上、幼稚園教育実習を実際に経験した学生の主な課題を検討した。学生が抱いた課題は、これから幼稚園教育実習に臨む学生にとっても大変有意義な示唆を与えるものである。幼稚園教育実習に今後臨む学生は、ここで明らかとなった課題を自分の課題として捉え、幼稚園教育実習に参加するまでの間、多くの体験と学びを通して自己研讃を積み、備えてほしい。

2 小学校教育実習を通した学び

2-1 小学校教育実習までの学びについて

　教育発達学科では、小学校教諭免許状取得希望者が、小学校教育に対する理解を深め、教育実習に必要な基礎的・基本的な知識・技能を身につけられるように、1年次から表3に示した学修機会を設けている。

　1年次の必修科目「教育発達学概論A・B」では、大学内においてアカデミック・リテラシーを身につけ、教育発達学に対する基礎的な理解を図ることと合わせて、幼稚園・小学校・特別支援学校の見学を行っている。学校見学では、異なる三つの教育現場の様子や子どもの姿、教師の仕事の実際などに直接触れることにより、それぞれの教育活動の特徴を自らの実感を通して理解し、教職に対する関心・意欲を高めることや教職に対する適性について省察することが期待される。

　2年次の必修科目「教育発達学方法論A・B」(旧「体験活動方法論A・B」)では、1年間、大学の通常学期中の毎週木曜日に、小学校現場において子どもの学習支援を主とする体験活動を行っている。こうした体験活動は、学生に

表3　小学校教育実習に関わる主な事前・事後指導及び学外での実習等

年次	主な事前・事後指導及び学外での実習等
1学年	「教育発達学概論A・B」において学校施設の見学
2学年	「教育発達学方法論A・B」(旧.「体験活動方法論A・B」)において小学校での体験活動 介護等体験オリエンテーション
3学年	介護等体験(特別支援学校・社会福祉施設) 小学校教育実習オリエンテーション
4学年	「教育実習1」(小学校教育実習事前・事後指導含む)の履修 小学校教育実習(4週間) 「教職実践演習」の履修

とって大学の講義では体験できない貴重な経験を与えるものである。自らの力のなさに悩み苦しむ学生も見られるが、その悩みや苦しみから目を背けず、自らの体験を通して気づいた課題や疑問を大学での学修に繋げることにより、学びを一層深めることが期待される。

また教育発達学科では、介護等体験を通して学んだことを4年次の小学校での教育実習に活かせるようにするねらいから、3年次に「介護等体験」を行っている。まず2年次にその事前指導として「介護等体験オリエンテーション」を行い、介護等体験の目的や内容等について理解を深めるとともに、介護等体験に望む心構えの涵養に努めている。そして、3年次の6月から順次介護等体験が実施され、小・中学校の教員免許状取得希望者は特別支援学校2日間および社会福祉施設5日間の実習を行っている。

3年次の2月に実施している小学校教育実習オリエンテーションでは、現職校長による講話や小学校での教育実習を経験した4年次生による体験等の発表を含めて、教育実習の目的や意義、実習を受けるにあたっての留意点等の最終確認を行っている。併せて、各学生の実習校名を発表し、実習校への連絡や挨拶訪問等について指導を行っている。さらに、4年次の必修科目「教育実習1」において実施する模擬授業のための指導案作成を春期休業中の課題として課し、実習希望者が事前に準備を進められるように配慮している。

4年次になると、5月初旬から順次小学校教育実習が開始されるが、必修科目の「教育実習1」では、事前指導として、小学校での実習時期に応じて受講生を4グループに分け、模擬授業を中心とするより実践に即した指導を行っている。事前指導では、受講生全員がほぼマンツーマンに近い形で担当教員の指導を受けながら、教材研究から指導案の作成、教材・教具の準備等の授業計画の立案から実施に至る一連の流れを体験するとともに、模擬授業実施後の授業分析・評価を通して、小学校での実習の主として教科指導で求められる基礎的・基本的な知識・技能の涵養に努めている。

実習終了後の事後指導では、グループ毎の事後指導と受講生全員を対象と

する事後指導（教育実習のまとめ）を合わせて2回実施し、小学校での実習経験を今後の学修や卒業後の進路に活用できるように配慮している。

2-2 小学校教育実習における学びについて

学生は小学校教育実習に関わる事前指導を経て、2013年度は79名が小学校での実習を行った。小学校教育実習を履修した学生は、実習を通してどのようなことを学んだのであろうか。小学校教育実習終了後に行われた事後指導で学生が回答した「教育実習を振り返って」のアンケートから、学生の学びについて検討していきたい（アンケート有効回答者数は78名である）。

2-2-1 小学校教育実習を通しての自己の総合評価について

「教育実習を振り返っての全体的な印象や評価」について学生の自己評価を尋ねたところ、以下の通りとなった（表4参照）。

小学校での実習に対する学生の自己評価として、78名中77名が「とてもよかった」、「まあまあよかった」と回答している。このことから、学生にとって、きわめて実り多い体験であったことが推測される。それでは学生は、どのようなことを学んだのであろうか。

表4　教育実習を振り返っての全体的な印象や評価

回答項目	人数（%）
とてもよかった	63（80.8）
まあまあよかった	14（17.9）
あまりよくなかった	1（1.3）
よくなかった	0（0）

2-2-2 小学校教育実習の経験からの学びについて

「教育実習中に困ったことや苦労したこと、悩んだことの有無」を尋ねたところ、「はい」と回答した学生は70名、「いいえ」と回答した学生は8名とい

う回答結果となった。さらに「はい」と回答した学生について、その理由を自由記述で求めた。この自由記述から「困った」、「苦労した」、「悩んだ」ことに関する記述をすべて抽出した結果、105の記述が抽出された。この抽出された記述から、内容が類似したものをカテゴリーとしてまとめて分類した（表5）。なお、抽出された記述を類似性に従って分類する手続きについては、複数回実施し結果が同様になることを確認した。

　教育実習中に困ったこと、苦労したこと、悩んだことに関する記述を分類した結果、大きく「教師行動」、「授業内容」、「人間関係」という3つのカテゴリーに分類することができた。

　「教師行動」で一番多かったのは、「子どもへの注意や叱ること」についてであった。具体的な記述では、「授業を聞いてくれない子どもに対して、どのような声掛けをしたら良いのか、叱った方が良いのか分からなかった」等がみられた。このように、教師として子どもに向き合い授業をする際に、どのように子どもへ注意を促すべきか苦慮していた学生が多かったことが推測された。

　「授業内容」で一番多かったのは、「教材研究や授業の準備」に関してであった。具体的な記述では、「教材研究と授業の準備に追われる日々で、時間が足りなかった」等がみられた。指導教諭の助言はあるものの、学生が教師として授業の構成を立案し、教材研究、指導案作成までの責任を担うことから、実習期間中の多くの時間を授業に割いていると思われた。また「上手く授業ができないこと」、「子どもの興味・関心を惹く授業をすること」等にも苦慮した学生も多いようだが、その苦労したことや悩んだことの反省は、日々の「教材研究や授業の準備」に活かされ、「上手に授業が出来ない」自分から少しでも「上手に授業ができる」自分へ向上させようと努力している姿も読み取れた。

　「人間関係」で一番多かったのは、「指導教諭からの助言が少なかったこと」に関してであった。具体的な記述では、「指導教諭が忙しく、あまり相談する

表5 教育実習中の困難および悩みについて

カテゴリー	内容（回答数）
教師行動	子どもへの注意や叱ること（12）
	子どもへの接し方（4）
	子どもとの距離の取り方（3）
	教師としての立ち位置（2）
	学級経営（1）
	言葉遣い（1）
	子どもを成長させるような指導方法（1）
	子どもの実態をつかむこと（1）
	教師としての自分への不甲斐なさ（1）
授業内容	教材研究や授業の準備（10）
	上手く授業が出来ないこと（7）
	子どもの興味・関心を惹く授業をすること（6）
	子どもの学習差に応じた授業づくりをすること（5）
	授業中の子供への発問の仕方（5）
	授業の進め方（5）
	一斉指導の仕方（3）
	指導案の作成（3）
	授業中の子どもの意見の集約（3）
	板書の仕方（3）
	予想より多く授業をしたこと（2）
	机間指導の仕方（1）
	文字の書き順（1）
人間関係	指導教諭からの助言が少なかったこと（6）
	教職員とのコミュニケーション（4）
	指導教諭との関係（3）
	先生によって、指導内容・方針が異なること（2）
	他の実習生と比較されたこと（2）
	指導教諭に頼り過ぎたこと（1）
その他	通勤時間が長いこと（2）
	体調管理（風邪、入院）不足で学校に迷惑をかけたこと（2）
	教員になると嘘をついていたこと（1）
	研究授業後に見学に来て下さった先生方へ挨拶に行けなかったこと（1）
	実習の手引きが役に立たなかったこと（1）

時間がなかった」等がみられた。確かに、実習先で日々接する指導教諭が忙しく、話をする機会があまりとれないという現状はあるかもしれないが、自分から積極的に指導教諭とかかわることも重要である。また他の「教職員とのコミュニケーション」が上手くいかなかったと記述している学生も少なくない。教育実習では、主に子どもを相手に授業や学級経営の仕方を学ぶが、社会人として他の教師と協力し、信頼関係を築いていくことも重要な体験となる。大学の講義とは違い、実習中に分からないことや困ったことに関して、ただ待っていても誰も教えてくれず、解決には至らない。自分から指導教諭や先生方に積極的に尋ねる姿勢が必要であり、その為には、日頃から先生方とのコミュニケーションをとることを心がけて欲しい。実習生として、一生懸命に物事に取り組み、分からない事は自分から積極的に指導教諭等に尋ねていく姿勢が必要となってくるのである。

　「教育実習を振り返って」のアンケートでは，他に「教育実習で勉強になったこと、今後の生活にプラスになると思うこと」についても記載をさせている。その回答で多かったものは、「子どもへの接し方」、「教師の大変さ」、「人とかかわることの大切さ」について学んだという記述であった。このことから、教育実習中に困ったり、悩んだりしたことが、自分の勉強に結びついていることが推測された。また困ったことの中で、「子どもの興味・関心を惹く授業をすること」や「子どもへの発問の仕方」等、教師としての質的な指導力を挙げている学生も多く見られた。実習生が、教師の立場で子どもに授業をしたことによる確かな「気づき」がそこにはあるように推測された。その「気づき」を、より良く次の授業に活かすためにどのようにすれば良いのかを悩んでいることも多くの記述から読み取れた。そこには、教師としてどのように授業をすればよいかと悩みながらも、教師としての確かな姿勢で、一生懸命に実習に向き合っている学生の姿が映し出されていた。

　以上、小学校教育実習に参加した学生へのアンケート結果を振り返りながら、実習生としての学びについて、「教育実習中に困ったこと、苦労したこと、

悩んだこと」に焦点を当て検討してきた。これらは今後、小学校教育実習に臨む学生にとって有意義な示唆を与えてくれるものと考えられる。教育実習が始まるまでの間、どのような学びを深める必要があるのかを考える礎にしてほしい。

参考文献
中央教育審議会（2006）．『今後の教員養成・免許制度の在り方について（答申）』
中央教育審議会（2012）．『教職生活の全体を通じた教員の資質能力の総合的な向上策について（答申）』
文部科学省（1997）．『新たな時代に向けた教員養成の改善方策について（教育職員養成審議会第一次答申』
文部科学省（2008）．『幼稚園教育要領』

（井　陽介・新井哲夫・長谷川康男・藤﨑眞知代）

第16章　特別支援学校での教育実習を通して

はじめに

　2007（平成19）年に特別支援教育が幕を明け、特別支援学校の教員においては特別な支援を必要とする児童・生徒への支援について期待され、より一層その専門性が求められている。ここでは、本学科における特別支援学校教員免許状取得に必要である特別支援学校教育実習をはじめ、免許状取得に必要な科目などについて紹介する。

1　特別支援学校教員免許状とは

　2006年に学校教育法の一部改正がなされ、従来の特殊教育から特別支援教育制度が2007年度より始まった。この改訂では、「小中学校等においては、学習障害（LD）・注意欠陥多動性障害（ADHD）等を含む障害のある児童生徒等に対して適切な教育を行うこと」が明確に規定された。さらに、2008年に改訂、告示された小学校学習指導要領においては、総則の第4にある指導計画の作成などにあたって配慮すべき事項にも「障害のある児童などについては、特別支援学校等の助言又は援助を活用しつつ、例えば指導についての計画又は家庭や医療、福祉等の業務を行う関係機関と連携した支援のための計画を個別に作成することなどにより、個々の児童の障害の状態等に応じた指導内容や指導方法の工夫を計画的、組織的に行うこと。特に、特別支援学級又は通級による指導については、教師間の連携に努め、効果的な指導を行うこと。」（文部科学省, 2008）と、通常学校の通常の学級における特別支援教育に

表1　国公私立特別支援学校の種類別学校数・在学者数

区分	学校数	在学者数	学部別の在学者数				訪問教育学級		
			幼稚部	小学部	中学部	高等部	小学部	中学部	高等部
視覚障害	85	5,940	239	1,858	1,124	2,719	142	58	72
聴覚障害	120	8,624	1,236	3,090	1,922	2,376	69	42	15
知的障害	706	118,225	209	33,464	26,299	58,253	1,176	647	872
肢体不自由	334	32,050	143	13,633	8,311	9,963	1,174	611	849
病弱・身体虚弱	143	19,653	24	7,475	5,244	6,910	797	452	456
全体の数	1,080	132,570	1,604	37,619	29,554	63,793	1,443	832	940

(注) 上の表の障害種別の項目では，それぞれの障害種別で重複してカウントしており，全体の数については，障害種による重複カウントせず実際の学校数・在学者数を表している
出典：文部科学省（2013）特別支援教育資料

ついても明示された。また全国の自治体を対象にした特別支援教育の推進に関する調査からも，すでに各自治体の通常の小中学校での特別支援教育の推進がなされていることも報告され（半澤他, 2013），特別支援教育が全国的にも浸透していっていることがわかる。

　2007年の制度改定により、知的障害・肢体不自由・病弱の児童生徒を対象とした養護学校、視覚障害を専門とする盲学校、聴覚障害を専門とする聾学校は「特別支援学校」となり、複数の障害種別にも対応できる設置規定となった。さらに特別支援学校は、地域の学校の支援を行う目的として、近隣の就学前の幼稚園・保育所や小・中・高等学校に在籍する障害や特別なニーズがある児童生徒や担当教員に対して、就学相談や巡回相談を行うことも位置付けられた。

　特別支援教育となる対象が拡大されたことにより、特別支援学校に在籍する児童数も年々増加している。表1に示してある文部科学省の調査では、国公立の特別支援学校の在籍人数は、2013年（平成25年）6月時点で13万2,570人であり、学校教育法改訂のあった2006年（平成18年）に比べ2万7,987人増加となり、特別支援学校数も74校増加の1,080校となっている。全国的に

第16章　特別支援学校での教育実習を通して

　少子化によって就学人口は減少傾向にあるなか、特別支援学校の在籍人数は毎年増加しており、特に高等部への入学者急増が続いている。さらに、近年では医療技術の進歩により、重篤な障害があっても救命が可能になったため、障害の重度化や重複化が進んでいる。そのため日常的に医療的ケアを必要とする子どもも増えてきており、その数は全体の6.1%（7,842名）で小学部だけを見ると全体の10.8%と1割以上の子どもが該当している。

　このような特別支援学校の実態に即して、2007年に文部科学省から出された「特別支援教育の推進について（通知）」では、特別支援学校の取り組みとして、（1）特別支援教育のさらなる推進、（2）地域における特別支援教育のセンター的機能、（3）特別支援学校教員の専門性の向上、について示され、「障害の重度・重複化や様々な障害種への対応」「地域での教育を重視していく地域性の発展」「より一層の専門性の充実」といった視点が重視されている。この視点においては、居住地と在籍校での二重学籍に関する課題や、後期中等教育の保障として特別支援学校の分校・分教室といった多様な教育の場の保障に関する課題、交流及び共同学習や総合的な学習の時間などを利用して特別支援学校と地域の学校との間の交流や共に学ぶ場の創設・展開など居住地での交流の促進に関する課題など、地域性と専門性に関する事が課題となっている。また特別支援学校のセンター的機能の役割については、上に挙げた課題も含めて、重度・重複化への対応のみならず発達障害児童・生徒への教育についても特別支援学校教員の専門性の向上が求められている。

　このように特別支援学校そのものの特別支援教育の推進が求められている中、特別支援学校教員については、その専門性の担保である特別支援学校教員免許状の保有率の引き上げが課題となっている。図1は、特別支援学校における在籍校種の免許状保有率の経年変化である。これを見ると、特別支援学校教員免許状を取得する大学等の卒業生は増加しているものの、特別支援学校に勤務する教員の免許状保有率は、教育委員会等の認定講習の実施等も行われているにもかかわらず、特別支援教育が始まった2007年度以降わず

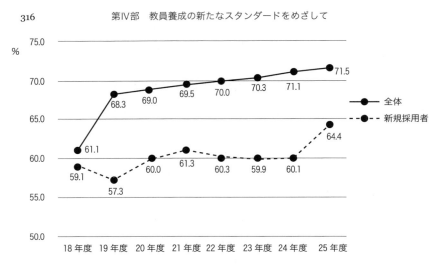

図 1　在籍校種の免許状保有率の経年比較（平成 18 年度〜 25 年度）

（注）18 年度の全体及び新規採用者の数値は，在籍校種の免許状保有率の割合を示す。平成 19 年度〜 25 年度は，いずれの数値も「当該障害種の免許状保有者」と「自立教科等の免許状保有者（当該障害種）」を合わせた割合を示す。　　　　出典：文部科学省（2013）特別支援教育資料

かに増加傾向にあることがわかる。特に新規採用者の免許状保有率は約 60％であり，全体の保有率を引き下げている。

このような実状から，本学科のように特別支援学校教員免許状取得の課程がある大学において，特別支援学校教員免許状を取得した学生は特別支援学校の教員として活躍していくことが期待されている。

2　本学科における特別支援学校教員免許状取得者及び取得希望者

本学科は，学科立ち上げから 5 年目になるが，特別支援学校教員免許状取得者は，昨年度に卒業した 2010 年度生のみであり，特別支援学校教員免許状取得者は 22 名であった。

本学科では，カリキュラム上，4 年次に特別支援学校教育実習を行う事になっている。その間，免許状取得に至るまでに，2 年次の春学期（7 月），秋

第16章　特別支援学校での教育実習を通して

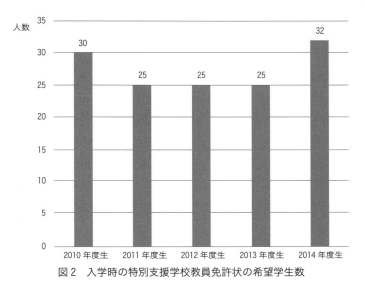

図2　入学時の特別支援学校教員免許状の希望学生数

学期（11月）、3年次春学期（4月）のそれぞれ教育実習に関するオリエンテーションの際に、学生の取得希望の教員免許状の校種（幼稚園教諭、小学校教諭、特別支援学校教諭）について調査を実施している。

　また、入学時に簡易的であるが教員免許状の取得希望校種を聞いており、その結果のうち、特別支援学校教員免許状を希望した学生数を図2に示した。入学時に特別支援学校教員免許状を希望する学生は、2010年度生と2014年度生が他の年度生に比べて少し多くなっているが、概ね入学年度によらず1学年の学生数の約3割程度が特別支援学校教員免許状取得を希望していることが示されている。図3に、2010年度生、2011年度生、2012年度生それぞれの2年次（春学期・秋学期）と3年次の3回実施された教育実習希望調査において、特別支援学校教員免許状を希望した学生数を示した。教育実習希望者数では、教育実習希望調査の回数を重ねるごとに特別支援学校教育実習希望学生数が減少している傾向であった。特に2年次には、学科基幹科目である教育発達学方法論（体験活動）において、1年間を通して週1日小学校現場

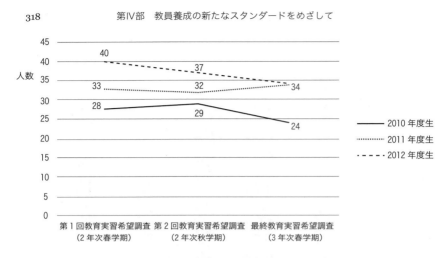

図3　特別支援学校教員免許状の希望学生数の推移

で通常学級あるいは特別支援学級で特別支援が必要な児童の支援の補助を行っている。この教育発達学方法論（体験活動）では、実際に学校現場へ入ることから多くの情報を得て、教員免許状の取得希望の有無あるいは取得希望の校種を考える機会となっている。特別支援学校教育実習希望者数の総数には変化が少ないものの、2年次の春学期では特別支援学校教育実習を志望していなかった学生が秋学期になって特別支援学校教育実習を志望するようになった学生や、その逆の場合も含まれている。学生の中でも取得免許の希望校種に変更があった学生がいることが推測され、そのため2年次秋学期に行われる教育実習希望調査と3年次春学期に行われる教育実習希望調査では希望学生数の変動が比較的大きいと思われる。

3　特別支援学校教諭一種免許状取得に必要な授業科目

特別支援学校教員免許状を取得するためには、教育職員免許法で定められている以下の内容に関する科目の履修が必要になる。特別支援学校教員免許

第16章　特別支援学校での教育実習を通して

第1欄　基礎理論に関する科目
```
・特別支援教育学総論A
・特別支援教育学総論B
```

第2欄　心理・生理
```
・病理に関する科目
・知的障害の病理
・肢体不自由者の心理
・肢体不自由の生理と病理
・病弱の心理・生理・病理
・知的障害者教育課程論
・障害児・者行動心理学2（行動）
・障害児教育相談とアセスメント
・肢体不自由者教育論
・病弱教育総論
・知的障害教育総論
```

第3欄　免許状に定められる領域以外の領域に関する科目
```
・聴覚障害教育総論
・障害児・者心理学1（コミュニケーション）
・視覚障害教育総論
・障害児・者心理学3（学習）
```

第4欄　教育実習に関する科目
```
・特別支援学校教育実習
```

図4　特別支援学校教諭一種免許状の取得に必要な本学科の授業科目

状は、視覚障害・聴覚障害・知的障害・肢体不自由・病弱の5障害種を免許領域として、発達障害、重複障害、言語障害、情緒障害等についても総合的に履修することを要件としている。1種免許状は、基礎理論に関する第1欄2単位、心理・生理・病理の科目と教育課程及び指導法に関する第2欄16単位、免許状に定められる領域以外の領域に関する第3欄5単位、教育実習の第4欄3単位の計26単位が習得内容となっている。第2欄の障害種別の専門性については、視覚障害・聴覚障害は8単位、知的障害・肢体不自由・病弱は各4単位で担任が可能となる領域の最低単位数とされている。

本学科で特別支援学校教員免許状取得のために開講される科目を、図4に

示した。これに示されている授業科目は、2年次より開講になり、その大部分が3年次に開講される。

4 特別支援学校教育実習の前提条件

　3節で記述した特別支援学校教諭一種免許状に必要な履修科目のうち、本学科では、「特別支援学校教育実習」科目を履修するために必要な条件が設定されている。図5は、2014年度入学生における「特別支援学校教育実習」科目を受講するための前提条件を示したものである。図5に示されているように、本学科では、特別支援学校教諭一種免許状取得には、小学校教員免許状取得が必要条件であるため、小学校教育実習（授業科目名は「教育実習1」）を履修するための前提条件を満たす必要がある。また、小学校教育実習・特別

　　　　　○小学校教育実習（教育実習1）の前提条件を満たした上で
　　　　　　　　　　　以下の条件を満たすこと

特別支援教育学総論A
・知的障害の病理
・特別支援教育授業研究
　　※2014年度生から　　　　　　　｝すべての科目の単位を修得

・病弱の心理・生理・病理
・肢体不自由の生理と病理　　　　　｝いずれか1科目以上の単位を修得
・肢体不自由者の心理

・知的障害者教育課程論
・知的障害者指導論
・肢体不自由者教育論　　　　　　　｝いずれか2科目以上の単位を修得
・障害児教育相談とアセスメント

・視覚障害教育総論
・聴覚障害教育総論　　　　　　　　｝いずれか1科目以上の単位を修得

・障害児・者心理学1（コミュニケーション）
・障害児・者心理学3（学習）　　　　｝いずれか1科目以上の単位を修得
　　　　　　　　　　　　　　　　　　（2014年度生用履修要項より）

図5　「特別支援学校教育実習」を受講するための前提条件

支援学校教育実習ともに4年次春学期に開講されるため、3年次終了時点で、前提条件に指定されている科目を履修していることが必要となる。

5　特別支援学校教育実習オリエンテーション

本学科では、3年次の2月に特別支援学校教育実習に関するオリエンテーションを実施している。このオリエンテーションでは、特別支援学校校長経験者の特命教授からの講義と教育実習に必要とされる知識の確認試験、実習担当の教員との面接を行っている。特別支援学校教育実習では、障害のある子どもたちの様子、関わり方、指導の方法など、特に専門的な知識が必要とされ、また知識だけでなく、特別支援が必要な子どもとの実際に関わる経験をしておく事が望ましいとされている。本学科では3年次から履修可能となる実習形式の「障害児基礎実習」(2014年度生からは「特別支援臨床基礎実習」)という授業科目では、心理学部付属心理臨床センターを使用して、特別な支援が必要な子どもへの支援計画の立案から、実際に指導を行っている。特別支援学校教員免許状の取得志望の学生のうち多くの学生がこの授業を履修しているが、この授業科目を履修していない学生については、教育実習へ行く前に特別支援学校や療育施設等でのボランティア活動によって経験を積んでおくことが望まれる。

6　特別支援学校教育実習

6-1　事前指導

教育発達学科では、特別支援学校教育実習を4年次の秋学期に行うため、4年次の春学期を通して事前指導を行っている。この事前指導は、児童生徒の実態把握の方法、特別な教育的支援の方法、個別の指導計画の作成力、指導案の作成力、教材を工夫する力、授業を行う力、チームティーチングの能

時期	授業内容
4月	・個別の指導計画，個別の教育支援計画に関する講義 ・指導案の作成に関する講義
5月〜6月	・児童生徒の実態把握に関する講義 ・教材作成に関する講義 ・児童生徒を想定した教材作成の演習
7月	・模擬授業の実施（指導案の作成，教材作成を含めて）

図6　事前指導の授業内容

力、児童生徒及び保護者などと良好な人間関係を築くコミュニケーション力、障害のある児童生徒の人権尊重に対する意識など、特別支援学校教諭として最低限習得しておくべき技術、実践的知識、態度、意識を身につけることを到達目標としている。この授業は、講義と演習からなっており、特別支援学校における指導案の作成方法や個別の指導計画の作成・活用などの内容を含んだ講義と、特別支援学校に在籍している児童生徒を想定した指導案と教材作り、模擬授業を行っている。

6-2　教育実習の時期と実習校

　特別支援学校教育実習は、4年次の秋学期（9月〜12月：実習先の学校から指定）に行い、実習期間は約2週間程度になっている。2013年度と2014年度に行った教育実習校については表2に記載したとおりである。現在、本学科での特別支援学校教育実習は、東京都と神奈川県でのみ実習を行っている。東京都の実習校は主に東京都立の特別支援学校となるが、私立校である旭出学園と国立大学附属の東京学芸大学附属特別支援学校で実習を行う場合もある。神奈川県の実習校はすべて公立校であるが、川崎市立、横浜市立、横須賀市立などの市立の特別支援学校でも実習を行っている。

第 16 章 特別支援学校での教育実習を通して

表2　2010年度生と2011年度生の教育実習校

		実習校名	2010年度生	2011年度生
公立	東京都	東京都立江戸川特別支援学校	○	○
		東京都立江東特別支援学校	○	○
		東京都立王子特別支援学校	○	○
		東京都立王子第二特別支援学校		○
		東京都立青鳥特別支援学校		○
		東京都立小平特別支援学校		○
		東京都立村山特別支援学校		○
		東京都立板橋特別支援学校	○	
		東京都立石神井特別支援学校		○
		東京都立府中けやきの森学園	○	
	神奈川県	神奈川県立伊勢原養護学校		○
		神奈川県立保土ヶ谷養護学校		○
		神奈川県立麻生養護学校	○	○
		神奈川県立鶴見養護学校	○	
		神奈川県立鎌倉養護学校	○	
		神奈川県立藤沢養護学校	○	○
		神奈川県立みどり養護学校	○	○
		神奈川県立相模原中央支援学校	○	
		神奈川県立座間養護学校	○	
		神奈川県立中原養護学校		○
		神奈川県立三ツ境養護学校		○
		神奈川県立高津養護学校	○	○
		横須賀市立養護学校	○	
		川崎市立田島養護学校	○	○
		横浜市立港南台ひの特別支援学校		○
		横浜市立日野中央高等特別支援学校		○
私立	東京都	旭出学園	○	○
国立	東京都	東京学芸大学附属特別支援学校	○	○

6-3　事後指導

　4年次の秋学期に特別支援学校教育実習が行われるが、実習時期が各特別支援学校によって異なるため、秋学期全般にわたって、複数回に分けて事後指導を行っている。事後指導は、特別支援学校実習が終わった学生が実習内容を報告し、内容への質疑と研究授業の指導内容の検討会を行っている。

まとめ

　本学科は、開設してまだ5年目であり、一期生が卒業したばかりで、本学科で特別支援学校教員免許状を取得した学生が、特別支援教育に関連した場で力を発揮できているかの評価はまだ難しいところである。一期生である2010年度生では、特別支援学校教員採用試験を受験した学生は5名のうち3名が正規採用、1名が期限付き採用であった。2011年度生は、特別支援学校教員採用試験を受験した学生は11名のうち9名が正規採用、1名が期限付き採用であり、年度によっても特別支援学校教員を目指す学生の数もばらつきがある。

　本学科では、2年次に年間を通して週一回、小学校の教育現場に1日参加し、特別に支援が必要な子どもに関わる教育発達学方法論（体験活動）がある。実際に特別支援教育に初めて触れる学生も多い。その体験から、小学校でなされている特別支援教育に強く関心を持ち、小学校教員として特別支援教育の専門性を身につけるために、特別支援学校教員免許状の取得を希望する学生も多い。

　しかしながら、今後特別支援教育がより推進されていく中で、従来の特別支援学校で教育を受けることが多かった比較的障害程度が重い児童も、支援体制の整備が進んでいるような地域では、通常の小学校へ在籍する事も十分に考えられる。また、特別支援教育体制の整備がさらに推進されることにより、小学校が担う特別支援教育の役割そのものが大きくなることが考えられる。したがって、特別支援学校教諭免許状の取得希望の学生については、特別支援教育の専門性を校種に限定せずに、児童実態に幅広く柔軟に対応できる力をつけていくことが望まれる。

引用文献

半澤嘉博・渡邉健治・岩井雄一・濱田豊彦・渡邉流理也・田中 謙・中村昌宏・宮井清香（2013）．全国市区町村における特別支援教育の推進体制についての研究 SNEジャーナル, **19**, 161-174.

文部科学省（2008）．小学校指導要領解説総則編

文部科学省（2013）．学校基本調査―平成25年度初等中等教育機関・専修学校・各種学校《報告書掲載集計》

文部科学省初等中等教育局特別支援教育課（2013）．特別支援教育資料（平成25年度）　http://www.mext.go.jp/a_menu/shotou/tokubetu/material/1348283.htm

（渡邉流理也・小林潤一郎・金子　健）

第 17 章 「教育発達学」の 4 年間の学びと進路選択

はじめに

　「教育発達学」とは、心理学を基盤として、教育学（初等教育）、障害科学の 3 分野が融合した学問である。教育発達学科では、心理学部の「こころを探り、人をささえる」という教育理念に則し、教育発達学を学ぶことにより、4 年間を通じて「心理支援力」「発達支援力」「教育実践力」を身につけることを目指している。現行のカリキュラムは、1、2 年次に子ども理解領域の科目、3 年次からは子ども支援領域の科目を中心に学修する。その中で、2 年次には全員が必修科目「教育発達学方法論（体験活動）」（旧科目名「体験活動方法論」）を履修し、学期中の毎週木曜日に、公立小学校にて子どもたちと実際に接する活動を体験する。その後、教員免許状取得希望者は 3 年次に教育実習の登録並びに介護等体験を実施し、4 年次に「教育実習 1（小学校）／教育実習 2（幼稚園）／特別支援学校教育実習」と「教職実践演習（幼・小）」を履修する。

　本学科の学生の大半は、子どもの心を理解し子どもの発達を支援する仕事に強い関心を持って入学している。しかし、入学時の 1 年生が持つ発達・教育・心理に関する知識の多くは、子ども時代の個人的体験によるものであることは否定できない。学生は 4 年間の教育発達学の学修を通じ、子どもの心の発達、教育の実際、心理支援について学びながら、自らの関心や適性を様々な角度から再確認し、ときに揺らぎながらも、改めて進路を選択し決定する。

　本章では、教育発達学科の学生の進路動向及び教育実習に関する資料調査（2010 年度・2011 年度入学生対象）並びに 2 回の質問紙調査（第 1 回調査：2010 年度入学生対象、第 2 回調査：2011 年度入学生対象）の結果について、特に、進路選択（取得希望免許状の変化や進路決定）に関連する要因に着目して報告する。

1 教員免許状取得希望の動向（2010年度入学生、2011年度入学生：資料調査）

はじめに、教育発達学科の学生の教員免許状取得希望の変化を調べた資料調査の結果を概観する。2010年度入学生（1期生）及び2011年度入学生（2期生）に関して学科が保有している資料のうち、第1回教育実習希望調査票（2年次7月提出）、第2回教育実習希望調査票（2年次11月提出）、教育実習最終希望調査票（3年次4月提出）をもとに、3地点での各免許状の取得希望者数を算出した。2010年度入学生の各免許状の取得希望者数は図1に、2011年度入学生の各免許状の取得希望者数は図2に示した。

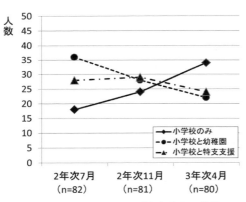

図1　2010年度生の取得希望免許状の推移

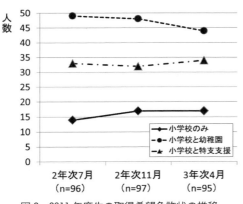

図2　2011年度生の取得希望免許状の推移

なお、本学科の1期生（2010年度入学）から4期生（2013年度入学）のカリキュラムにおいては、幼稚園教諭または特別支援教諭の免許状を取得する場合、小学校教諭を基礎免許状としていた。よって、取得希望免許状のカテゴリーは「小学校のみ」「小学校＋幼稚園」「小学校＋特別支援」の3種類となる。

2010年度入学生においては、3地点での免許状ごとの取得希望者数に大きな動きが見られた。当初は複数の免許状の取得を目指していたものの最終希望調査の際には1種類（小学校）の免許状取得を希望した学生が多く存在した（図1参照）。

2011年度入学生の取得希望免許状については、見かけ上ほとんど変化が見られなかった（図2参照）。しかし、個人の進路動向を追ったところ、実際には、当初は複数の免許状取得を希望していたものの最終的に1種類（小学校）の免許状取得を選択した学生と、1種類（小学校）の免許状取得を希望していたものの最終的に複数の免許状取得を選択した学生が、それぞれ複数名存在していた。

資料調査の結果から、入学年度による違いはあるものの、2年次の1年間に、進路の希望に変化が生じていることが明らかになった。

2　2年次の体験活動が進路選択に及ぼす影響（2011年度入学生、4年次春学期、質問紙調査）

2-1　目的と方法

教育実習の登録（3年次4月に実施する取得免許状に関する最終希望調査）までの1年間、教育発達学科の学生は2年次必修科目「教育発達学方法論（体験活動）」（旧科目名「体験活動方法論」）を履修する。学生は、公立小学校での定期的な体験活動を経験し、教育現場で直に子どもと接する中で、自らの興味関心や教員としての適性を見つめ直すこととなる。1年間の体験活動の内容は、活動先の小学校によって異なるものの、普通学級における支援・配慮が必要な子どもたちとの関わりが中心となる。

2年次の小学校での体験活動での経験は、個人の進路選択にどのように影響しているのだろうか。この点について検討するため、4年次生を対象に質問紙調査を実施した。質問紙は、新年度開始時（4月第1週）のオリエンテー

ションの際に配布し、後日回収した。主な質問内容は「進路選択（取得予定免許状、教職志望）」、「2年次の体験活動での経験と進路選択への影響」、「教育実習への期待・不安」であった。なお、「教育実習への期待・不安」については、宮城・石井（2010）を参考に質問項目を作成した。

調査参加者は、4年次生53名（2011年度入学生、男性19名、女性34名、平均年齢21.22歳）であった。以下に、主要な問いの回答を示す。

2-2　体験活動における経験の認知と進路選択（取得免許状の決定）

「体験活動はあなたにとって有意義な経験となったか」という問いに対して、53名の参加者全員が「はい」と回答した。その理由づけ（自由記述）は大きく2つに分類され、「学校現場を知ることができ、困難を抱える児童の現実を見ることができたから」、「よくも悪くも現場を知るということ。"子どもが好き"で入ると、現実を見ることになるかも。案外大変な部分もある」等の教育現場を見ることの意義に関する記述と、「1年経験することによって、子どもの成長を見ることができた」、「子どもと触れ合うことの楽しさを学んだ」等の子どもの発達を間近に感じることの意義に関する記述が見られた。

また、「体験活動はあなたの進路選択に影響したか」という問いには、53名中37名が「はい」、16名が「いいえ」と回答した。体験活動がその後の進路選択に影響したと回答した37名には、さらに、「体験活動での経験がどのように進路選択に影響したか」について尋ねた。その結果、37名中20名は、体験活動を通じて、小学校教諭あるいは特別支援教諭を志望する気持ちが強くなったと感じており（以下、志望動機強化群）、他方で14名は、体験活動を通じて、小学校教諭を志望する気持ちが弱くなったと感じている（以下、志望動機低下群）ことが明らかになった。各群の内訳は図3に示した。

次に、志望動機強化群（20名）と志望動機低下群（14名）の間で、「体験活動先での経験の認知（表1）」と、「教育実習への期待・不安（表2、3）」に違いがあるか否かを検討するため、t検定を用いて各質問項目の平均得点の差

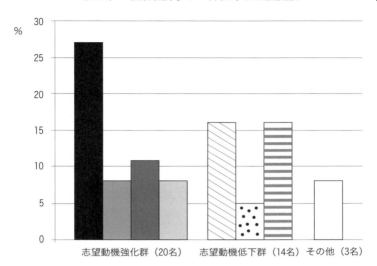

図3　体験活動による教職志望動機強化群及び志望動機低下群の内訳

の検討を行った。その際、教員免許状を取得しない予定の学生のデータ（志望動機低下群1名）を除外し、33名について分析を行った。

　t検定の結果から、志望動機強化群の方が志望動機低下群よりも、体験活動の際に児童に受け入れられていると感じ、また学科から十分なサポートを受けていたと認知している傾向にあることが示された（表1参照）。さらに、教育実習への期待については、志望動機強化群は志望動機低下群よりも、「よい保育・教科教育ができるようになりたい」、「園・学校の先生とよい関係を

表1 「体験活動先での経験の認知」の各項目の平均得点と標準偏差（SD）
――体験活動の進路選択への影響による分類

項目	志望動機強化群 20名	志望動機低下群 13名	
1. 体験活動の際、活動先の児童に受け入れられていると感じましたか	3.75 (0.44)	3.54 (0.52)	$t(31)=1.25$, $p=.06$ †
2. 体験活動の際、活動先の先生に受け入れられていると感じましたか	3.55 (0.51)	3.31 (0.63)	n.s.
3. 教育発達学科や体験活動サポート室によるサポートは十分だと思いましたか	3.05 (0.76)	2.92 (0.49)	$t(31)=0.53$, $p=.09$ †
4. 体験活動先の小学校のサポートは十分だと思いましたか	3.55 (0.51)	3.15 (0.69)	n.s.

注　とてもそう感じた・とてもそう思った（4点）、ややそう感じた・ややそう思った（3点）、あまりそう感じなかった・あまりそう思わなかった（2点）、全くそう感じなかった・全くそう思わなかった（1点）の4件法

表2 「教育実習への期待」の各項目の平均得点と標準偏差（SD）
――体験活動の進路選択への影響による分類

項目	志望動機強化群 20名	志望動機低下群 13名	
1. よい実習日誌・指導案がかけるようになりたい	3.40 (0.60)	3.15 (0.80)	n.s.
2. よい保育・教科教育ができるようになりたい	3.60 (0.60)	3.15 (0.55)	$t(31)=2.15$, $p<.05$*
3. 園・学校の先生とよい関係を築きたい	3.60 (0.31)	3.15 (0.77)	$t(31)=2.70$ $p<.05$*
4. 幼児・児童とよい関係を築きたい	4.00 (0.00)	3.39 (0.48)	$t(31)=2.89$ $p<.01$**
5. 教育実習を通じて、人間的に成長したい	3.90 (0.31)	3.69 (0.38)	n.s.

注　とても期待している（4点）、やや期待している（3点）、あまり期待していない（2点）、全く期待していない（1点）の4件法

築きたい」、「幼児・児童とよい関係を築きたい」と考えていることが明らかになった（表2参照）。教育実習に対する不安には、群間で有意な差はみられなかった（表3参照）。

　なお、調査に参加した教員免許状取得予定者（52名）を、教職志望者（30

表3 「教育実習への不安」の各項目の平均得点と標準偏差（SD）
　　―体験活動の進路選択への影響による分類

項目	志望動機強化群 20名	志望動機低下群 13名	
1. 実習日誌・指導案について	3.45 (0.61)	3.15 (0.55)	*n.s.*
2. 保育・教科教育について	3.60 (0.51)	3.31 (0.63)	*n.s.*
3. 園・学校の先生との人間関係について	2.80 (0.95)	3.00 (0.82)	*n.s.*
4. 幼児・児童とのかかわりについて	2.75 (0.91)	2.69 (0.75)	*n.s.*
5. 体調面について	2.25 (0.79)	2.38 (0.77)	*n.s.*

注　とても不安である（4点），やや不安である（3点），あまり不安でない（2点），全く不安でない（1点）の4件法

名）と教職以外の進路志望者（22名）の2群に分類し，同様に「体験活動先での経験の認知」及び「教育実習への期待・不安」に違いが認められるか否かを検討したところ，両者の平均得点に有意な差は認められなかった。

　4年次の春学期（教育実習前）に実施した質問紙調査の結果から，教育発達学科の学生が，2年次の小学校での体験活動の経験を通じて，教育の実際を学びながら，自らの適性を見つめ直し，進路選択をしている姿が示された。調査参加者全員が体験活動は有意義な経験であったと振り返っているものの，体験活動によって教職の志望動機が低下した学生は，相対的に，体験活動中に児童から受け入れられていないと感じていたり，サポートが十分でないと認知している傾向にあった。さらに，教職の志望動機が低下したものの教員免許状を取得する学生は，志望動機が強化された学生と比べて，教育実習中の保育・教科教育や，教師や幼児・児童との人間関係の形成に対する動機づけが低いことが明らかになった。

3 進路決定の契機、教職の魅力・気がかりの認知（2010年度入学生、4年次秋学期、質問紙調査）

次に、4年次の秋学期終了時に実施した質問紙調査の結果から、進路決定の契機や、4年間の学びを終えた現在、教職に対してどのような魅力を感じ、どのような気がかりを感じているかを見ていくこととする。なお、教職に関連する進路決定の指標として、ここでは「教員採用試験の受験の有無」を用いることとする。

3-1 目的と方法

教育発達学科の学生の進路決定の契機となる出来事、並びに進路決定と入学時・現在の教職に対する魅力や気がかりの認知との関連を明らかにすることを目的として、進路決定後の4年次生を対象に質問紙調査を行った。質問紙は、秋学期終了時（12月末～1月）に授業内で配布し、後日回収した。主な質問内容は、「進路決定の契機（体験活動、介護等体験、教育実習、家族内の教員経験者、家族との話し合い、友人内の教員経験者、友人との話し合い）」、「教員採用試験・大学院受験・就職活動の状況」、「入学前と現在の教職の魅力の認知」、「入学前と現在の教職に対する気がかりの認知」、「目標志向性」等であった。「教職の魅力の認知」と「教職に対する気がかりの認知」については、若松 (1997) の尺度をもとに質問項目を作成した。「目標志向性」については、Dweck (1999) の目標志向性尺度を参考に質問項目を作成した。

調査参加者は、4年次生37名（2010年度入学生、男性10名、女性27名、平均年齢22.03歳）であった。

3-2 3年次の介護等体験及び4年次の教育実習の進路決定への影響

参加者の大半（37名中34名）が教育実習を終え、現在教員免許状の取得を

第 17 章 「教育発達学」の 4 年間の学びと進路選択

表 4　介護等体験の進路決定への影響の有無と教員採用試験の受験

		教員採用試験	
		受験 (17 名)	未受験 (20 名)
介護等体験の影響	有	7	2
	無	10	18

表 5　教育実習の進路決定への影響の有無と教員採用試験の受験

		教員採用試験	
		受験 (17 名)	未受験 (20 名)
教育実習の影響	有	14	9
	無	3	11

予定していた。そのため、教員採用試験受験者（小学校・幼稚園・特別支援学校のうち 1 つまたは 2 つ、校種不問）17 名と、教員採用試験未受験者 20 名の間において、進路決定と関連すると考えられる各指標（体験活動、介護等体験、教育実習、家族内の教員経験者、家族との話し合い、友人内の教員経験者、友人との話し合い）への回答の分布に違いがあるか否かについて、フィッシャーの直接確率検定を用いて検討した。

その結果、教員採用試験受験者と、教員採用試験未受験者の間で「3 年次の介護等体験の進路決定への影響の有無」の回答において分布の差が有意傾向であり（$p = .05 < .10$）、「4 年次の教育実習の進路決定への影響の有無」の回答の分布の差が有意であった（$p < .05$）。介護等体験と教育実習の進路決定への影響に関する回答の人数の分布は表 4、5 に示した。

教員採用試験受験者は、教員採用試験未受験者よりも、介護等体験や教育実習が、自らの進路決定に影響したと回答しており、ここから、教員採用試験を受験した学生の進路決定の契機は、3、4 年次の現場での実習の経験である可能性が示唆された。

3-3　進路決定と教職に対する魅力・気がかりの認知
3-3-1　教職の魅力の認知
　　　　　―教員採用試験受験者（校種不問）と教員採用試験未受験者の比較

教員採用試験受験者（校種不問）17 名と教員採用試験未受験者 20 名の、入

第Ⅳ部 教員養成の新たなスタンダードをめざして

表6 教職の魅力の認知（入学前・現在）の平均得点と標準偏差（SD）
　　―教員採用試験受験者と未受験者の比較

質問項目	入学前			現在		
	採用試験受験 17名	採用試験未受験 20名		採用試験受験 17名	採用試験未受験 20名	
ア．仕事にやりがいがありそうであること	3.00 (1.06)	2.95 (1.05)	n.s.	3.71 (0.59)	3.30 (0.57)	$t(35)=2.13$, $p<.05$*
イ．性格的に合っていそうであること	3.00 (1.12)	2.75 (1.16)	n.s.	3.18 (0.64)	2.55 (0.83)	$t(35)=2.55$, $p<.05$*
ウ．給与の額が仕事上の苦労と見合っていそうであること	2.41 (0.80)	2.50 (1.00)	n.s.	2.35 (0.70)	2.25 (0.64)	n.s.
エ．身分が安定していること	3.35 (0.78)	3.15 (0.88)	n.s.	3.28 (0.73)	3.30 (0.73)	n.s.
オ．休日や自分の時間が多くとれそうであること	3.00 (0.87)	2.75 (0.97)	n.s.	2.35 (0.70)	2.40 (0.88)	n.s.
カ．転勤が少ないか、その範囲が限られていること	2.71 (0.92)	2.42 (0.84)	n.s.	2.82 (0.64)	2.90 (0.79)	n.s.
キ．職業の社会的評価が高そうである事	2.88 (0.86)	2.60 (0.88)	n.s.	2.47 (0.87)	2.45 (0.89)	n.s.
ク．世の中のために貢献できそうであること	3.24 (0.83)	2.90 (0.97)	n.s.	3.59 (0.51)	3.30 (0.57)	n.s.
ケ．好きなことや興味に合った仕事ができそうであること	3.18 (0.81)	2.95 (0.94)	n.s.	3.47 (0.80)	2.85 (0.75)	$t(35)=2.44$, $p<.05$*
コ．専門知識や得意な面を活かして仕事ができそうであること	2.65 (0.79)	2.75 (0.79)	n.s.	3.06 (0.75)	2.85 (0.67)	n.s.
サ．仕事が長く続けられそうなこと	2.94 (1.14)	2.80 (0.52)	n.s.	3.12 (0.70)	2.85 (0.75)	n.s.
シ．自分の裁量でできる仕事が多そうであること	2.71 (1.10)	2.60 (0.75)	n.s.	2.76 (0.90)	2.75 (0.55)	n.s.
ス．他者との仕事上の競争が激しくなさそうであること	2.47 (0.87)	2.50 (1.00)	n.s.	2.35 (0.70)	2.50 (0.95)	n.s.
セ．自分も人間的に成長できそうであること	3.18 (0.88)	3.20 (0.89)	n.s.	3.71 (0.59)	3.40 (0.75)	n.s.
ソ．職場の人間関係が快適そうであること	2.88 (1.09)	2.65 (1.04)	n.s.	2.71 (0.77)	2.45 (0.83)	n.s.
タ．子どもと接していけること	3.47 (0.62)	3.45 (0.83)	n.s.	3.88 (0.33)	3.65 (0.49)	n.s.
チ．人間の成長の援助ができそうであること	3.47 (0.80)	3.35 (0.88)	n.s.	3.71 (0.47)	3.60 (0.60)	n.s.

注　とても魅力を感じる（4点），やや魅力を感じる（3点），あまり魅力を感じない（2点），全く魅力を感じない（1点）の4件法

学前と現在の教職の魅力の認知の違いを検討するため、各項目の平均得点について質問項目ごとに t 検定を行った。教職の魅力の認知（入学前・現在）の各項目の平均得点と標準偏差は表 6 に示す通りである。

　それによると、入学前の教職の魅力の認知については、両者の間に有意な差は認められなかった。現在の教職の魅力の認知には教員採用試験の受験の有無によって有意な差があり、教員採用試験受験者の方が、教員採用試験未受験者よりも、「仕事にやりがいがありそうであること」、「性格的に合っていそうであること」、「好きなことや興味に合った仕事ができそうであること」等の、仕事内容や適性を教職の魅力として認知していることが明らかになった。

3-3-2　教職に対する気がかりの認知
—教員採用試験受験者（校種不問）と教員採用試験未受験者の比較

　教員採用試験受験者（校種不問）17 名と教員採用試験未受験者 20 名の教職に対する気がかりの認知の違いを検討するため、入学前と現在のそれぞれの平均得点について質問項目ごとに t 検定を行った。教職に対する気がかりの認知（入学前・現在）の各項目の平均得点と標準偏差は表 7 に示す通りである。

　それによると、入学前の教職に対する気がかりの認知については、両者の間に有意な差は認められなかった。現在の教職に対する気がかりの認知には、教員採用試験の受験の有無によって有意な差がみられ、教員採用試験受験者は、教員採用試験未受験者よりも、「幼児・児童との関係」、「保育または教科教育の力量」、「幼児理解または生徒指導の力量」等の教育の実践的な側面や、「万一転職する時のこと」について気がかりに感じていることが明らかになった。他方で、教員採用試験受験者は、教員採用試験未受験者よりも、「教師を続けていく意欲」について気がかりに感じていないことが明らかになった。

表7 教職に対する気がかりの認知（入学前・現在）の平均得点と標準偏差（SD）
　　―教員採用試験受験者と未受験者の比較

質問項目	入学前			現在		
	採用試験受験 17名	採用試験未受験 20名		採用試験受験 17名	採用試験未受験 20名	
あ．幼児・児童との関係について	2.65 (0.99)	2.75 (0.91)	n.s.	3.88 (0.86)	3.30 (0.73)	$t(35)=2.23$, $p<.05$*
い．職場の人間関係について	2.82 (1.07)	2.65 (0.99)	n.s.	3.18 (0.73)	3.20 (1.01)	n.s.
う．保育または教科教育の力量について	3.25 (1.06)	2.95 (0.94)	n.s.	3.76 (0.44)	3.10 (0.79)	$t(35)=3.01$, $p<.01$**
え．幼児理解または生徒指導の力量について	2.94 (1.03)	2.80 (1.01)	n.s.	3.35 (0.70)	2.80 (0.89)	$t(35)=2.06$, $p<.05$*
お．学級経営の力量について	3.06 (1.09)	2.95 (1.00)	n.s.	3.53 (0.72)	3.15 (0.81)	n.s.
か．教師を続けていく意欲について	2.65 (1.17)	2.70 (1.03)	n.s.	2.35 (1.11)	3.10 (0.85)	$t(35)=2.31$, $p<.05$*
き．教師社会の閉鎖性について	2.29 (0.92)	2.25 (1.07)	n.s.	3.00 (0.71)	3.30 (0.73)	n.s.
く．どんな園・学校（又は土地）に赴任するかについて	2.59 (1.00)	2.15 (0.99)	n.s.	3.00 (1.06)	2.85 (0.81)	n.s.
け．忙しさ・自分の時間がとれる程度について	3.06 (0.90)	2.40 (0.88)	n.s.	3.41 (0.71)	3.35 (0.81)	n.s.
こ．組合のことについて	2.06 (1.34)	1.90 (0.85)	n.s.	2.76 (1.03)	2.60 (0.99)	n.s.
さ．責任の大きさについて	2.94 (1.09)	3.05 (0.94)	n.s.	3.59 (0.80)	3.40 (0.88)	n.s.
し．幼児・児童への人格的影響力について	2.88 (1.11)	2.80 (1.01)	n.s.	3.47 (0.80)	3.10 (0.91)	n.s.
す．給与・経済状態のことについて	2.18 (1.07)	2.15 (0.93)	n.s.	2.41 (1.00)	2.55 (0.89)	n.s.
せ．精神的苦労の大きさについて	3.29 (0.85)	2.85 (1.04)	n.s.	3.41 (0.71)	3.45 (0.76)	n.s.
そ．肉体的疲労の大きさについて	3.12 (0.99)	2.50 (1.05)	n.s.	3.00 (1.12)	3.10 (0.91)	n.s.
た．万一転職（または他県で再受験）する時のことについて	1.88 (1.11)	1.90 (0.91)	n.s.	2.65 (1.00)	2.10 (0.64)	$t(31)=2.02$, $p=.05$†
ち．自分を活かせる仕事かについて	2.76 (1.03)	2.20 (0.89)	n.s.	2.65 (1.00)	2.40 (0.75)	n.s.
つ．将来（結婚後など）の私生活との兼ね合いについて	2.35 (0.93)	2.25 (1.07)	n.s.	3.00 (1.00)	2.80 (0.70)	n.s.

て．世間の教師を見る目について	2.65 (1.06)	2.70 (1.09)	*n.s.*	2.76 (0.90)	2.35 (0.99)	*n.s.*
と．仕事における理想と現実のギャップについて	2.53 (1.07)	2.55 (1.05)	*n.s.*	3.24 (0.75)	3.15 (0.67)	*n.s.*
な．保護者との関係について	2.94 (0.97)	2.95 (0.94)	*n.s.*	3.71 (0.59)	3.30 (0.92)	*n.s.*

注　とても気がかりに感じる（4点），やや気がかりに感じる（3点），あまり気がかりに感じない（2点），全く気がかりに感じない（1点）の4件法

3-3-3　教職に対する魅力・気がかりの認知と達成目標志向

　紙面の都合により詳細は割愛するが、上記の結果の他に、達成目標志向（Dweck, 1999; Dweck & Elliott, 1983）によって、教職に対する魅力・気がかりの認知に差があることが示されている。ドゥエック（Dweck, C.S.）は、学習目標（learning goal）と遂行目標（performance goal）の2種類の達成目標を提唱している。学習目標を持つ者は、能力を伸ばし新しいことを習得すること、遂行目標を持つ者は、良い評価を得て否定的な評価を避けることを目指す（上淵、1995）。本調査においては、目標志向性尺度（Dweck, 1999）の修正版を用い、その合計得点によって、参加者を、教員採用試験の受験（受験・未受験）並びに達成目標（学習目標・遂行目標）の組み合わせによる4群に割り当てた。教職に対する魅力・気がかりの認知に関する各項目の平均得点について、群間比較を行った結果、教員採用試験受験者の中でも、学習目標を持つ学生は、教職のやりがいに魅力を感じており、教職を続けて行くことに不安を持たない傾向にあること、教員採用試験受験者の中でも、遂行目標を持つ学生は、幼児・児童との関係をより気がかりに感じていることなどが明らかになった。

4　まとめと今後の展望

　本章では、明治学院大学心理学部教育発達学科の学生（2010年度入学生及び2011年度入学生）を対象として実施した3つの調査の主要な結果を報告した。
　4年間の学びを振り返った際、多くの学生が、2年次の体験活動、3年次の

介護等体験、4年次の教育実習といった学外での実習が自らの進路選択に影響したと認識していた。教育発達学科では、大学での講義・実習での学びを教育現場での活動に活かし、また活動を通じて学んだ成果を大学に持ち帰ってより深く理解する「循環型教育システム」を重視している。3つの調査から、教育発達学科の学生が、この「循環型教育システム」の中での学修を進路選択につなげていく姿の一端が明らかになった。

2つの質問紙調査からは、学外での実習の意義が示されたが、それと同時に、学外での実習のサポート体制をどのように充実させていくかが今後の課題として浮かび上がった。教員免許状取得予定者の4年次の教育実習への動機づけは全体として高いものの、2年次の体験活動を通じて教職への志望動機が低下した学生は、志望動機が強化された学生と比べると、教育実習における保育・教育や人間関係形成に対する動機づけが低かった。また、体験活動を通じて教職への志望動機が低下した学生ほど、体験活動中に学科のサポートを必要としていた可能性も示唆されている。これらの結果から、今後、学生個人の学外での実習の経験やその認知を踏まえた上で、一人一人の学びを長期的に支えていくサポート体制を構築する必要があると考える。

なお、本章で報告した3つの調査は、2014年度明治学院大学心理学部付属研究所萌芽研究プロジェクト「明治学院大学心理学部教育発達学科における教員養成に関連した進路動向の調査（溝川藍・藤﨑眞知代・井陽介・渡邉流理也）」により実施したものである。

引用文献

Dweck, C. S. (1999). *Self-theories: Their role in motivation, personality, and development*. Psychology Press.

Dweck, C. S., & Elliott, E. S. (1983). Achievement motivation. In P. H. Mussen (Gen. Ed.) & E. M. Hetherington (Vol. Ed.), *Handbook of child psychology: Vol. IV: Social and personality development* (pp. 643-691). New York: Wiley.

宮城信夫・石井 勉（2010）．教育実習生の実習前後の意識の差異に関する考察　琉

球大学教育学部紀要, **77**, 173-181.

上淵 寿（1995）．達成目標志向性が教室場面での問題解決に及ぼす影響　教育心理学研究, **43**, 392-401.

若松養亮（1997）．教員養成学部学生における教職志望意識の変化に及ぼす要因の検討（2）―教職に対する「気がかり」と「魅力」の認知を中心として―　進路指導研究, **18**, 1-8.

（溝川　藍・井　陽介・渡邉流理也）

教員の学び

第18章　Faculty Development (FD) を通した学び

はじめに

　2010年4月、明治学院大学は心理学部の中に、小学校教員一種免許状、幼稚園教諭一種免許状、特別支援学校教諭一種免許状取得を主たる目的とした教育発達学科を新設した。この学科に所属する教員たちは、学科の特徴づけ及びこの学科に所属する教員としてのアイデンティティの確立を目指して、定期的にFD研修を実施してきた。以下に、学科の教育目標やそれに沿って企画されたFD研修のテーマを整理し、教員としてのこれまでの学びを振り返るとともに、新たな展開への礎としたい。

1　教育発達学科の教育目標

　教育発達学科の教育目標については、本学のホーム・ページに、心理学部の「こころを探り、人を支える」という理念のもと、「教育発達学の視点からの教育実践力、及び発達支援力のある人材の養成」をすることであると述べられている。

　この記述のうち、冒頭の「教育発達学」については、教育目標の中に、「発達や障害に関するメカニズムの理解を基礎とした上で、系統的な教育システムのあり方について分析的・科学的に探究する、教育学、心理学、障害科学

を融合した学問」と定義づけられている。また、後段の、教育実践力、発達支援力については、ディプロマ・ポリシー及びカリキュラム・ポリシーのなかでは、「心理支援力、発達支援力、教育実践力」として展開されている。すなわち、「心理支援力」については、ディプロマ・ポリシーに、「自己理解力、自己コントロール力、他者理解力からなる心理支援力（後略）」とある。続く「生涯発達プロセスや障害に関する十分な知識を持ち、それを子ども支援に活用できる力（後略）」は「発達支援力」について述べたものである。そして、「生涯発達における学校との接点を実践的に理解し、有効な教育方法について分析的・科学的に探究する力、および教科指導力、コーディネート力」とあるのは、「教育実践力」について述べたものである。

2　教員の構成とFD研修

　こうした特徴をもつ新学科の運営に携わる教員たちには、本学における授業を中心とした自らの教育実践を、この教育目標に結びつけて展開することが求められる。

　学科開設時の授業担当教員は、教育学・教科教育学担当7名、心理学担当3名、障害科学担当3名という構成であり、そのうちの5名は本学旧心理学科から移籍した教員であり、8名は学科開設に際して外部から移籍してきた教員である。教員は皆、10年〜20年以上の教育・研究の実績を有してはいるが、上記のような教育目標を掲げた新学科の運営に関わるのははじめてのことであり、今までの経験が役立たなかったり、場合によっては邪魔になったりすることも考えられた。

　新設の学科ということは、学科としての積み重ねがないということであり、参考にすべきモデルや踏襲すれば済む前例がないということになる。これは、コンパスを持たずに未知の海原に向けて船を漕ぎだしていくのと似ている。学科FDは、そうした状況の中で、一人一人の教員が自らの教育実践を学科

の教育目標の中に位置づけることをガイドするという意味で、羅針盤のような役目を果たすものと特徴づけることができる。

　学科 FD は、実際には学科の全教員を対象とした「FD 研修」として開催され、共通の学びの場と位置づけられてきている。その運営については、学科内に、数名の教員から成る「FD 部会」を組織し、「FD 研修」として取り上げるテーマと講師の選定、日程の調整等を行ってきた。

3　FD 研修の実際

　この 4 年間に実施された学科の FD 研修のテーマは、おおよそ 4 つに分類できる。

　第 1 は、主に、学科開設当初の FD 研修において選定されたテーマで、本学科の教育目標の根幹に関わるものである。具体的には、「教育発達学概論の検討」（2010 年 6 月、7 月）、「公開講座・『教育とこころ』の企画・開催」（2010 年 10 月）、「国語授業のユニバーサル・デザインについての理解」（2010 年 10 月）、「教育プロジェクトについての検討」（2010 年 11 月）、「教育発達学科の歩みを振り返って」（2012 年 5 月）等で、これらは、「学科の特徴づけに関する FD」と集約できる。

　第 2 は、上記の「学科の特徴づけに関する FD」を進める中で、次第に焦点化されてきたものである。具体的には、「大学教育を変える評価の形―ポートフォリオから e ポートフォリオへ」（2011 年 4 月、5 月）、「ポートフォリオの実践報告」（2011 年 7 月、2012 年 3 月）、「京都大学　教職課程ポートフォリオに関する資料収集と検討」（2012 年 11 月）、「ティーチング・ポートフォリオとルーブリック」（2012 年 12 月）等で、これらは、「授業評価に関する FD」と集約することができる。

　第 3 は、教員養成系の学科の専門性に関わるもので、「FD ワークショップについて」（2010 年 12 月）、「小学校教員に求められる専門性について」（2011

年 2 月)、「教職生活の全体を通じた教員の資質能力の総合的な向上方策について」(2011 年 6 月)、「教育実習を受ける側からの提案」(2011 年 12 月) 等である。

第 4 は、その時々の今日的なテーマを取り上げたもので、具体的には、「新任専任教員向けの FD ワークショップ」(2010 年 12 月)、「学校の危機管理」(2011 年 6 月)、「ハラスメントの実際と対応」(2011 年 11 月)、「Music education and teacher education in Portuguesse school」等である (この第 4 に分類されるものについては、紙面の都合もあり、説明は割愛する)。

3-1　学科の特徴づけに関する FD

前述のように、学科のカリキュラムを特徴づけるキー・コンセプトは、「教育発達学」であり、教員たちには、各自の授業を「教育発達学」として展開することが求められていると考え、そのためには、教育発達学についての共通理解を図ることが肝心と考えたのである。その皮切りに行ったのが、「教育発達学概論」についての検討である。この授業は、1 年生春学期に開講される授業で、図 1 にあるように、学科の全教員が関わる、いわゆるオムニバス形式の授業である。この授業のねらいの 1 つは、出来るだけ早い時期に、学生たちに、本学科所属教員の専門領域や担当授業に関する情報を伝え、以後の学修計画を立てる際の参考にさせようというものである。

それと同時に、この授業にはもう 1 つのねらいがあった。この授業は、専門性を著しく異にする教員集団によるオムニバス授業であるということから、教員同士が、互いの専門性と授業実践について情報交換をし、相互理解をすることが必要と考え、授業参観とそれに基づく検討会を実施して来た。授業参観は、この「教育発達学概論」の授業だけに限らず、学科の教員の担当するそれぞれの授業でも、自主的に行われてきた。3 分野の融合が、すぐに実現できる訳ではないが、教員が相互に学び合うという雰囲気が育ってきたことは、融合に向けての第一歩と言える。

融合に向けてのもう一つの取り組みとして、教育発達学科公開講座「教育

第18章　Faculty Development（FD）を通した学び

教育発達学概論　講義概要
2010.4.8
講義概要 　心理学、教育学（初等教育学）、障害科学の各領域に共通する現代的トピックについて紹介し、教育発達学が現代社会においてどのように貢献し得るかを論じる。
【第1回】　教育発達学概論の学修目標と授業の進め方、カリキュラムにおけるこの科目の位置づけについて解説し、課題を浮き彫りにする。また、幼児児童の発達における教育の役割及び特別なニーズに対する支援について概観する。
【第2回】　家庭生活と学校教育との違い、今日における家庭と学校との関連について概観し、家庭生活を通した教育発達について講義する。
【第3回】　学校生活の中で経験した事柄が、児童生徒の発達にどのように影響するのかを概説する。また、生涯発達における学校生活の意義について講義する。
【第4回】　幼稚園から小学校への移行の時期に生じる課題に対して、教育発達学が果たすべき役割について講義する。
【第5回】　都市部と周辺部、新興住宅地と伝統的生活地では、人口構成も異なり、子どもたちの地域生活環境は大きく異なる。地域における教育力の質と量の影響について論じる。
【第6回】　地域の社会教育機関等で提供している放課後の活動を紹介し、それらが果たしている役割について講義する。
【第7回】　小学校から中学校への移行の時期に生じる課題に対して、教育発達学が果たすべき役割について講義する。
【第8回】　教育発達学における「算数」という教科の位置づけを紹介し、子どもの発達と算数の学びについて講義する。
【第9回】　教育発達学における「国語」という教科の位置づけを紹介し、子どもの発達と読書の関係を中心に講義する。
【第10回】　教育発達学における「音楽」という教科の位置づけを紹介し、生涯発達と音楽の学びについて講義する。
【第11回】　教育発達学における「体育」という教科の位置づけを紹介し、子どもの発達と様々な運動動作との関係について講義する。
【第12回】　教育発達学における「図画工作」という教科の位置づけを紹介し、子どもの発達と図画工作の学びについて講義する。
【第13回】　発達障害のある子どもの心の健康支援について、学校における早期発見・早期対応、予防的介入の方法、学校教育との関係、課題等について講義する。
【第14回】　不登校やいじめ等、学校生活の中で生じる様々な問題に対して教育発達学がどのようにアプローチできるのかを講義する。
【第15回】　教育発達学の背景としての文化、社会を視野に入れつつ、「こころの教育発達」について考察する。なお、半期の授業全体を試験範囲として最終試験を行う。
成績評価の基準 　＊　出席状況及び授業への参加態度　　　（30%） 　＊　小レポート（各回で課せられるレポート）　（30%） 　＊　最終試験　　　　　　　　　　　　　（40&）

図1　教育発達学概論の講義概要

とこころ」の実施をあげることができる。これは、本学科で教科教育を担当する教員が、各自の担当する教科教育に関する授業を、子どもたちの心の育ちと結びつけて話題提供するというものであった。4回連続で行われた講座のテーマは、「算数と音楽の出会い―幅広いこころの育成をめざして―」「子どもとひらく読書の世界―本に手を伸ばしたくなるひと工夫」「絵に見る子どものこころ」「スポーツはこころを育てるか」であった。「算数と音楽」という教科同士の融合も試みられたが、この公開講座が、心理学部主催の公開講座の一環として計画されたこともあり、毎回、心理学科の教員によるコメントが付け加えられることもあって、教科教育と心理学との融合が試みられ、それは本学科の向かう一つの方向を指し示すものと考えられた。

また、「国語授業のユニバーサル・デザインについての理解」は、この分野の第一人者、筑波大学附属小学校の桂聖先生を講師に迎えての研修であった。ユニバーサル・デザインの授業は、我が国では主に特別支援教育に取り入れられ、発展してきている。そのコアとなる考え方は、特別な教育的支援の必要な子どもへの指導の工夫は、クラスの他の子どもたちの理解の助けにもなると表現されるものである。FD研修で扱われた教科は「国語」であったが、研修のねらいは、どの教科にも通用する「ユニバーサル・デザイン」の考え方について理解を深めることにあり、それはまた、教科教育と障害科学との融合を意図した試みでもあった。

2011年度の本学の「教育プロジェクト」支援制度に、学科の全教員が関わる形で「教育発達学を基礎とする学士力の育成―心理支援力・発達支援力・教育実践力を育てる指導・評価システムの開発」と題するプロジェクトを申請し、それが認められることとなった。

この準備のなかで、改めて、心理支援力、発達支援力、教育実践力、そして、それらを核とする学士力について検討し、学科の特徴を再確認してきた。

2014年度現在、このプロジェクトは、次に述べる「授業評価に関するFD」と連動する形で、2015年度からの実施を目指した電子ポートフォリオによる

評価システムの構築へと発展してきている。

3-2 授業評価に関するFD（電子ポートフォリオ作成に向けて）

　これまでに実施した授業評価に関するFDは、2011、2012年度の2年間と、2013年度以降現在までの、二つの取り組みに分けることができる。

　前半2年間のFDは、ポートフォリオ評価を中心に、主として教員間の授業評価に関する共通理解の形成を目的に実施された。具体的には、東京学芸大学の森本康彦准教授による講演「大学教育を変える評価の形：ポートフォリオからeポートフォリオへ」(2011年4月)を皮切りに、学科教員が実施している紙ベースのポートフォリオの実践報告（2011年7月、2012年3月）を行い、さらに京都大学における教職課程ポートフォリオに関する調査と資料収集（2012年12月）、帝京大学の土持・ゲーリー・法一教授による講演「ティーチング・ポートフォリオとルーブリック」（2012年11月）等が実施された。

　後半の2013年度以降のFDは、これまでに教員間で形成された教育評価に関する共通理解をふまえて、電子ポートフォリオを活用した評価システムの構築に向けた、実務的作業を中心に実施された。各FDの具体的なテーマは、「教科教育学領域の授業科目に関するルーブリック評価の検討」(2013年5月)、「ルーブリック評価と学士力形成のための自己評価システムとの関係について」(2013年7月)、「心理学領域の授業科目にかかわるルーブリック評価の検討」(2013年9月)、「障害科学領域の授業科目と算数・算数科指導法に関するルーブリック評価の検討」(2013年11月)、「ルーブリックから自己評価表へ、そして電子ポートフォリオによる自己評価システムの構築へ」(2014年1月)、「ルーブリック評価に基づく自己評価表の検討」(2014年2月)、「学士力の修得（形成）状況を測るための評価項目（カテゴリー）の検討について」(2014年4月、5月)、「MG-NoteBook（註：2011年度に開発された旧システムの名称）の活用についての説明とデモンストレーション」(2014年6月)、「2015年度におけるPSY-PORTFOLIO（註：新システムの名称。旧システムをベースに機能を充実させ、ルー

ブリック評価を取り入れた学生による自己評価システムを加えてもの）システムの本格稼働に向けた共通理解の形成」（2014年10月）である。

　授業評価に関するFDは、教育プロジェクト支援制度を受けて2011年度から開始された、電子ポートフォリオ・システムの開発とほぼ併行する形で行われている点に特色がある。当初3年間を見通して計画された電子ポートフォリオ・システムの開発は、教育プロジェクト支援制度が1年間で打ち切られたため経費の裏づけを失うことになったが、将来的な実現可能性を考慮し、2012年度も引き続き教員間の授業評価に対する認識を深めるためのFDが実施された。

　2013年度のFDは、心理学部として「学士力育成支援のための電子ポートフォリオ・システムの整備」を、文部科学省の私学助成事業「平成25年度教育基盤・研究設備の整備」に申請することに合わせて行われたものである。学士力育成を支援するための学生による自己評価のための評価規準について検討が行われ、専任教員が担当科目についてルーブリックに基づく自己評価表の作成が進められた。

　さらに2014年度のFDでは、2015年度春学期からの電子ポートフォリオ・システムの本格稼働に向けた作業が行われるとともに、システムの活用に向けた教員間の共通理解が図られた。具体的には、学士力と合わせて、教員としての資質・能力に関する構成要素について検討され、学士力および教員としての資質・能力の形成状況を学期単位で把握できるようにするための評価項目（カテゴリー）の整理と2013年度に作成された評価規準との対応づけが行われた。

3-3　教員養成に関するFD

　教員養成系学科としての専門性に関わるFDとして、以下のものが実施された。

　「小学校教員に求められる教科の専門性について」（2011年2月）は、本学科

の専任教員であり、本学に赴任する前に、小学校教諭を勤めてきた三名の教員（岩辺教授《国語科》、出井准教授《体育科》、長谷川准教授《社会科》）から、各人がどのようなことを大事にして子どもたちと向き合ってきたかについて話題提供を受け、出席者との質疑応答・意見交換を行った。

「教職生活の全体を通じた教員の資質能力の総合的な向上方策について」（2011年6月）は、同じタイトルで発表された中央教育審議会の審議経過報告に関して、読み合わせ学習会を行ったものである。今の時代を生きる教員として身につけるべき資質能力については、学生指導に当たる側も、指導を受ける側も、それぞれが自覚的に取り組むべきことが確認された。

「教育実習を受ける側からの提案」（2011年12月）は、将来的に本学科の学生たちの多くが教育実習に行くことになるため（このFDの実施時、学科の第一期生はまだ2年生で、教育実習は4年生に予定されていた）、多くの実習生を受け入れてきた教員養成系大学の附属小学校の立場から、実習生及び実習生を送り出す大学にどのようなことを望むかを語っていただいた。

以上、新学科開設から約4年間の、本学科を構成する教員の学びについて、FD研修を中心に述べてきた。本章のはじめでも述べたように、本学科の開設に参画した教員たちは、教育に関してはそれぞれがある程度の経験者であった。しかしながら、経験者ではあっても、新しい理念に基づいた学科を立ち上げ、動かしてゆくということは、容易なことではなかった。ある程度の見通しは持ちながらも、試行錯誤的にやっていかなければならないことも少なくなかった。それは見方を変えれば、未知の世界の開拓ということで、興味深いことでもあった。そうした学びをガイドするのが、FDであったと言える。

従来、教員としての学びは、各自の専門性を深めるための学びを中心としており、それは個人としての学びと言うことができる。しかし、本章で見てきたように、本学科での学びは、お互いの分野や専門領域に関して学び合う

ことや、ある事柄に関して共通理解を得ること、そして学科を挙げて共同で一つのシステムを動かすことなど、同僚としての学びという点に力点が置かれるものであった。

「FD」という用語は、一昔、二昔前の大学では、ほとんど耳にすることはなかったものである。今や、どこの大学でも、授業内容・授業方法の改善が求められるようになり、この用語は大学関係者なら、誰もが当たり前のように使うまでになった。本学科にとっては、新学科の設立ということから、授業内容・授業方法の検討は、外から求められようが求められまいが、日常的に行わなければならないものだった。いわば、形式的にも実質的にも、本学科にはFDが必要であったと言える。ただし、本章で述べてきたことは、この4年間の試みであり、FD本来の意味である、授業内容・授業方法の「改善」というよりは、授業内容・授業方法の「試作・検討」が中心ではなかったかと思う。ここにきて、この4年間の授業を見直し、改善する試みが開始されたものもある。それらについては、改めて公にする機会があることを約束して、この章を閉じることにする。

参考文献
三藤あさみ・西岡加名恵（2010）．パフォーマンス評価にどう取り組むか―中学校社会科のカリキュラムと授業づくり―　日本標準
西岡加名恵（2003）．教科と総合に活かすポートフォリオ評価法　図書文化社
土持ゲーリー法一（2007）．ティーチング・ポートフォリオ―授業改善の秘訣　東信堂
土持ゲーリー法一（2011）．ポートフォリオが日本の大学を変える―ティーチング／ラーニング／アカデミック・ポートフォリオの活用―　東信堂

（松村茂治・新井哲夫）

第 19 章　PSY-PORTFOLIO システムの構築と活用

1　大学教育に求められる質的転換

　2012 年に発表された中央教育審議会答申において示されているように、「知識基盤社会」などと呼ばれるこれからの社会において活躍できる人材育成が、現在の高等教育、特にその中核である大学教育に対しこれまで以上に求められている。そのためには、大学教育の質的転換が必要であり、近年注目されているのが「アクティブ・ラーニング」である。

　「アクティブ・ラーニング」とは、「学修者の能動的な学修への参加を取り入れた教授・学習法の総称」（文部科学省, 2012, p. 9）であり、「教員と学生が意思疎通を図りつつ、一緒になって切磋琢磨し、相互に刺激を与えながら知的に成長する場を創り、学生が主体的に問題を発見し解を見出していく」（文部科学省, 2012, p. 9）ものである。この「アクティブ・ラーニング」を実践するためには、学生側には「事前準備・授業受講・事後展開を通して主体的な学修に要する総学修時間の確保が不可欠」（文部科学省, 2012, p. 10）であり、一方教員側には学生の主体的な学修を支えるための教育方法の転換とその環境の整備が求められる。

　このような教育方法は、少人数・演習形式の授業においては従来から取り入れられてきているが、野末他（2013）が指摘するように、学生が受け身になりがちな大人数・講義形式の授業に積極的に導入することこそが今求められている。大学教育におけるアクティブ・ラーニングの実践については、前述の中央教育審議会答申の発表以来、私立大学情報教育協会をはじめとして様々な研究や実践が報告されてきている。これらの実践の中で注目すべきは、

ICTの活用やeラーニング環境の充実が鍵になっていることである。

　大学教育におけるICTの活用やeラーニング環境の充実は、教師・学生または学生間における双方向性を実現するための取り組みとして、アクティブ・ラーニングの議論が高まる以前より進められてきていた。例えば、クリッカーなどを用いた実践などがこれにあたる。またSNSが発達してきた近年においては、授業中にスマートフォンなどを用い、SNSを利用したコメントのやりとりによって、双方向性の実現をはかる実践も報告されている。

　大学における大人数・講義形式による授業においても様々な教育方法の工夫がなされてきたが、教員の受講者への対応に限界がある。例えばリアクションペーパーの活用について、学修状況の把握に有効である一方、受講者への対応にタイムラグが生じることや授業への参加意識の高まりにはつながりにくい。アクティブ・ラーニングは、こうした課題とその改善に向けた取り組みとして考えることができる。さらに「反転授業」を取り入れ、自宅学習による事前準備と知識を活用する授業受講を通して、学生が主体的な学修を進めるための教育方法も実践されてきており、これにもICTは欠かせないツールとなっている。

2　大学教育におけるデジタル・ポートフォリオの可能性

　前述のような学生の主体的な学修を支える教育方法の実践と学習環境の整備を進めるには、教育課程の体系化や各講義の授業計画の充実と、ICTなどの物理的リソースやTAなどの人的リソースを含めた環境整備が同時に進められなければならない。特に前者については先の中央教育審議会答申の中でも示されており、「学生が授業のため主体的に事前の準備や事後の展開などを行うことを可能にし、他の授業科目との関連性の説明などの記述を含み、授業の工程表として機能されるように作成されること」(文部科学省, 2012, p.15)を授業計画に求めている。この指摘に先立って、文部科学省は2008年にFD

の義務化また学士課程教育に関する答申を発表して以来、大学の教育力向上に向けてティーチング・ポートフォリオ[1]の導入を推奨している。現在はさらに、学修過程や各種の学修成果を学生自身が長期にわたって収集し、記録するという学修ポートフォリオの導入を推奨している。つまり授業と学生の学修の双方を評価・改善していく方法としてポートフォリオが注目されている。

　ポートフォリオは、日本の特に初等教育段階において教育活動に用いられているなじみある方法である。学習者ごとに学習過程において得られた様々な成果を蓄積し、教員がこれらを評価に用いる。それによって、到達度評価では測定が難しい個人の能力の質的な側面を把握しようとしてきた。またポートフォリオを用いることによって、学習者は自分自身の学習成果を見直すことができ、こうした自己省察をこれからの学習に生かすことができる。指導と評価の一体化の観点からいえば、教師自身が日々の教育活動をよりよくするための資料ともなってきたのである。2002年度から指導要録に「目標に準拠した評価」が導入され、現在はポートフォリオを活用した評価方法についてさらに研究と実践が進められている (西岡, 2003)。そして、これらの成果から得られたポートフォリオ活用の利点を大学教育に取り入れ、学修支援を充実させていくことは、大学教育の質的転換の一助になる。実際にティーチング・ポートフォリオや学修ポートフォリオなどの導入が、様々な目的で大学教育の中で行われ始めている (平尾他, 2010)。大学教育における先行する取り組みにおいて、ポートフォリオは学生の主体的な学修を支えるための教育方法の転換やそのための環境整備の一環として導入されようとしている。この時重要なのは、学修の成果を各科目の達成に関する評価だけにとどめてはいけないということである。ポートフォリオの活用においては、何を学修の「成果」として蓄積するか、またその「成果」をどのように大学教育を終えた後のキャリアにつながる形にするかという点を検討しなくてはならない。そしてこのような成果の積み上げが、アクティブ・ラーニングを生み出すきっ

かけともなることも目指されなければならないと考える。

3 PSY-PORTFOLIO

　明治学院大学心理学部では、大学教育の質的転換に向けた取り組みの一つとして、「PSY-PORTFOLIO」を構築した。「PSY-PORTFOLIO」は、学生の主体的な学修とキャリア形成を支援するシステムであり、2014年度後期より導入している。このシステムには、これまでのICT活用に関する研究成果を含め、2で指摘した大学教育でのポートフォリオに求められる要件を組み込んでいる。ここではPSY-PORTFOLIOの概要とその活用について、学修時間の確保、学修の質の向上に関わる機能を中心に整理する。また実際活用した結果から、期待される大学教育の質的転換へ向けた可能性を述べる。

3-1　システムの概要

　PSY-PORTFOLIOシステムのベースとなっているシステムは、学生に対するきめ細やかな指導を実現するために、学生情報の把握や面談等の教育活動に利用できるシステムとして当初開発された。このシステムに学修支援に関わる「講義メニュー」と「自己評価メニュー」を加え再構築したものがPSY-PORTFOLIOシステムである（図1）。学生はスマートフォンや携帯電話からアクセスし、様々な機能を利用することができる[2]。以下では学習支援に関わる「講義メニュー」と「自己評価メニュー」およびその機能についてまとめる。

①講義メニュー

　講義メニューは、教員が学生の学修時間の確保のための工夫や理解状況を把握できる機能を含んでいる（図2、3）。教員は担当する科目について、授業計画、教材、小テストやアンケート、レポート課題を登録できる。学生が授

第19章 PSY-PORTFOLIO システムの構築と活用

図1　HOME 画面

業計画を見たり、教材を事前にダウンロードでき、授業の予習を促すことにつながる。授業内では、教員が授業を進行しながら、学生の理解状況や意見を把握するために、小テストやアンケートを実施できる。小テストやアンケートの結果は、その場でグラフやテキストの形式でスクリーンに表示することもでき、学生に即時フィードバックを与えることができる。また、学生がシステムを使ってレポートを提出する機能も含まれており、授業後の発展的な学習への支援も可能にしている。登録された教材や学生が提出した小テスト・アンケート、レポート等は学修履歴として残り、教員も学生もいつでも振り返ることができるゆえ、学修成果の蓄積だけでなく、授業改善や学修活動の発展のための資料となる。また、アンケートなどの結果はCSVファイルとして保存することができ、教員は学生ごとにデータを整理し、学修状況の把握や学修支援に活用することができる。

　さらにこのメニューにはSNSのような感覚で教員も学生も利用することができる「授業への質問・コメント」機能が含まれている。授業後の質問に

第Ⅳ部　教員養成の新たなスタンダードをめざして

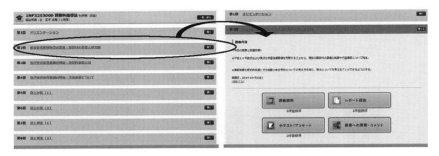

図2　授業計画一覧と授業ページトップ画面

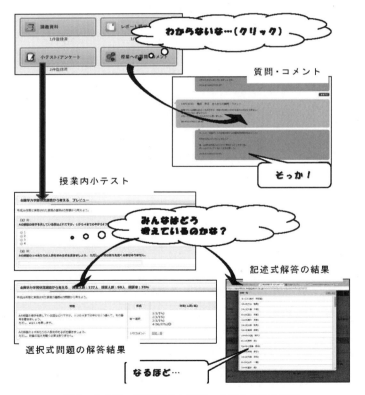

図3　大人数・講義形式の授業での双方向性の実現

第19章　PSY-PORTFOLIOシステムの構築と活用

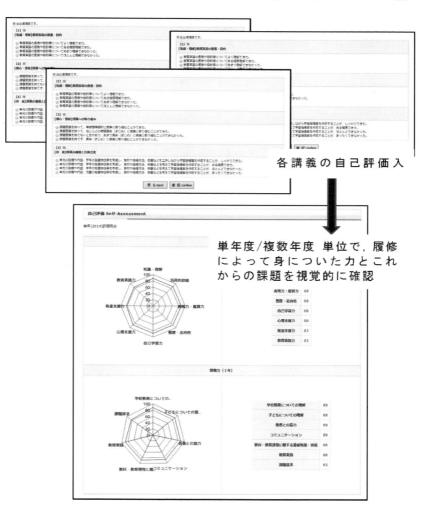

図4　自己評価メニュー

利用し、学生が理解の深化を図ることに活用できることはもちろん、授業中に利用することで、学生の質問などへの教員の即時の対応を可能にし、大人数における授業への参加意識を高める工夫に利用することができる。

②自己評価メニュー

　自己評価メニューは、学生自身が各授業の自己省察に利用できるだけではない。大学でのこれまでの学修およびその成果と学士力等の形成状況を、学生が視覚的にとらえることができる機能が含まれている（図4）。この機能の仕組みには、第18章で述べられているルーブリック評価の考え方を取り入れている。

　自己評価の方法は、各講義ごとに準備された質問項目に対して、学生に4件法で尋ねる形式となっている。質問項目はそれぞれ、コミュニケーションスキルや問題解決能力など、学士力や教育実践力に関する主な内容に関係づけられている。学生は各講義の最終授業で、自己評価メニューから自己評価を行う。この結果はレーダーチャートで表示され、学生は自分自身の学士力と教育実践力がどの程度形成されてきているか、自分の目指す将来に対しこれから必要な学習は何か、努力するべき点はどこか、などを視覚的にとらえることができる。これによって学生は、大学での学修をキャリア形成につなげて考えることができるとともに、「なぜ今この授業を履修するのか」という学生自身の学修に対する意味づけができることが期待される。また、自己評価の観点を考えることは、教員が授業計画およびその内容を検討し、ティーチング・ポートフォリオを作成する際の重要な要素にもなる。つまり、教育の質の向上にもつながるといえる。

3-2　活用事例：講義メニューについて

　先に述べたとおり本システムは2014年度から稼働しているため、現在「講義メニュー」のみの利用が進められている。ここではその実績に基づくPSY-

PORTFOLIOの活用方法と期待できる効果についてまとめる。

①**教材のデジタル化**

　紙媒体による教材配布は、大人数・講義形式の授業において教員の負担になる作業の一つである。学生は、講義が終了すると配布された資料を、ほとんど見ない状態になる場合が多い。つまり、学修成果が生かされていないだけでなく、蓄積されていかない。また利用できる教材に限界もある。例えば運動やピアノ演奏などの動きや音を伴う事柄に関する内容では、授業中にビデオ再生することなどでしか学生に教材を提示できないし、学生が繰り返し再生することもできない。しかしスマートフォンやタブレットPCの利用者が増えた現在、教材をデジタル化することによって、学生が教材を手軽に持ち歩き、いつでも引き出すことができるようになる。この変化は、紙媒体の時よりも学修成果の蓄積を容易にするとともに、学生自身が教材を活用する場面を増やし、学習内容の理解を深化させることや学修成果を生かし発展させていく活動を生み出す可能性を示唆している。例えば、各講義のつながりを捉え、内容の理解を深化させることが考えられる。

　また、著作権や肖像権などの問題などはあるが、動画などデータ量とその形式において紙媒体では難しかった教材の配信が可能になる。これは学修に有効な教材の幅が広がることにつながる。また学生が自分の理解度や技能の習熟に合わせて、繰り返し教材に触れることができるようになる。

②**教師と学生、あるいは学生同士の大人数・講義形式授業における双方向性の実現**

　大人数・講義形式の授業では、その人数の多さから、コミュニケーションをとることが難しい。学生自身も発言しづらいと感じている場合が多い。一方で学生は授業内容についての疑問などを持ち、オンタイムで解決したいこともある。また一人の学生の疑問について授業内で考察・検討をすることが、他の学生の学修にとっても有効な場合も多い。さらに他の学生の意見を知り、

自分の意見について振り返る時間がほしいという希望を、多くの学生が持っている。

　3-1で挙げた、小テストやアンケート、コメントなどの機能を利用し、授業内での双方向性を実現することは、以上に述べた学生の希望に対し応える可能性を持っている。実際利用した結果、学生からも好感触であった。好感触の背景には、教師や他の学生と話し合うことはなくても、他の学生の意見を知り、自分自身が納得したり、疑問を感じたりできることがあげられる。また、他の学生の意見と自分の意見とを比べ、新たな自分の意見を持つことを自分のペースで行える点が挙げられる。さらに学生の意見に対して教員がその場で評価したりコメントしたりできることも挙げられる。学生への教員からの即時コメントは、学修に対するモチベーションを高めることにもつながっている。また即時コメントの成果として、授業を重ねるごとに、複数の学生にコメントの質や授業の聞き方の変化をみられたことは、注目に値する。

③学修時間の確保：事前準備・授業受講・事後展開への効果

　教材のデジタル配信は、教員の事前登録と学生のダウンロードが必要である。よって、学生自身が各授業の準備と授業に向かう姿勢を整える流れが自然と出来上がってくる。実際毎授業中の態度や、授業後の学生からのコメントを整理すると、教材を事前にダウンロードすることで、学生が各授業に対し見通しを持って臨めている様子が捉えられる。また、授業の聞き方が変化している様子もうかがわれる。文部科学省が求める主体的な学修、例えば事前に講義の内容を調べたりするなどの段階までには到達していないが、事前準備をする習慣づけは、従来の授業よりも本システムを利用した方が容易である可能性が示唆された。また、小テストやアンケート機能は、教員による学修状況の把握に有効であるだけでなく、学生自身の振り返りに有効に機能していることがうかがわれた。例えば授業を振り返って不安があった時に、自分の理解度を小テストなどを通してはかる活動がみられた。また、コメン

ト機能を利用した教員への質問や相談がこれまで以上に行われていた。特に「授業へのコメント・質問」機能を利用して質問できることは、学生から好感触であった。このような背景には、スマートフォンや携帯電話でアクセスできる手軽さがある。また、時間や場所にとらわれない、授業外の学修スタイルに合わせた取り組みができることがある。これによって個別指導の機会が自然と生まれ、事後展開における学生の学修支援を、教員自身も時間や場所にとらわれずにスムーズに行うことができる可能性が高まったといえる。

4　今後の課題

本システムは2014年度から稼働したばかりであり、3-2で挙げたPSY-PORTFOLIOの活用可能性もこれから検証を重ね、改善していく必要がある。特に、利用実績に基づく学修への効果を検証し、その結果に基づいて本システムを改善していくことは今後の大きな課題である。また、自己評価メニューを、授業改善、履修指導、キャリア形成支援などへ、どのように活用していくか、その方法の検討も主な課題として挙げられる。

註
1) ティーチング・ポートフォリオは、「自らの教育活動について振り返り、自らの言葉で記し、様々なエビデンスによってこれらの記述を裏付けた教育業績についての厳選された記録」であり、本来授業計画や教育方法、その成果だけではなく、教育理念や研究との関連付けなども含まれる。本稿では、学習支援の観点から整理しているため、授業計画等のみを考察の対象とする。
2) 講義メニューでアップされたPDFファイルなどの教材のダウンロードについては、利用する機器のスペックなどによりできない場合がある。

引用・参考文献
平尾元彦・藤井文武・宮崎結花（2010）．　社会人基礎力の育成と自己目標管理─山口大学におけるCHECK-MANIFESTO-ACTIONループの試み　大学教育, **7**, 35-

46.
文部科学省中央教育審議会（2012）．新たな未来を築くための大学教育の質的転換に向けて"生涯学び続け、主体的に考える力を育成する大学へ" http://www.mext.go.jp/b_menu/shingi/chukyo/chukyo0/toushin/1325047.htm（2015/01/02 現在）

西岡加名恵（2003）．教科と総合に活かすポートフォリオ評価法～新たな評価規準の創出に向けて～　図書文化社

野末俊比古・安形輝・小野永貴（2013）．アクティブラーニングを促進するための新しいソーシャルラーニングシステムの開発・評価　日本教育情報学会第29回年会論文集　pp.334-337.

岡本　幸・長瀧寛之・齊藤明紀・都倉信樹・増澤利光（2003）．大学教育に適した学生ポートフォリオシステム　情報処理学会研究報告 コンピュータと教育研究会報告, 2003 (13), 55-62.

鈴木久男（2014）．大規模授業でのアクティブ・ラーニングとICTの活用　大学教育と情報, **2**, 15-20.

土持ゲーリー法一（2007）．ティーチング・ポートフォリオ―授業改善の秘訣　東信堂

（辻　宏子・新井哲夫）

あとがき

　本文中でも何度か述べられている通り、2010年度、明治学院大学は心理学部の中に、それまでの心理学科に加え、小学校教諭一種免許状、幼稚園教諭一種免許状、特別支援学校教諭一種免許状の取得を主たる目的とした教育発達学科を新設しました。それまで本学では、教員免許状という点に関しては、教職課程で開設される所定の科目を履修することで、中学校ないしは高等学校の教員免許状を取得することが可能でした。その制度はそのままに、幼稚園、小学校、特別支援学校という、新たな校種に対応した教員免許状の取得を目指す学科ができたわけです。

　本学科については、教育学部ではなく心理学部の中に開設された教員養成を主たる目的とした学科ということで注目されることもありましたが、戸惑いを感じられることも少なくありませんでした。初期の入学者の中には、「教員養成」ということをほとんど意識せずに入ってきて、算数や音楽、体育、図工、理科の実験・観察といった教員養成に特有の科目のオンパレードに、そして、思ったほど心理学と名のついた科目が履修できないことに、われわれ教員に相談にやってくる学生もいました。

　戸惑いは、学生の方ばかりではありません。普通、大学の一学科と言えば、心理学科なら心理学の専門家、特別支援学科なら特別支援の専門家で構成されており、専門を異にする人と日常的に関わるということはほとんどありません。しかし、本学科では、学科会議はもちろんのこと学科の中に置かれている各種委員会も日常的な学生指導もひいては勤務時間外のつき合いも、互いに専門を異にする人との関わりということになります。学科の教員たちには、本学への赴任前まで教育や教員養成に関わって来たということに由来する共通項も少なくありませんでしたが、それぞれの学問領域のもつ独自性を

意識せざるをえないこともありました。もちろん、そうした学問の多様性に触れることのできる環境は、学生たちにとってというより、私たち教員にとって刺激的であり、意義深いものであったように思います。

　そうした、多様性に一本の筋を通すためのキーコンセプトが教育発達学でした。この用語については、学科の教育目標の中に、「教育学、心理学、障害科学を融合した学問」と定義されていて、その実際のあり様については、心理学関連の学会のシンポジウムや学科のFD研修会など、機に応じて取り上げ、検討してきたところでもあります。

　本書は、学科開設から現在までの、教育発達学を巡る学科の教員たちの実践報告ということができます。各章は、各自の専門性を核にして執筆されていて、目指すべき「融合」については、それぞれが考えて来たところではありますが、その具体的な達成については、各自の専門性を追求する中で、あるいは教員相互の共働的な取り組みの中で、継続的に検討されなければならないところでもあります。その実現のためにも、本書に対する読者からのご指導ご鞭撻を祈念して、むすびの言葉としたします。

　2015年3月3日　春の陽が射しこむ学窓から

松村　茂治

編者紹介

藤﨑眞知代（ふじさき・まちよ）（第Ⅰ部第2章、第Ⅳ部循環型教育システムによる学び、第15章）
お茶の水女子大学大学院博士課程人間文化研究科単位取得退学。現職：明治学院大学教授。修士（家政学）。臨床発達心理士スーパーヴァイザー。主著書：『育児・保育現場での発達とその支援』（編著）、『保育のための発達心理学』（編著）、『心理支援論』（編著）

松村茂治（まつむら・しげはる）（第Ⅰ部第3章、第Ⅳ部第18章）
東京教育大学大学院博士課程単位取得退学。現職：明治学院大学教授。修士（教育学）。学校心理士、特別支援教育士スーパーヴァイザー。主著書・論文：『新訂 児童の臨床心理』（編著）、「学級フィールドワーク（Ⅲ）―子どもと教師の間に「良い関係」を生み出す要因は何か？―」（共著）

水戸博道（みと・ひろみち）（第Ⅱ部第8章）
ローハンプトン大学博士課程修了。現職：明治学院大学教授。PhD。主著書：『Music, Mind and Science』（共著）、『音楽教育学の未来』（共著）、『ピアノが弾ける3つのステージ』（共著）

執筆者紹介

新井哲夫（あらい・てつお）（第Ⅱ部第9章、第Ⅳ部第15、18、19章）
横浜国立大学大学院修士課程教育学研究科修了。現職：明治学院大学教授。修士（教育学）。主著書：『小学校図画工作科の指導』（編著）、『中学校美術 授業づくりの基礎・基本』（編著）、『日本美術の授業』（編著）

井 陽介（い・ようすけ）（第Ⅳ部第15、17章）
横浜国立大学大学院教育学研究科学校教育学専攻修了。現職：明治学院大学助手。修士（教育学）。修士論文：「日本におけるゼロトレランスの有効性について」、学会発表：「大学2年次の現場体験活動が進路決定に及ぼす影響」（第24回 日本教師教育学会研究大会）

緒方明子（おがた・あきこ）（第Ⅲ部第11章、第Ⅳ部第14章）
筑波大学大学院博士課程心身障害学研究科修了。現職：明治学院大学教授。博士（教育学）。特別支援教育士スーパーヴァイザー、学校心理士。主著書：『発達障害教育論』（共著）、『自閉症・アスペルガー症候群の子どもの教育』（監訳）。

金子　健（かねこ・たけし）（第Ⅲ部第13章、第Ⅳ部第16章）
筑波大学大学院博士課程心身障害学研究科単位取得満期退学。現職：明治学院大学教授。修士（教育学）。主著書：『特別支援教育の展望』（共著）、『知的障害　定義、分類および支援体系　第11版』（共訳）

川渕竜也（かわぶち・たつや）（第Ⅳ部第14章）
明治学院大学大学院文学研究科心理学専攻修了。現職：明治学院大学助手。修士（心理学）。臨床心理士。主著書：『心理支援論』（共著）

小林潤一郎（こばやし・じゅんいちろう）（第Ⅲ部第12章、第Ⅳ部循環型教育システムによる学び、第16章）
筑波大学医学専門学群卒業。明治学院大学教授。小児科専門医、心身医療「小児科」専門医。主著書：『発達障害児のリハビリテーション―運動発達系障害と精神発達系障害―』（共著）、『病弱虚弱児の医療・療育・教育』（共著）。

佐藤　公（さとう・こう）（第Ⅰ部第4章）
筑波大学大学院博士課程教育学研究科単位取得退学。現職：明治学院大学准教授。修士（教育学）。主著書：『日本の教育文化史を学ぶ―時代・生活・学校』（共著）、『市民教育への改革』（共著）、『教育学の教科書―教育を考えるための12章―』（共著）

辻　宏子（つじ・ひろこ）（第Ⅱ部第6章、第Ⅳ部第19章）
筑波大学博士課程教育学研究科単位取得退学。現職：明治学院大学准教授。修士（教育学）。主著書：『新編　算数科教育研究』（共著）、『新教職教育講座　第6巻 教科教育の理論と授業Ⅱ　理数編』（共著）

出井雄二（でい・ゆうじ）（第Ⅱ部第10章）
千葉大学教育学部小学校教員養成課程卒業。現職：明治学院大学准教授。学士（教育学）。主論文：「投能力向上のための教材開発」、「初任者研修で養成すべき小学校教師の体育の「実践的 指導力」」

中村敦雄（なかむら・あつお）（第Ⅱ部第5章）
東京学芸大学大学院修士課程教育学研究科国語教育専攻修了。現職：明治学院大学教授。修士（教育学）。主著書：『日常言語の論理とレトリック』、『コミュニケーション意識を高める　発信する国語教室』、『国語科メディア教育の挑戦』（共著）

長谷川康男（はせがわ・やすお）（第Ⅱ部第7章、第Ⅳ部第15章）
早稲田大学教育学部社会科社会科学専修卒。現職：明治学院大学准教授。主著書：『小学校社会科授業づくりと基礎スキル』、『活用する力を育てる学習活動事典』、『長谷川康男の社会科教材研究ノート』

溝川　藍（みぞかわ・あい）（第Ⅰ部第1章、第Ⅳ部第14、17章）
京都大学大学院教育学研究科博士後期課程修了。現職：明治学院大学助教。博士（教育学）。主著書：『幼児期・児童期の感情表出の調整と他者の心の理解』、『感情科学』（共著）

渡邉流理也（わたなべ・るりや）（第Ⅳ部第16、17章）
東京学芸大学連合大学院学校教育学研究科修了。現職：明治学院大学助手。博士（教育学）。主論文：「脳酸素機能マッピング（COE）を用いた重症児の教育指導効果の評価法」、「視覚障害を伴う重症心身障害児における期待心拍反応の生起と脳形態所見との関係」

教育発達学の構築——心理学・教育学・障害科学の融合——

2015年3月12日　初版第1刷発行

編著者　　藤﨑　眞知代
　　　　　松村　茂治
　　　　　水戸　博道

発行者　　風間　敬子

発行所　　株式会社　風間書房

〒 101-0051　東京都千代田区神田神保町 1-34
電話 03（3291）5729　FAX 03（3291）5757
振替 00110-5-1853

印刷　堀江制作・平河工業社　　製本　司製本

©2015　M. Fujisaki　S. Matsumura　H. Mito　　　　NDC分類：140
ISBN978-4-7599-2046-8　　Printed in Japan

[JCOPY]〈(社)出版者著作権管理機構　委託出版物〉

本書の無断複写は、著作権法上での例外を除き禁じられています。複写される場合はそのつど事前に(社)出版者著作権管理機構（電話 03-3513-6969、FAX 03-3513-6979、e-mail: info@jcopy.or.jp）の許諾を得て下さい。